सियाहत

(नवलेखन पुरस्कार से सम्मानित यात्रा-वृत्तान्त)

सियाहत

यात्राएँ ख़त्म नहीं होतीं

आलोक रंजन

वाणी प्रकाशन ग्रुप | भारतीय ज्ञानपीठ

वाणी प्रकाशन : भारतीय ज्ञानपीठ की पुस्तकों के एकमात्र प्रकाशक एवं वितरक

लोकोदय ग्रन्थमाला : ग्रन्थांक 1366

सजिल्द पहला संस्करण : 2018
सजिल्द दूसरा संस्करण : 2020
सजिल्द तीसरा संस्करण : 2024
सजिल्द चौथा संस्करण : 2026

वाणी प्रकाशन : भारतीय ज्ञानपीठ की पुस्तकों के एकमात्र प्रकाशक एवं वितरक

वाणी प्रकाशन

4695, 21-ए, दरियागंज, नयी दिल्ली-110 002
दूरभाष : 011-23273167, 23275710
ईमेल : sales@vaniprakashan.in
www.vaniprakashan.com

ISBN : 978-93-5775-762-1

मूल्य : ₹395

सियाहत

(यात्रा-वृत्तान्त)

आलोक रंजन

Siyaahat
(Travelogue)
by Alok Ranjan

मुद्रक : आर. टेक. ऑफ़सेट प्रिंटर्स, दिल्ली-110032

माता-पिता के लिए

पहचान

यहाँ जो भी रंग है— गहरा है! पेड़ों की हरियाली से लेकर लोगों के चेहरों और चमड़े तक के रंग में यह गहराई देखी जा सकती है। इस गाढ़ेपन ने इस इलाक़े को एक अलग पहचान दी है। इसकी पहचान है— इसके चप्पे-चप्पे का रहस्यमय होना। एक तरह से हर कोई रहस्य में जो रहा-सा लगता है। कभी-कभी तो बाहर खड़े या घूम रहे लोग भी एक-दूसरे से अनजान बने खड़े रहते हैं। किसी को यहाँ उत्तर की तरह भरपूर बातचीत करते कभी नहीं देखा सड़क पर। यूँ तो यह एक कस्बा ही है या उससे भी छोटा होगा लेकिन यहाँ लोगों को महानगरों जैसे अजनबीपन में जीते देखा है। इतनी बड़ी जगह के लिए फ़िल्म 'मालामाल वीकली' का सम्वाद याद आता है— "मुँह में रखे तम्बाकू भर का तो गाँव है अपना"। इस 'तम्बाकू' जितने आकार के बावजूद यहाँ के बहुत से लोगों को आसपास की जगहों का नहीं पता। एक बार को यह बात भी मानी जा सकती थी कि भाषा नहीं जानने के कारण ऐसा हो रहा हो लेकिन जब मलयालम जाननेवालों के साथ बाहर गया तब भी यही आलम था। बहुत-सी पूछताछ के बाद ही ज़रूरी जगहों तक पहुँच पाया। इसमें भाषा को न जानने की भूमिका इसलिए भी नहीं मानता क्योंकि बहुत से लोग हिन्दी या अँग्रेज़ी बोल भले ही न पाएँ, समझ ज़रूर लेते हैं। यह जगह ऐसे लोगों से भरी लगती है जो अपने में मगन हैं। उनमें वह अतिनाटकीय उत्साह और खिलंदड़पना नहीं दिखता जो उत्तर-भारत में आमतौर पर दिखता है। यहाँ लोग बस के इन्तज़ार में चुपचाप खड़े रहते हैं, बस आती है और उसमें घुसकर निकल जाते हैं। जबकि उधर तो कितने ही क़िस्से, कितनी लड़ाइयाँ बसों में चढ़ने से पहले हो जाते हैं। दिल्ली की बसों में तो देश-भर के क़िस्से चलते रहते हैं। लगता है जैसे दिल्ली तो 'क़िस्सों का ही शहर' है।

यहाँ अकेला हूँ फिर भी अपने रहस्यमयी वातावरण से यह जगह मुझे डराती नहीं है। यदि मैं घूमते-घूमते कहीं दूर निकल गया तब भी यह डर नहीं लगता कि पता नहीं क्या हो जाएगा। यह डर आपको क़िस्सों के शहर में कहीं-कहीं ज़रूर लग

सकता है। यहाँ मुख्य सड़क के दोनों ओर काफ़ी घने जंगल हैं लेकिन अभी तक मैं उनके सौन्दर्य को सम्पूर्णता में नहीं देख पाया हूँ। अच्छा है— सुन्दरता की प्यास बची रहनी चाहिए। सौन्दर्य तभी मूल्यवान है जब उसकी प्यास आपके अन्दर मचलती रहे! इस जगह के बहुत-से हिस्सों को जानने लगा हूँ लेकिन जैसे ही मैं यह सोचता हूँ— ठीक उसी समय यह कस्बा एक नया रंग दिखा देता है। उस दिन किसी ने कहा— "आगे चलते जाओ, एक किलोमीटर के बाद नदी आएगी।" एक क्या उससे लगभग तिगुनी दूरी तय कर ली फिर भी नदी नहीं आई लेकिन रास्ते-भर के हरियाये सौन्दर्य ने मन को ऐसा बाँधा कि लौटने का मन ही नहीं हुआ। छोटे पेड़ों से लेकर ताड़ के पेड़ों की तरह सिर उठाए नारियल, नीचे केले के पत्ते, किसी चैपल में लगे विदेशी फूल की छटा, पहाड़ से ताक़ते बादलों के टुकड़े, उन पर डूबते सूरज की लाल किरण के साथ अरब सागर की ओर से आती हवा जो रोमांच पैदा कर रही थी, वह इस जगह को और भी रहस्यमय कर देने के लिए काफ़ी थी। मैं भी उस सम्मोहन से बचने की शक्ति नहीं रखता था।

यहाँ आने से पहले भाषा को लेकर एक बड़ा सवाल मेरे मन में बराबर बना हुआ था। माना कि केरल दक्षिण भारत के अन्य राज्यों की तरह नहीं है बल्कि अपेक्षाकृत भाषाई उन्मुक्तता है लेकिन उस कस्बे 'नेरियामंगलम' के लोग इस मामले में दुराग्रही हुए तो? यह स्थान देश के उन बहुत से स्थानों की तरह ही है जहाँ हिन्दी समझ लेने वाले थोड़ी संख्या में ही सही पर मौजूद हैं। कुछ ऐसे भी लोग हैं जो हिन्दी तो नहीं समझ सकते लेकिन भाव समझाने में कोई कसर नहीं छोड़ते। उनमें भाषाई संस्कार हैं और वे भाषा सीखना ही नहीं, उसमें डूबना चाहते हैं। ऐसे लोगों में हमारे 'गार्ड साहब' भी शामिल हैं। वे मलयालम में ही सही, लेकिन मुझे समझा गए कि जो नया सिम मैंने लिया है, उसके मुताल्लिक कोई फ़ोन आया है। ऐसी ही स्थिति उस किराने की दुकान चलानेवाली की भी है। उसकी दुकान उसकी ही तरह जीर्ण-शीर्ण हो चली थी। वहाँ कुछ सामानों का मिल जाना चमत्कार से कम नहीं था। उसकी दुकान पर पहली बार गया। उस समय वहाँ कोई नहीं था। इधर-उधर देखा तो किसी कोने से एक अजीब-सी आवाज़ आई और उसी कोने से जब वह प्रकट हुई तो डर से भागने का मन कर गया। एक तो अजीब-सी बूढ़ी, दूसरे अलग तरह की आवाज़ और तीसरे केवल मलयालम बोल-समझ सकने वाली। किसी तरह छू-छू कर सामान ले लिया। मूल्य की बात आते ही हम दोनों की स्थिति हास्यास्पद हो गयी। किसी तरह उस वृद्धा ने समझा ही दिया कि कितने पैसे हुए। पूरा हिसाब-किताब समझाने के बाद उसके चेहरे पर जो ख़ुशी थी, उसे बता पाना कठिन है।

इस कस्बे से शहर को निकलो तब भी बहुत-सी बातें पीछा नहीं छोड़ती। मसलन-पसीना छुड़ा देने वाली धूप, उसी तरह के चुप्पा लोग और रहस्य का

गहरापन। यहाँ तक कि ख़ूबसूरत हरियाली भी साथ ही चलती है। शहर के बहुत पहले से ही सोने के आभूषण बनानेवाली कम्पनियों के विज्ञापन शुरू हो जाते हैं। उसके बाद ग़ौर किया तो पाया कि स्त्रियाँ ठीकठाक सोना पहन कर घर से निकलती हैं। शहर में तो हर चौथी-पाँचवीं दुकान सोने की है। लोगों से बात करने पर पता चला कि यहाँ से बहुत सारे लोग खाड़ी देशों में काम करने जाते हैं और वहाँ से जब पैसे भेजते हैं तो ख़र्चा-पानी काटकर बचे हुए पैसों से लोग सोना ख़रीदते हैं। इन गहनों से सौन्दर्य में निखार आता हो या नहीं लेकिन भविष्य के लिए बचत तो हो ही जाती है। यह बचत की सुन्दर-विधि है। मैं कुछ दिन पहले बीबीसी पर पढ़ रहा था कि केरल में कितनी ही महिलाएँ विधवा की तरह जी रही हैं और इस दु:ख ने कई मानसिक बीमारियाँ पैदा कर दी हैं। उसमें कुछ खाड़ी देशों में काम करने वाले पुरुषों के साक्षात्कार भी थे जो बता रहे थे कि घर आने पर उनके बच्चे उन्हें नहीं पहचानते। इस सबसे गुज़रने के बाद दुकानों और शरीर पर आभूषण के रूप में पड़ा सोना कितना क्रूर लगता है, यह बात वह सोना कभी नहीं समझ पाएगा। उसकी सारी चमक खो जाती है, वह फ़र्ज़ी लगने लगता है।

मील का दसवाँ पत्थर

जब कार्यक्रम तय किया जा रहा था, उस समय ज़रा भी अन्दाज़ा नहीं था कि आनन्द से इतना भर उठूँगा। हाँ! यहाँ केरल में बाहर जाने का अपना आनन्द हमेशा से ही रहा है इसलिए मुतमईन होना स्वाभाविक था कि दिन ज़ाया करने का अफ़सोस तो नहीं होगा! मेरे ठिकाने की खिड़कियों से ही पश्चिमी घाट के हरे-हरे पहाड़ दिखते हैं। इनकी हरियाली बहुत गहरी है और जब बारिश थमती है तो बादल झुंड के झुंड उड़ने लगते हैं और पहाड़ों की हरियाली को अपनी सफ़ेदी में घेर लेते हैं। तब पहाड़ छिप जाता है और गिरते झरने का शोर शेष रह जाता है! पन्तजी ने कहीं इस 'झर-झर' को 'गिरि का गौरव गान' कहा है। उन ख़ास क्षणों में कई बार मन हुआ कि उन झरनों के पास पहुँचा जाये और उन उड़ते बादलों के पास पहाड़ के ऊपर भी। इस बाबत एक-दो सहकर्मियों से बात भी की तो उनका अपना ही जवाब था— "तुम्हें ना भाषा आती है, ना किसी को जानते हो। यह उत्तर नहीं दक्षिण भारत है, यहाँ साहस का मतलब है 'रिस्क'! पहाड़ पर आदिवासी रहते हैं, जंगली हाथी और सूअर भी हैं! ज़रा आराम से!" मेरे लिए निराश होने के अलावा और कोई विकल्प ही नहीं बचता था। यह जानना भी कठिन नहीं रह गया कि ये लोग ऊपर पहाड़ियों

पर कभी नहीं गये। इस स्थिति में कल जब कार्यक्रम तय हो रहा था तो मन में उबाल आया— 'किसी तरह ऊपर जाया जाये।'

रविवार और ईद दोनों को मिला के दो दिनों की छुट्टी थी। सहकर्मियों के बच्चों से मैंने बात की उनमें से दो तैयार हो गए। उनके रहने से दो फ़ायदे होनेवाले थे— एक तो यह कि वे मलयालम में बात कर सकते थे और दूसरे उनके साथ जाने से यात्रा के लिए उनमें से किसी की गाड़ी ली जा सकती थी। तभी उनमें से एक ने बताया कि पन्द्रह किलोमीटर आगे जाकर एक बहुत बड़ा झरना है और उसके आगे उसके एक परिचित का घर है। वे अक्सर बुलाते रहते हैं लेकिन उसका परिवार कभी जा नहीं पाया। वहाँ जाया जा सकता है और खाना भी खाया जा सकता है। उसके बाद खाना-वाना खाके आगे बढ़ने में कोई आपत्ति नहीं है। मुझे भी केरल के घरों में पकने वाले व्यंजनों का स्वाद लेने का लोभ हो गया। इसी लोभ में किसी परिवार का आतिथ्य स्वीकार करने में कोई बुराई नज़र नहीं आई। कार्यक्रम तय हो गया। 'जहाँ से मन थक जाएगा, वहीं से लौट आएँगे' इस सिद्धान्त को मानते हुए हम लोगों ने तय किया कि आगे कहाँ-कहाँ तक जाना है यह मौसम और मन के हवाले छोड़ देते हैं। मौसम बारिश का है और केरल में बहुत बारिश होती है, ध्यान में रखने वाली वह पहली बात थी।

रविवार का दिन अपने आलस से अलसाए दे रही थी और इसी वजह से दूरदर्शन पर आनेवाली रंगोली नहीं देख पाया। बचपन से आदत लगी है इसलिए चाहता हूँ कि यह कार्यक्रम देखा जाये। रंगोली छूटने का गम नहीं हुआ क्योंकि लम्बी नींद के बाद मन बड़ा हल्का-हल्का लग रहा था और बाहर घूमने का विचार स्थिति को और सुखद बना रहा था। बाहर हल्की बारिश हो रही थी जो हाथ मुँह धोते-धोते ही हल्की-पीली धूप में बदल गयी। हल्का नाश्ता बनाया। थोड़ी देर में निकलना था। किसी भी प्रकार का इन्तज़ार भारी होता है, पूरी तरह तैयार होकर इन्तज़ार करना और भी भारी होता है। वह भारी इन्तज़ार था। उस भारीपन को कुछ मिनट ही बीते होंगे कि बारिश शुरू हो गयी। बारिश देख कर लगा कि अब शायद जाना ही ना हो पाये। लेकिन बारिश भी रुकी और वो लड़के भी गाड़ी लेकर आए। तय समय से आधा घंटा विलम्ब ही सही पर हम साढ़े ग्यारह बजे बाहर सड़क पर थे। गाड़ी में तेल डालने, रास्ते में कुछ खाना खाने और यदि होटल में रुकना पड़े तो ये सब ख़र्चे मेरे हिस्से आने वाले थे क्योंकि हम तीनों में मैं ही कमाने वाला था। वे अपने माँ-बाप से झगड़कर या जैसे भी हो गाड़ी का इन्तज़ाम कर आए और अब चल रहे हैं, यही उनका बड़ा योगदान था। तेल डलवाकर हम आगे बढ़े।

पहाड़ी रास्तों की सड़क तो पतली होती ही है साथ में सर्पिल भी। केरल की सड़कें बहुत बढ़िया हैं इसलिए चालकों को शायद गाड़ी हाँकने में मज़ा आता है।

बस बहुत तेज़ चल रही थी। कई बार तो अचानक से कोई वाहन सामने आकर चौंका दे रहा था। कुछ ही दूर चले कि एक मोड़ आ गया— 'कृपया गति धीमी कीजिए।' मोड़ के दूसरी ओर से किसी गाड़ी की भों-भों सुनाई देती है पर गाड़ी दिखाई नहीं देती इसलिए भी धीमा हो जाना उचित निर्णय होता है। इसी तरह हमारी गाड़ी भी आगे बढ़ रही थी। भीतर ये दोनों लड़के मलयालम का गाना बजा रहे थे। मुझे कुछ शब्दों और कभी-कभी एक दो वाक्यों को छोड़कर कुछ भी समझ नहीं आ रहा था फिर भी धुन और बाहर का वातावरण मिलकर एक लय बना रहे थे। सर्पिल सड़क के दोनों ओर घनी हरियाली फैली थी। गाड़ी जब सड़क के बाएँ किनारे चलती तो लगता अब वह पहाड़ी को छू लेगी। मन तो बस हरियाली को छूना चाहता था। हरियाली के उस गहरे अनुभव को स्पर्श करने की तमन्ना मन को इस पत्ते से उस पत्ते पर चिपका रही थी। बाईं ओर की हरियाली सतह से शुरू होकर ऊपर आसमान को छूती हुई खो रही थी। दो पहाड़ियों के बीच पेरियार नदी थी। नदी को मोटे-मोटे हरे कम्बलों ने ढँक रखा था। इतनी ऊँचाई से उसके मटमैले पानी की झलक देख पाना सम्भव नहीं था।

कम जगह और सर्पिल मोड़ोंवाली सड़क पर हमारी गाड़ी बढ़ी जा रही थी। मोड़ों ने, मानो पेट के पानी को घुमा-फिराकर उसमें गति पैदा कर दी हो। एक बार लगा उल्टी होनेवाली है। उल्टी नहीं हुई, लेकिन हल्का सरदर्द उभर आया। लड़कों ने गाड़ी में अँग्रेज़ी गाने चला दिए थे जिससे सरदर्द की मात्रा और बढ़ रही थी। मैंने आवाज़ मंदी करने को कहा। मेरी 'तल वेदना' को समझते हुए उन्होंने आवाज़ धीमी कर दी। वे आपस में मलयालम में बात कर रहे थे। यहाँ आने के छः महीने बाद से मैं उनकी भाषा कुछ-कुछ समझने लगा था और उसी तरह कुछ टुकड़े भी बोलने लगा था जैसे, 'मनसलाइ इल्ला' अर्थात समझ नहीं आया। मैं सोच रहा था कि नयी भाषा एक नयी दुनिया का प्रवेश-द्वार है और मैं उस द्वार के अन्दर आता जा रहा हूँ लेकिन सरदर्द था कि मुझे ध्यान लगाने ही नहीं दे रहा था। मैंने बोतल निकाल कर एक घूँट पानी पी लिया। तभी उनमे से एक ने पीछे मुड़कर कहा— "इधर एक वाटर फॉल है, आप उधर उतरेगा?" ये अजीब संयोग होते हैं न, मैं पानी पी रहा था और उसने 'वाटर-फाल' की बात कर दी। उसके शब्द टूटे-टूटे थे लेकिन भाषा की यही जादूगरी है कि वह अपनी बात आपको ज़रूर समझा देती है। यह तो हम हैं जो उसके मानक रूप को लेकर पेंच फँसाते रहते हैं। क्या हमें सर्पिल पेंचों से बाहर नहीं आना चाहिए?

अगले ही पल हमलोग उस झरने के किनारे थे जो सर्पिल सड़क से दूर था। इतना दूर कि सड़क से बस उसका बहता हुआ पानी ही दिख सकता था एक सफ़ेद रेखा की

तरह। झरना ऊपर से आ तो रहा था पर वह बहुत ऊँचा नहीं था। वह एक ऐसे नाले की शक्ल का था जो पहाड़ी से निकल रहा हो। ऊँचाई कम होने के बावजूद उसमें पानी ज़्यादा और उसकी धार तेज़ थी। गाड़ी उस पतली सड़क पर बड़ी सावधानी से एक किनारे खड़ी कर, के तौलिया और सूखे कपड़े लेकर हम झरने की तरफ़ बढ़े। आगे बढ़ने पर हमने पाया कि ध्यान से यदि चला जाये तो झरने के ऊपर चढ़ा जा सकता है। तेज़ धार में पाँव टिकाना कठिन हो रहा था, साथ ही पत्थर की सतह पर लगातार पानी के बने रहने से काई जमा हो गयी थी इसलिए हम सँभलकर आगे बढ़ रहे थे। हम धीरे-धीरे बढ़ते हुए ऊपर चढ़ ही गए। ऊपर पत्थर थोड़े समतल थे जहाँ टिका जा सकता था और सबसे ख़ास बात यह थी कि ऊपर से पानी इस तरह गिर रहा था जैसे ऊपर कोई मोटा बम्बा खुल रहा हो। यह देखकर मेरी ख़ुशी का ठिकाना नहीं रहा। झरने में नहाने की जो कल्पना पिछले लम्बे समय से करता रहा था उसे मूर्त्त रूप देने का समय आ गया था। इस ख़ुशी में मैं यह भूल गया कि ऊपर चढ़ने में जितनी कठिनाई हुई है उससे दोगुनी कठिनाई नीचे उतरने में होगी क्योंकि तब पानी की स्वाभाविक धार नीचे की ओर होगी और फिसलन भरी सतह पर हमारे शरीर का वजन भी हमें नीचे खींचने की कोशिश करेगा। लेकिन वह समय गति और गुरुत्व के नियमों पर सिर खपाने का समय नहीं था।

हमलोग नहाने लगे! ठंडे पानी की तेज़ धार ऊपर से गिर रही थी और हम लोग आनन्द से सराबोर तरह-तरह की आवाज़ें निकालकर अपनी ख़ुशी ज़ाहिर कर रहे थे। पानी और हमारी आवाज़ें मिलकर अलग ही संगीत रच रहे थे। शायद ये आवाज़ें ही कोई जादू कर गयी कि आकाश भी बादलों की बाहें फैलाये हमारी ओर ऊपर बढ़ता दिखाई दिया। लेकिन उसे चढ़ने में दिक्कत महसूस हो रही थी।

हम तीन लोग चारों ओर से हरे-हरे पेड़ों और लताओं से घिरे झरने के नीचे नहा रहे थे और आनन्द में चिल्ला रहे थे। बाहर सड़क से लोगों को उस झरने का केवल नीचे का भाग दिखता होगा, ऊपर का नहीं जहाँ हम थे। प्रकृति के बड़े घर में उसकी लताओं और पेड़ों से घिरे बड़े-से बाथरूम में हम प्रसन्न थे। उस पानी का स्पर्श और वातावरण का कच्चापन बड़ा ही मोहक लग रहा था और अभी भी उस क्षण को याद करूँ तो मन रोमांच से भर जाता है। शरीर पर ठंडे पानी की धार हृदय तक को ठंडक से भर रही थी। ऊपर पेड़ों से विभिन्न चिड़ियों की आवाज़ माहौल को और रूमानी बना रही थी। हम सारा रोमांच अपने में भरने की कोशिश में थे। समय के हाथ से ये क्षण फिसले तो कभी नहीं मिलेंगे, इसे जानते हुए मैं उन क्षणों को समेट रहा था ताकि याद आने पर ये क्षण उसी मस्ती में लौटा दें जो हम वहाँ महसूस कर रहे थे।

हमारे ऊपर जो पानी गिरता था वह लगातार लुढ़कते हुए नीचे पेरियार नदी में

चला जा रहा था। पानी की यात्रा कब की शुरू हुई होगी और कहाँ जाकर सम्पन्न होगी? क्या कोई यात्रा कभी समाप्त होती है? बारिश का यह पानी पहाड़ी से उतरते-उतरते नदी तक की यात्रा करेगा और इसे बीच में हम मिल गए। इसने हमें स्वीकार किया और हमें भिंगोते, आनन्द से सराबोर करते हुए भी अपनी यात्रा नहीं रोकी। इसका शुक्रिया! शायद पानी के देश में अपने पीछे वालों को जगह देते हुए आगे बढ़ते रहने की रवायत होगी इसलिए यह रुकता नहीं! इसका फिर से शुक्रिया! तेज़ ढाल पानी की शक्ल ही बदल देती है। वह पानी दूध में बदल जाता है। भौतिकशास्त्र में इसके लिए कोई सिद्धान्त होगा। दूध हमारे ऊपर से बहते हुए पत्थरों तक को तृप्त करते हुए नीचे बहा जा रहा है। पुरा-आख्यानाओं का अमृत यही पानी होता होगा।

इतनी देर झरने में नहाने का असर ये हुआ कि कँपकपी छूट गयी। इससे पहले कि दाँत बजने लगें, नहाना छोड़ना था। हमने कपड़े बदले और झरने से उतरकर नीचे सड़क पर खड़ी गाड़ी तक जाने की जुगत भिड़ाने लगे। ऊपर से झरने की ऊँचाई का पता चल रहा था। नीचे हमारे पैरों के पास से पानी लगातार नीचे जा रहा था, हम ठमककर तरह-तरह से उतरने की सम्भावनाएँ साझा करने लगे। हो सकता है पानी का कोई टुकड़ा हमें देखकर खिलखिला कर हँस भी रहा हो। धीरे-धीरे उतरने की क्रिया आरम्भ हुई। इस बार हम ज़्यादा सँभल कर चल रहे थे क्योंकि उतरते हुए ख़तरा ज़्यादा लग रहा था। हम दायीं ओर की कुछ लताओं को पकड़ते-छोड़ते हुए नीचे जा रहे थे कि एक लता टूट गयी। मैं फिसल गया। गिरा नहीं पर पाँव फिसल कर बहते पानी में तो चला ही गया। किसी तरह डरते-सँभलते हम सब उतर ही आए।

उतरने के बाद पहला काम यात्रा फिर से जारी रखने का था क्योंकि जिस परिवार के यहाँ खाना खाने का कार्यक्रम था, वह हमारा इन्तज़ार कर रहा था। गाड़ी में बैठने के बाद हमें लग रहा था कि हमने कितना आनन्द उठाया। मेरे चेहरे पर सन्तोष दिख रहा होगा फिर भी उन्होंने मुझसे पूछा— ''तुमको कैईसा लगा? मज़ा आया?''

यह भी कोई पूछने की बात है भला! पर ये लड़के तस्दीक कर लेना चाहते थे कि मुझे मज़ा आया या नहीं, और इन्होंने जो वहाँ झरने के पास गाड़ी रोकी, वह निर्णय सही था या नहीं? मैं गाड़ी में बैठा था। गाड़ी पुनः उसी सर्पिल रास्ते पर थी और उसी तरह के तीखे मोड़ भी थे लेकिन अब मेरा सरदर्द ग़ायब था। त्वचा पर अभी भी ठंडे पानी की धार महसूस हो रही थी। शरीर के ऊपर से पानी के लगातार गुज़रने से त्वचा के ऊपर पानी धड़क रहा था। नदी की ज़मीन को हमेशा ऐसा ही महसूस होता होगा। कानों में पानी के तेज़ी से गिरने की झर-झर थी और धीरे से बहने की कुल-कुल, छुल-छुल भी। झरने में नहाने की मेरे मन की साध पूरी हो गयी थी। बाद में उस झरने में कई बार नहाना हुआ। एक बार विष्णु भी साथ था।

वह पाँच साल अंडमान में नौकरी कर लौटा था। उस दिन, उस झरने पर उसकी ख़ुशी देखने लायक थी। वापसी में उसने जो कहा वह मुझे आज भी याद है— "पाँच साल का कालापानी धुल गया"। इतना ही नहीं विष्णु उस स्थान के रोमांच को महसूस कर नितान्त प्राकृतिक अवस्था में आ गया! उसका सारा संकोच ढह गया। उसे किसी की परवाह नहीं रह गयी थी।

रास्ते में कुछ और झरने आए, छोटे-छोटे से लेकर बड़े तक। छोटे झरनों पर कोई रुक भी नहीं रहा था पर बड़े झरनों के आस-पास दूर से ही गाड़ियाँ धीमी हो जा रही थीं। कितनी अजीब बात है, झरने भी मनुष्यों की तरह होते हैं। जो छोटा-वो अकेला। जो बड़ा उसके यहाँ चहल-पहल। 'चियापारा' और 'वालरा' जैसे बड़े झरनों के पास पर्यटकों की बड़ी भीड़ थी। हमने तय किया कि लौटते हुए इन झरनों के पास पहुँचा जाएगा। यह तो निश्चित ही था कि हम चियापारा में पानी को छू भी नहीं सकते थे क्योंकि वहाँ तक पहुँचना ख़तरनाक था। पानी तीन सौ फुट की ऊँचाई से भारी मात्रा में गिर रहा था इसलिए सरकार की ओर से उस पानी के चारों ओर छोटी दीवार खड़ी करवा दी गयी है ताकि कोई उधर जाने की कोशिश न करे। वालरा झरना तो ख़ैर है ही सड़क से नीचे, उसे बस पुल पर खड़े होकर देखा जा सकता है। उन लोगों ने बताया कि शाम में जब इस झरने से ऊपर उठती धुन्ध पर डूबते सूरज की किरणें पड़ती हैं तो वह बड़ा अद्‌भुत नज़ारा होता है इसलिए हम आगे बढ़ गए। हालाँकि दोनों ही बड़े झरनों पर पर्यटकों की बड़ी भीड़ थी फिर भी हम नहीं रुके क्योंकि झरने में नहाने का आनन्द तो ले ही लिया था, अब सूरज की कलाकारी भी देखनी थी जो शाम को ही संभव थी।

हम अपने मेज़बान के घर की दिशा में बढ़ रहे थे। बाहर हल्की बूँदें बरस रही थी। केरल में रहते हुए चार-पाँच महीने बारिश से अभ्यस्त हो जाना स्वाभाविक है। यहाँ बारिश में कुछ नहीं रूकता, जन-जीवन अपनी सहजता के साथ चलता रहता है। बसें आती हैं, लोग काम पर जाते हैं, चाय की दुकानें खुली रहती हैं, लोग चहकते रहते हैं। यही वजह है कि बारिश में भी काम के लिए बाहर निकल सकनेवाले सामानों की बिक्री छोटे-छोटे स्थानों की छोटी-छोटी दुकानों तक में होती है। मुझे भीगी सड़क का रंग और काला जान पड़ रहा था। बायीं ओर के पहाड़ ने अभी भी हमारा साथ नहीं छोड़ा था, हमसे दो मीटर की दूरी पर वह भी साथ-साथ चल रहा था। पेड़ों, लताओं पर गिरनेवाली और पूर्व में गिर चुकी बूँदें मिलकर पहाड़ की त्वचा को गीला कर रही थी और जहाँ-तहाँ ऐसा लग रहा था जैसे पहाड़ रिस रहे हों। वह गीलापन मन को अलग कच्चापन देता है। इस बीच पता चला कि हम पहुँचने वाले हैं और हमारे मेज़बान यानी दिवाकरन जी हमें चौराहे पर ही मिल जाएँगे। ऐसा ही हुआ। हम चौराहे पर मिले।

जब वे मिले तो बारिश थोड़ी तेज़ होने लगी। उनका गाँव 'पत्तामाइल', केरल के 'इडकी' जिले के अडिमाली पंचायत के अन्तर्गत आता है। जब हम गाँव कहते हैं तो उत्तर भारत के गाँवों को भूल जाइए। यह गाँव क्या था, एक बहुत कम आबादी की बस्ती थी। लोग अपने पहाड़ी खेतों के बीच घर बना कर रह रहे थे। यदि घरों के पालतू कुत्ते हमें देखकर भौंकते नहीं तो दूर से घरों का पता भी नहीं चलता। घरों के चारों ओर रबड़ के पेड़ थे और उन पेड़ों पर काली मिर्च की लतर फैली हुई। नीचे बस्ती, ऊपर पहाड़। दूर कहीं सफ़ेद रेखा की तरह दिखते झरने। दिवाकरन जी ने जब हमें अपने घर के अहाते में प्रवेश करवाया तब जाकर उनके कुत्ते चुप हुए।

हम अपने-अपने छाते मोड़कर दिवाकरन के घर में दाखिल हुए। उनका घर न तो बहुत बड़ा था और न ही बहुत अच्छे से सजा हुआ। वह अस्त-व्यस्त छोटा-सा घर था। भीतर उनकी माताजी और चौथी कक्षा में पढ़नेवाली उनकी बेटी से मिले। चालीस की उम्र होगी दिवाकरन की। वहीं पर उन्होंने बताया कि उनकी पत्नी असम के शिवसागर जिले में काम करती है और बड़ी बेटी ने अभी-अभी कॉलेज जॉइन किया है इसलिए घर में अब यही तीन जन रहते हैं। दिवाकरन थोड़ी हिन्दी समझते थे, उनसे थोड़ी बात हो रही थी लेकिन उनकी माताजी और बच्ची से ज़रा भी बात नहीं हुई क्योंकि वे दोनों बस मलयालम समझते थे। माँ को छोड़कर बाक़ी सबसे थोड़ी देर बातें हुईं। इस बीच खाना टेबल पर लगाया जाने लगा। जिस तेज़ी से दादी और पोती ने खाना लगाना शुरू किया, उससे लगा कि खाना और घर के लोग हमारा ही इन्तज़ार कर रहे थे और उन्हें बेसब्री से इन्तज़ार था। मुझे लगा कि मेहमाननवाज़ी के लिए भाषा कोई अवरोध नहीं बन सकती। गर्मजोशी से भरे हृदय के आगे ज़ुबानी सम्बोधन ज़्यादा मायने नहीं रखते।

खाने में मांसाहार की अधिकता थी। सूअर, मुर्गे और भैंसे के मांस का प्रबन्ध था। पहले ही कौर में पता चल गया कि मुर्गा देसी है। स्वाद में उत्तम। बहुत दिन हो गए थे देसी मुर्गा खाये हुए। तीन तरह के मांसाहार के अतिरिक्त अन्य जो चीज़ें टेबल पर थीं वे बहुत रहस्यमयी-सी लगीं। सबकी थाली में एक पदार्थ परोसा गया था जिसे वे लोग 'कप्पा' कह रहे थे। यह उबले-पीसे हुए आलू-सा लग रहा था पर यह कप्पा था जिसे अँग्रेज़ी में 'टाइपियोका' क़हते हैं। उसके साथ-साथ पिसे हुए चावल की छोटी-छोटी गुल्लियाँ लहसुन और करी पत्ते की छौंक के साथ परोसी गयी थी जिसका नाम 'पोड़ी' बताया गया। फिर थाली के कोने में थोड़ा-सा 'कन्नी माँगा' यानि छोटे साबुत आम का अचार भी रखा था।

दोनों साथी और दिवाकरन परिवार 'बीफ़ फ्राई' एवं 'पोर्क' का मज़े से आनन्द ले रहे थे। मुझे टाइपियोका कोई ख़ास नहीं लगा। भोजन की पसन्द-नापसन्द प्रेम में किए गए आपके फ़ैसलों की तरह होती हैं, जो पसन्द आया, आया।

वरना किसी चीज़ का कोई वैज्ञानिक कारण नहीं ढूँढा जा सकता। जो पसन्द नहीं, मतलब नहीं है। वह टाइपियोका बड़ा ही बेस्वाद था लेकिन पीड़ी मुझे अच्छी लगी। बातों-बातों में ही पता चला कि कप्पा और पीड़ी के अलावा सारा मांसाहारी खाना बाहर से आया था। बाहर माने नज़दीकी 'कल्ल शॉप' से। कल्ल माने ताड़ी। अर्थात जो खाना हम खा रहे थे उसका अधिकांश और स्वाद वाला भाग नशीली ताड़ी परोसने वाली दुकान से आया था।

दिवाकरन मलयालम में बताए जा रहे थे कि केरल में यदि मांसाहार का असली स्वाद लेना है तो बड़े-बड़े रेस्टोरेंट और घर के खाने को भूलकर कल्ल शॉप चले जाइए वहाँ सबसे बेहतरीन मांसाहार मिलेगा। जब मैंने अपने साथियों से उनके खाने के बारे में राय ली तो वे भी कह रहे थे कि दिवाकरन की बात सही है। हम खाना खा रहे थे, टेबल के नीचे पाँवों के पास उनकी पालतू बिल्ली कई बार आई। मैंने पाँव ऊपर कर लिए क्योंकि मुझे पता नहीं क्यों, बिल्ली एक अजीब जानवर लगती है। ईर्ष्यालु, घमंडी, और कम विश्वसनीय! मुझे अपने बचपन की एक घटना याद है जब रात को सोते समय एक बिल्ली ने मेरी बाईं जाँघ पर पंजा दे मारा था और उसके बाद एक सप्ताह तक उसकी नोची हुई जगह मेरी नानी की आँखों को चुभती रही। उसका परिणाम यह हुआ कि जो दो-एक बिल्ली उस इलाक़े में राउंड मारती थी, उनकी शामत आ गयी।

हम जिस काम के लिए आए थे, वह पूर्ण हुआ। हम तो दोपहर के भोजन पर ही आमन्त्रित थे जो निपट गया। घड़ी में दोपहर हो गयी होगी पर बाहर वातावरण में ऐसा कुछ भी नहीं लग रहा था। धुँध, बादल और बारिश की तेज़ आवाज़। यह बारिश कोई नयी बात नहीं थी इसलिए उस ओर ज़रा भी ध्यान नहीं दिया गया। थोड़ी इधर-उधर की बातें हुई होंगी कि दिवाकरन ने ऊपर पहाड़ी पर स्थित अपना खेत दिखाने का प्रस्ताव दिया। "ये हुई ना बात!" वाले भाव के साथ-वह प्रस्ताव हमने दोनों हाथों से लपका और आग्रह किया कि वे झट से चलें। बाहर बहुत तेज़ बारिश हो रही थी, बस उसी के बहाने हम रुके हुए थे। जैसे ही बारिश थमी, हम बाहर निकल आए। बाहर हमारे जूते इन्तज़ार कर रहे थे। वे जूते बारिश के पानी से भर गए थे। भीगे हुए जूते पहनकर बरसात के दिन में पहाड़ की ऊँचाई नापना कैसा होगा, इसकी तो अभी कल्पना भी मेरे मन में नहीं थी।

इसके बाद आरम्भ हुई थी हमारी असली यात्रा। पहाड़ी गाँव की सड़क से दुनिया अलग ही दिखती है। जिस तरह सड़क ऊपर उठती जा रही थी, उसी तरह उसके साथ लगे एक-दो घर भी ऊपर उठ रहे थे। हम उस रास्ते के अन्तिम घर तक पहुँचे होंगे कि चारों तरफ़ से गिरती मोटी-मोटी बारिश की बूँदों ने हमें घेर लिया। हम चार लोग थे और छाते तीन। समतल पर एक छाते में दो लोग चल सकते थे पर

पहाड़ी रास्ते पर नहीं। दिवाकरन ने ऐसा भाँपते हुए उस अन्तिम घर से एक छाता माँग लिया। हम उस बारिश में भी बढ़े जा रहे थे। यहाँ बारिश सबके दुःख को साझा करती है, छाता मिल गया। अब हमारे मन में नयी जगह के सांगोपांग से परिचित होने का उत्साह था और दिवाकरन वहाँ के कंकर-कंकर से परिचित थे।

हम चार लोग अलग-अलग छातों में उस पथरीली सड़क से ऊपर बढ़ रहे थे। बारिश अब तक इतनी तेज़ हो चुकी थी कि ऊपर बरसता पानी उस अनगढ़ सड़क से नीचे की ओर बहकर आने लगा। वह हमारी ओर आ रहा था। पानी के साथ बह सकनेवाले कंकर-पत्थर हमारी ओर लुढ़क रहे थे। केरल में बारिश में कुछ नहीं रुकता। ना कंकर, ना काम, इसलिए हम भी नहीं रुके! ऊपर पहुँचने पर दिवाकरन का खेत नज़र आया।

उन्होंने अपने खेत को लोहे की तारों से घेर रखा है जिसमें बिजली प्रवाहित होती है। तार का यह घेरा उनके और उन जैसे किसानों के खेत की रखवाली करता है वरना जंगली सूअर और हाथी सब कुछ नष्ट कर दें। अजीब उलझन है, एक की जान दूसरे की जान पर टिकी होती है, शायद इसे ही सही मायने में 'धर्म-संकट' कहते हैं। वहाँ एक बात बड़ी रोचक थी। दिवाकरन के खेत में साधारण फसल नहीं लगी थी बल्कि कोको और इलायची की फसलें लहलहा रही थीं। जहाँ इलायची की खेती हो रही हो, वहाँ रखवाली इसी तरह से होगी। इलायची में फल लगने लगे थे। हरे और भरे-भरे नन्हें फल। उन्हीं फलों के परिपक्व हो जाने के बाद तोड़ा जाता है। फल सूखकर बाज़ार में बिकने वाली इलायची की शक्ल ले लेते हैं। दिवाकरन बता रहे थे कि जिन दिनों इलायची को सुखाया जाता है, उन दिनों पूरा इलाक़ा उसकी सुगन्ध से भर जाता है। यह उत्तर-भारत की सरसों के फूलों की महकती ख़ुशबू जैसी होती होगी। दिवाकरन के पास कोको के बहुत कम पेड़ थे। कोको से चॉकलेट बनाया जाता है। इस तरह कोको भी एक मूल्यवान फसल है। उन्होंने कोको का एक पीला फल तोड़ लिया। उसके भीतर बीजों से लिपटा गूदा था। कोको के बीजों को भूनकर पीसा जाता है और उसी से चॉकलेट तैयार होती है। कोको के सफ़ेद गूदे को भी खाया जा सकता है। उसका स्वाद बड़हल की तरह था, मीठा और हल्का खट्टापन लिए हुए।

दिवाकरन बता रहे थे कि जब किसी के खेत में जंगली सूअरों का आक्रमण होता है और बिजली के आघात से किसी सूअर की मौत हो जाती है तो यह गाँव भर की दावत होती है। पहले सूअर बहुत नुक़सान पहुँचाते थे लेकिन अब बिजली की बाड़ के कारण उनका उत्पात बहुत मामूली रह गया है। दिवाकरन के अनुसार केरल सरकार किसानों की इस गतिविधि के सख़्त ख़िलाफ़ है। सरकार जंगल और जंगली जानवरों को लेकर बेहद संवेदनशील है। पिछले दिनों एक व्यक्ति ने अपने घर के

पास गड्ढा खोदा और उसमें हाथी का एक बच्चा कहीं से आकर गिर गया। वन विभाग ने उस ज़मीन के मालिक को गिरफ़्तार कर लिया। ऐसी बातें करते-करते हम उन खेतों से आगे बढ़ गए। आगे क्या ऊपर बढ़ गए। खेतों से ऊपर बढ़ते हुए पहाड़ी की दूसरी चोटियाँ दिखने लगी। यहाँ से वहाँ तक हरा-हरा और बीच-बीच में बारिश से भीगी चोटियों की कालिमा! पहाड़ी की हरियाली सबसे ज़्यादा नीबू की महक वाली घास से थी। उसके पत्तों को मसलने से नीबू जैसी सुगन्ध आती है। दूर-दूर तक 'लेमन ग्रास' हवा में लहरा रहे थे। हम उस समय जहाँ खड़े थे, वहाँ का दृश्य अद्‌भुत था। दोनों ओर पश्चिमी घाट की पहाड़ियाँ और बीच में घाटी। दूसरी ओर के पहाड़ से कोई झरना नीचे तेज़ आवाज़ में गिरा जा रहा होगा वरना उसकी आवाज़ घाटी को पार करके हम तक नहीं पहुँचती। दिवाकरन के चेहरे पर सन्तोष वाली मुस्कान थी क्योंकि हम आश्चर्यचकित होकर दूर तक पसरे उस सौन्दर्य पर मन्त्रमुग्ध खड़े थे। बारिश बन्द हो चली थी और उसके बाद शुरू हुआ था प्रकृति का और भी अद्‌भुत खेल! देखते ही देखते घाटी, और हमारे चारों ओर बादल भर गए! इतने बादल कि कुछ मीटर की दूरी तक देख पाना भी मुश्किल हो गया। कुछ देर पहले तक जो झरना दिखाई भी दे रहा था, अब केवल उसकी आवाज़ ही बची रह गई। आकाश में सूरज बादल के टुकड़ों के बीच से चमका। वह सूरज का अट्टहास-सा था। घाटी में पड़े बादलों पर सूरज की किरणें अद्‌भुत सौन्दर्यलोक निर्मित कर रही थी। कुछ ही क्षणों में बादल ग़ायब हो गए। घाटी फिर ख़ाली हो गयी, नीबू-घास की हरियाली फिर से दिखने लगी, पहाड़ियों की चोटी के पेड़ हवा में फिर से झूमने लगे।

उतरते वक़्त दिवाकरन हमें पहाड़ी के दूसरी ओर से ले जा रहे थे। वह रास्ता तीखी ढालवाला था और बरसात के कारण पकड़ बनाने में वाकई मेहनत करनी पड़ रही थी। हमें जल्दी भी थी कि कब वालरा पहुँचे और झरने से ऊपर उठती धुन्ध पर शाम के सूरज की नारंगी किरणों की अठखेलियाँ देखने को मिले। इधर-उधर से थोड़ा फिसलते हुए, एक दो हल्की चोट खाते हुए हम नीचे आए। दिवाकरन पुनः अपने घर ले जाना चाह रहे थे लेकिन हमें वापस लौटना था।

हमने विदा ली।

वालरा का झरना अपने शबाब में झूम रहा था। लगभग सौ मीटर की ऊँचाई से गिरता पानी महज़ पानी नहीं लग रहा था, दूध की मोटी धार या फिर नीचे से उठती सफ़ेद भाप। पानी के गिरने की भयानक आवाज़ आ रही थी। पानी की आवाज़ से पानी की मात्रा और गिरने की ऊँचाई का पता चल सकता है। एकदम हहराता पानी। ऊँचाई से गिरता पानी नीचे पत्थरों से टकराकर महीन बूँदें बना रहा था। वे बूँदें हमारे शरीर, कैमरे और फ़ोन पर छा रही थी। उन बूँदों पर जब सूर्य की किरण पड़ी

तो असंख्य 'प्रिज़्म' बन उठे। उन प्रिज्मों से होकर गुज़रती किरणें अलग-अलग रंगों में बिखरकर एक बड़ा इन्द्रधनुष बना रही थी। वह ऐसा दिलफ़रेब नज़ारा था जिसे प्रकृति के रहस्यों में बहुत गहरे उतरकर ही समझा जा सकता है। अभी हम इतने गहरे कहाँ उतर पाए हैं! प्रकृति इतनी विविधता एक साथ धारण कर सकती है। वे विविधताएँ एक-दूसरे से जुड़कर वातावरण के सौन्दर्य को अलग ही स्तर पर पहुँचा देते हैं। हरियाली से भरी पहाड़ियों के पीछे डूबता सूरज यूँ भी बहुत हसीन होता है और उतनी ऊँचाई से गिरता झरना भी। लेकिन झरने के पानी की बूँदों पर डूबते सूरज की किरणों का अल्हड़ खेल पूरे लैंडस्केप को मोहक बना रहा था। यही कारण था कि वहाँ उस समय भीड़ लग गयी थी। रोज़ ही सूर्यास्त के समय ऐसा नज़ारा रहता होगा। रोज़ ही भीड़ लग जाती होगी पर्यटकों और स्थानीय लोगों की।

ज्यू टाउन

चाहे कितने ही दिन पहले से तय करने बैठें कि अगले रविवार कहीं जाना है, फिर भी यह तय है कि ख़ास उसी रविवार की सुबह नींद टूटने में दिक्कत होगी। उस रविवार भी यही हुआ। मुझे कहीं जाना था और मेरी नींद मुझे रोके पड़ी थी। हालाँकि यह पहले से ही तय था कि ज़्यादा दूर नहीं, बस आसपास ही मटानजेरी और फोर्ट कोच्चि के इलाक़े की ख़ाक छानी जाये। आम तौर पर जो नहीं कर पाते, वह किया जाए। यह अजीब-सा दुर्भाग्य है कि हम वही नहीं करते जो पास हो और जिसे सबसे आसानी से किया जा सकता है।

यह यहूदियों का इलाक़ा है और इसे इसी नाम से जाना जाता है— 'ज्यू टाउन'। वहाँ आज़ादी से पहले के भी कुछेक घर हैं और कुछ नए भी हैं लेकिन मैं जो चाहता था, वह वहाँ नहीं था। मेरे मस्तिष्क के किसी कोने में एक उम्मीद थी कि वहाँ हर घर में कोई ना कोई यहूदी तो ज़रूर मिलेगा लेकिन स्थानीय केरलवासी और धुर उत्तर के कश्मीरियों के अलावा वहाँ कोई दिखा ही नहीं था। वह यहूदियों के बिना वीरान-सा था।

यहूदियों का पूजा-स्थल 'सिनेगोग' कहलाता है और यह बात मैंने बचपन से रटी थी। मन्दिरों-मस्जिदों की तरह यह शब्द उतना आम नहीं था इसलिए लगता था कि कभी परीक्षा में पूछा जा सकता है लेकिन क्योंकि उसे रटा हुआ था इसलिए वह

किसी परीक्षा में नहीं पूछा गया। विद्यार्थियों के साथ इसी को 'अन्याय' कहा जाता है। मैं रविवार को आज इस उम्मीद से निकला कि वहाँ पूजा स्थल पर तो यहूदी होंगे ही होंगे। कोई एक तो होगा ही लेकिन वहाँ पहुँचने पर घोर निराशा हाथ लगी। वह बन्द था। अब अपने मन में ज़िद बैठ गयी कि आज तो किसी न किसी यहूदी को ज़रूर देखना है। वजह यह थी कि मैंने किसी यहूदी को देखा नहीं था। यहूदी एक ऐसा शब्द है जिसे इतिहास में इतनी बार उकेरा गया है कि इस शब्द के आकार के किसी मनुष्य को देखना वाक़ई एक मासूम-सी इच्छा कही जा सकती है। मैंने कई यहूदियों के बारे में सुना है। मुझे ये भी पता था कि उन्होंने दुनिया को एक से एक चीज़ दी है। वे अलग-अलग क्षेत्रों में महान आदमी हुए हैं। उन्होंने बाहर बड़ी संख्या में नोबेल पुरस्कार जीते हैं। आइंस्टाइन यहूदी था, कार्ल मार्क्स यहूदी था, वूडी एलेन यहूदी है, यूँ तो मार्क जकरबर्ग भी यहूदी है। अजीब बात है कि एक अलग धर्म के लोगों से मिलने की उत्कंठा इस तरह मन पर सवार हो जाये! दरअसल यह वही उत्कंठा है जो बचपन में मुम्बई से घर लौटने वालों से तरह-तरह के सवाल करवाती थी—

"मुम्बई में पानी को क्या कहते हैं?"

"प्याज को कांदा कहते हैं!"

नए या अपने से अलग के प्रति यह आकर्षण बड़ा ही प्रभावी होता है। यही बात है जो हमें हर नयी चीज़, हर नए इलाक़े और हर नए इंसान के प्रति लगातार खींचती रहती है। और अगर बात यहूदियों की हो तो दुनिया अलग मस्तिष्क से सोचने लगती है।

ज्यू टाउन में ही केरल पुलिस का एक इंटरनेशनल-टूरिज़्म पुलिस-स्टेशन है। यह अपने आप में एक अभिनव प्रयोग है। एक ख़ास थाना जिसे पूरी तरह अन्तर्राष्ट्रीय पर्यटन को समर्पित कर दिया जाए। केरल की अर्थव्यवस्था में पर्यटन का बहुत बड़ा योगदान है। आँकड़ों में वह दिखे या न दिखे, इससे कोई फ़र्क़ नहीं पड़ता लेकिन हाइवे के दोनों ही ओर जिस तरह खाने-पीने की या फिर हाथ से बनाए सामानों की दुकानें लगातार सजी रहती हैं, वे बताती हैं इस राज्य में पर्यटन का क्या महत्त्व है! पर्यटन के महत्त्व को यहाँ के लोगों की भाषा में भी देखा जा सकता है। दुकानों में हिन्दी और अँग्रेज़ी बोलनेवाले लोग मिल जाएँगे। भले ही हिन्दी और अँग्रेज़ी दोनों टूटी-फूटी हो लेकिन काम चल जाता है। भाषा का आख़िरी काम तो सम्प्रेषण ही है। पर्यटन में भाषा के महत्त्व को देखते हुए यहाँ की दुकानों में हिन्दी भाषी राज्यों से आनेवाले लोगों को रखा जाता है ताकि उस ओर से आनेवालों को सहूलियत हो

सके। बहरहाल, उस अन्तर्राष्ट्रीय थाने जाने पर कुछ बड़ी जानकारियाँ हाथ लगी। पहली तो निराश करनेवाली थी कि कोचीन में अब केवल 5 ही यहूदी बच गए हैं। उनमें भी एक ही की उम्र 40 के आसपास है, बाक़ी सब बूढ़े हो चुके हैं। दूसरी कि उनमें से कोई स्त्री है जो उस सिनेगोग की देखभाल करती हैं। तीसरी जानकारी यह थी कि थाने के बग़लवाली दुकान पर एक बर्तन रखा है जिसका नाम सबसे बड़े बर्तन के रूप में 'लिमका बुक ऑफ वर्ल्ड रेकॉर्ड' में दर्ज़ है।

तीन बजने में समय था सो बर्तन देखने चला गया। बर्तन सच में बड़ा था। फिर उस पुलिस वाले के बताए हुए घर की ओर चला गया। वहाँ एक दुकान थी— हैंड मेड कढ़ाई के समान की। मैं उसके भीतर घुस गया। वहाँ एक लड़का था, मैंने उससे कहा कि मुझे सारा से मिलना है। लड़का उखड़ ही गया। उसने लगभग डाँटते हुए कहा— "जाओ, यहाँ वह अब किसी से नहीं मिलती"। यह कैसी उदास करने वाली बात थी! एक ही लक्ष्य लेकर निकला था और वह इतने क़रीब आकर भी न प्राप्त हो पाये तो दुख तो होता ही है। वहाँ से हटना ही था। आगे बढ़ते हुए खिड़की पर नज़र पड़ी। एक पोपले मुँह वाली स्त्री बैठी थी। खिड़की के पास, अपलक बाहर की ओर ताक़ती।

अब तक तीन बज गए थे। सिनेगोग के खुलने का समय हो रहा था। मुझे विश्वास था कि वहाँ तो पाँच में से कोई न कोई ज़रूर आएगा। मैं इन्तज़ार करता रहा, इन्तज़ार आसान हो सके इसलिए मैंने वहाँ कि कुछ फ़ोटो लेने चाहे। वहाँ लिखा था— "यहाँ फ़ोटो लेना सख़्त मना है।" कोई फ़ोटो लेने से पहले ही रुकना पड़ा। समय जाता रहा, वहाँ कोई नहीं आया। मैं मायूस होकर इस उम्मीद से पीछा छुड़ाना चाहता था। मैंने अब उस प्रार्थना-घर के बारे में सोचने लगा। सिनेगोग क्या था एक सजा हुआ कमरा है! उस कमरे को देखकर यक़ीन हो गया कि यहाँ सच में बहुत कम यहूदी बच गए हैं और जो हैं सब केवल एक सफ़ेद हाथी की तरह हैं— पुरानी क़ुर्सियाँ, पुराने गलीचे, ऊपर टंगा झूमर। वह सब देखकर यह लग गया कि अब इसके रूप और रूप में समय के साथ बदलाव की किसी को फ़िक्र नहीं है, शायद ज़रूरत भी नहीं है। काफ़ी देर बैठने के बाद और देसी गाइडों द्वारा, विदेशी तो विदेशी, देसी को भी ठगते हुए देखने के बाद मैं उदास होकर चलते हुए दिखा होऊँगा। वहीं कोच्चि के सिनेगोग से जुड़ा एक संग्रहालय है। मैंने वहाँ जाना चाहा। वह संग्रहालय से ज़्यादा यहूदियों के भारत में आने और बसने के इतिहास पर प्रकाश

डाल रहा था। ज़ाहिर है वह अलग तरह का इतिहास था जिसका मिलान अन्य स्रोतों से होना ज़रूरी है। इसके बावजूद वहाँ पेंटिंग बनाकर जिस तरह उस इतिहास से जोड़ने की क़वायद की गयी है वह काबिलेतारीफ है। उन कलाकृतियों को देखकर लगता है कि यहूदियों ने अपने आश्रयदाताओं के प्रति पर्याप्त कृतज्ञता प्रदर्शित की है। इतना सब देखने के बाद मैं अन्ततः उस दुकान के पास फिर से जाकर खड़ा हो गया जो सारा के घर में थी। इस बार दुकान पर काम करनेवाला लड़का बाहर आया और मुझे भीतर ले गया। यह वैसी बात थी जिसकी मैंने उम्मीद भी नहीं की थी। मैं सोचता रह गया कि अचानक से क्या हो गया इस लड़के को! हृदय-परिवर्तन? इसी ने थोड़ी देर पहले बुरी तरह से झिड़क दिया और अब यही भीतर ले जा रहा है। आपकी ज़िद के सामने कुछ पत्थर भी झुक जाते हैं। उसने भीतर की ओर इशारा किया। खिड़की की पास बैठी जिस स्त्री को मैंने देखा था, वही सारा थी। एक अकेली सारा। कोच्चि के ज्यू टाउन के बचे हुए कुछेक यहूदियों में से एक स्त्री।

सारा काफ़ी बूढ़ी हो गयी हैं। इतनी बूढ़ी कि उन्हें दूसरों की बातें सुनने और समझने से कोई मतलब नहीं। उन्हें बताया गया कि मैं बिहार से आया हूँ। इसपर उनकी प्रतिक्रिया का आशय यह था कि अभी उनके पास काम नहीं है काम देखने के बाद नौकरी देंगी। किसी और के यहाँ यदि कारीगर की ज़रूरत होगी तो वह सूचना देगी। "मैं भूखा तो नहीं हूँ?"— इन बातों पर हँसा जा सकता था लेकिन ये बातें हमें सोचने को विवश करती हैं कि इंसान उम्रदराज़ हो जाने पर केवल अपनी ही बात कहता है और जो बातें गहरे जमी होती हैं उन पर ही सोचता है। मैं हँसा नहीं। सारा के पास बिहार से लोग काम माँगने आते होंगे और पुराने समय में जब सभी यहूदियों के घरों में कसीदे का या फिर कोई और काम चलता होगा तब इसी तरह से वे काम देने-दिलाने की बातें करते होंगे। आज वाकई यह एक हास्यास्पद बात लगे लेकिन यह एक समय का सच था। उन्होंने जब खाने की बात पूछी तो मुझे वे एक क्षण के लिए अपनी नानी या दादी जैसी लगीं। अब वह अलगाव वाला भाव बिलकुल ही जाता रहा जो सारा के यहूदी होने से था। सारा मलयालम, अँग्रेज़ी, हिब्रू और हिन्दी में बोल रही थी। हिब्रू के अलावा सभी भाषाओं में मैंने भी थोड़ा बहुत जवाब दिया। मैं बस उनको सुनना चाहता था। मैं बस इसका अन्दाज़ा लगाना चाहता था कि उनके मन में इस उम्र में क्या चल रहा है। वे यहूदियों के केरल छोड़ते जाने से बहुत दुखी थीं। दुनिया भर से यहूदी इस्राइल जा रहे हैं। केरल के यहूदी या कहा जा सकता है कि भारत के यहूदी भी उसी प्रवृत्ति का अनुसरण कर रहे हैं। वहाँ उन्हें बेहतर भविष्य से ज़्यादा अपनी तरह के लोगों में रहने की इच्छा ज़्यादा खींच रही है।

इस्राइल और यहूदियों के बारे में बात करते हुए स्वाभाविक रूप से फिलिस्तीन का ज़िक्र आता है। एक समय वह बहुत बड़ा क्षेत्र था। उसके भीतर या कोने में कहीं

इस्राइल था। इस्राइल यहूदियों का देश। यहूदियों ने बहुत मेहनत की, पैसे लगाए और अपनी क़ौम ही नहीं बल्कि देश को भी आत्मविश्वास से भर दिया। इसके परिणाम इस्राइल की विस्तारवादी नीतियों में उभरे। जिनका खामियाज़ा सीधे-सीधे फिलिस्तीन को भुगतना पड़ा। इस्राइल और उसके समर्थक देशों ने बड़ी आसानी से इस विस्तारवादी लिप्सा को यहूदियों के ख़िलाफ़ इस्लाम के धर्मयुद्ध में बदल दिया। लोग जो अपनी ज़मीन बचाने के लिए लड़े वे आतंकवादी घोषित कर दिए गए। फिलिस्तीन का संघर्ष अपने अस्तित्व को बचाने के लिए था। इस संघर्ष को इस्रायल ने यूँ प्रचारित किया जैसे वह निष्कलंक हो और फिलिस्तीन के लोग, वहाँ के संगठन आदि सब आक्रमणकारी हों। जबकि अपनी जगह बचाने में फिलिस्तीनीयों ने थोड़ी हिंसा की तो इस्रायल ने उसके जवाब में कई गुने ज़्यादा बड़ी-बड़ी हिंसा की। इसी की आड़ में यहूदियों का वह देश फैलता चला गया और फिलिस्तीन सिकुड़ गया। यह अपने आप में बहुत अजीब बात है कि, अपना घर बचाने वाले लोग आतंकवादी हो गए। एडवर्ड सईद अपने लेखन के माध्यम से इस बात को बख़ूबी रेखांकित करते हैं।

इसी कारण से इस्राइल के प्रति मेरे मन में कभी श्रद्धा नहीं रही। इसके बावजूद मैं वहाँ के लोगों के प्रति कोई दुश्मनी लेकर नहीं चलता। एन फ्रेंक पर बात करते हुए अपने छात्रों से मैंने इस्राइल व फिलिस्तीन की वर्तमान स्थिति पर बातचीत की। उस दिन हमारी संस्था के कई अधिकारी आए हुए थे। उन्होंने मुझे अलग से बुलाकर इन सबका स्पष्टीकरण माँगा। फिलिस्तीन के प्रति मेरी संवेदना उनके किसी काम की नहीं थी। वे इस्राइल की ताक़त और उसके तरीक़े से सम्मोहित थे।

ऐसा इस्राइल जब बड़ा हो रहा हो तो वह निश्चित रूप से बाहर के देशों में बसी अपनी क़ौम को आकर्षित करेगा। वहाँ ज़्यादा अवसर हैं, अपनी तरह के लोग हैं इसीलिए वहाँ का आकर्षण भारतीय यहूदियों को भी बुला रहा है। कोचीन के यहूदी भी इसके अपवाद नहीं हैं। एक धर्म के होने बावजूद वहाँ के यहूदी और मटानजेरी के यहूदियों में दूसरी समानता नहीं होगी।

यह इतिहास का एक ऐसा पन्ना है जिसे आसानी से रटा तो जा सकता है लेकिन समझा नहीं जा सकता। और मैं भी इस मामले में अपवाद नहीं हूँ।

जीभ-जीभ के स्वाद

हर जगह का अपना स्वाद होता है। यह उसकी हवा और वहाँ के खाने तक में पता चलता है। ज़ाहिर है— सब उसके वातावरण और उपलब्ध संसाधन पर ही निर्भर

करता है। फल ज़्यादा पैदा होते हों तो खाने में फल की प्रधानता और यदि सूखे अन्न ज़्यादा हुए तो उसके विभिन्न रूप मिल जाते हैं। यही हाल कुछ अनाजों की कमी को लेकर भी है— जैसे राजस्थान में धान की न्यूनतम उपलब्धता के कारण वहाँ छठे-छमासे ही चावल खाया जाता है। मेरे कम से कम दो दोस्त हैं जो मेरी रसोई में चावल खाने से पहले दो बार कह चुके होते हैं कि उनके यहाँ चावल तीज-त्योहारों पर ही खाया जाता है और वो भी मीठे के साथ।

पिछले कुछ समय से केरल में हूँ। जब दिल्ली में था तो नितान्त उत्तर भारतीय खाना और अब यहाँ हूँ तो विशुद्ध दक्षिण भारतीय व्यंजन। यहाँ चावल ज़्यादा है, नारियल हैं, मसाले हैं। जो काली मिर्च देश के उत्तर में इतनी विशिष्ट है उसकी लता यहाँ किसी भी पेड़ के तने पर चतरी मिलेगी। यही हाल लौंग और इलायची का भी है। हाँ तेजपत्ते के पेड़ तो बिहार में भी देखे हैं। यहाँ रहते हुए अभी महीना भी नहीं लगा है सो खाने-पीने में एक सामंजस्य बनाने का काम निरन्तर चल रहा है। हवाई अड्डे से जब टैक्सी ली थी तभी अन्दाज़ा हो गया था कि खाने के समय तक पहुँच ही जाऊँगा और हुआ भी ऐसा ही। यहाँ आकर जो पहला काम किया वह था भोजन। उबले मोटे चावल की भात (चोर), सोयाबीन जैसे किसी अनाज की मसालेदार घूघनी, केले की भुजिया और सांभर। दिल्ली की बात छोड़ दें तो बिहार में हम अधिकतर ऐसा ही चावल प्रयोग में लाते हैं जिसे उसना चावल कहा जाता है। उसना इसलिए क्योंकि धान को उसनने (उबालने) के बाद सुखाकर चावल निकाला जाता है। सांभर का मसला भी वैसा ही है जैसा उत्तर भारत की कोई बहुत रसवाली तरकारी हो। जो सांभर यहाँ मिलते हैं उनमे दाल नहीं होती, सब्जी और मसालों से ही ये तैयार होती है। चावल और सांभर से परिचय था, सामने थी दो बिलकुल नयी चीज़ें— सोयाबीन के आकार वाले किसी अनाज की घूघनी और केले की भुजिया। भुजिया भी ऐसी कि केले का छिलका उतारे बिना ही उसे काट दिया गया था। उस अजीब स्वाद वाली घूघनी और भुजिया को किसी भाँति भीतर ठूँसा लेकिन चावल और सांभर 'नाद तक चांप' दिया। अब बारी थी पीने के पानी की। गरम पानी था। वह भी हल्की लालिमा के साथ। स्वाद में कोई अन्तर नहीं पर गरम और हल्का लाल पानी? पूछने पर पता चला कि एक पेड़ 'पदीमुखम' की छाल के साथ पानी को उबाला जाता है जिससे उसमें मौजूद अशुद्धियाँ समाप्त हो जाती हैं। उस पेड़ की छाल के कारण ही इसका रंग लाल हो जाता है। कहा गया कि यह पूरी प्रक्रिया एक आयुर्वेदिक प्रक्रिया है। आयुर्वेद कहें या वर्षों से पीढ़ी दर पीढ़ी हस्तान्तरित ज्ञान दोनों ही स्थितियों में यह सुखद लगता है। स्वास्थ्य के प्रति इतनी सजगता प्रशंसनीय है।

अगले दिन सुबह के नाश्ते पर मैस पहुँचा तो तसले में सफ़ेद-सा पाउडर और केले के गुच्छे रखे थे। वह सफ़ेद चूर्ण 'पुट्ट' कहलाता है। पुट्ट को चावल से तैयार किया जाता है। चावल और कच्चे नारियल को दरदरा पीस कर बाँस की पाइप में भरकर भाप से पकाया जाता है। बताया गया कि इसे 'फिश करी' या किसी भी 'नॉन-वेज करी' के साथ खाया जाए तो बहुत आनन्द आता है। बहरहाल केले को पुट्ट में मथ के खा लिया, स्वाद ठीक ही था। आगे दोपहर के खाने में पुनः सांभर चावल साथ में नारियल की भुजिया। चावल के अलावा हरेक व्यंजन में करी पत्ता। रात के खाने में भी चावल सांभर। बस भुजिया और सूखी सब्जी बदलती रही।

चावल सांभर यहाँ मेरा प्रधान आहार है। कभी कभी कढ़ी मिल जाती है पर यहाँ की कढ़ी अपनी प्रकृति में पतली है और स्वाद में खट्टी। सारी बातों का निचोड़ इस बात में कि मुख्य भोजन को लेकर कोई विशेष परेशानी नहीं हो रही, बस लगातार चावल खाने की एक नयी व्यवस्था में ढलने की प्रक्रिया जारी है।

यह बात ठीक है कि यहाँ का खाना मेरी जीभ पर चढ़े स्वाद के अनुरूप नहीं है पर खाना खिलाते हुए लोगों के चेहरे पर जो भाव देखता हूँ, वह मेरी रुचि और बढ़ा देता है। फिर कोई स्वाद न भी जंच रहा हो तो चेहरे से ज़ाहिर नहीं होने देता। आपको दूसरों की भिन्नताओं का सम्मान करना होता है। यह सबको करना चाहिए। अगर राजस्थान में कोई चावल खाके ज़िन्दा नहीं रह सकता तो उसकी बात को एक एलियन की बकबक समझना कोई अच्छी बात नहीं है। अगर एक बिहार का आदमी राजस्थान में भी चावल ही ढूँढ़ता है तो यह भी कोई अचरज वाली बात नहीं होनी चाहिए। यहाँ केरल के लोगों को लगता है कि मुझे यहाँ का खाना रास नहीं आ रहा होगा। उनके चेहरों को देखकर लगता है कि जब तक मैं खाता हूँ तब तक वे इस अपराधबोध में रहते हैं कि मुझे उत्तर भारतीय खाना उपलब्ध नहीं करा पा रहे हैं। दिन भर मुझे खाने को लेकर 4-5 बार तो पूछा जाता है और हर बार पूछने वाले के चेहरे पर एक प्रकार की निरीहता का भाव होता है। मैं कई बार बता चुका हूँ कि मुझे उत्तर भारतीय खाना मिलता तो वह बढ़िया बात होती पर मैं इन व्यंजनों से भी अपरिचित नहीं हूँ और इनमें भी स्वाद है। ये मेरी ज़रूरत है कि मैं अपनी स्वाद-इन्द्रियों को इनके लिए तैयार करूँ।

यहाँ जब खाने के बारे में कई बार पूछा जाता है तो मुझे उत्तर भारत याद आता है जहाँ हम किसी दक्षिण भारत या पूर्वोत्तर से आए लोगों से यह पूछने की ज़हमत

तक नहीं उठाते कि उन्हें खाना कैसा लग रहा है? मेरे कई मित्र हैं जो उत्तर भारत के नहीं हैं, दिल्ली में रहते हुए मैंने उनसे कभी ऐसे सवाल नहीं किए। ऊपर राजस्थान के जिन दो मित्रों का जिक्र किया है, उनकी खाने सम्बन्धी भिन्नता को जानते हुए भी मैंने कई बार उनसे चावल खाने का दबाव बनाया क्योंकि वह पकाने में आसान होता है।

खान-पान को लेकर हम उत्तर भारत में कितनी तसल्ली में जीते हैं कि खाना ही तो है, पसन्द आएगा ही। हो सकता है कि मैं इस तरह से एक सरलीकरण की जल्दबाज़ी कर रहा हूँ पर पिछले दस सालों से दिल्ली में रहते हुए अपने किसी ग़ैर उत्तर भारतीय की खान-पान सम्बन्धी सुविधा का ख़्याल नहीं किया और न ही अपने आसपास के लोगों को करते पाया। ऐसी सम्भावना है कि कुछ लोग इस बात का ख़्याल रखते भी होंगे पर दस साल के दौरान का आसपास भी एक विस्तृत आसपास होता है, वह भी दिल्ली जैसे महानगर में, जिसमें ऐसे लोग नहीं टकराए।

बहरहाल यहाँ जो मछली मैस में खाने को मिली, उसे खाकर तो मछली से विरक्ति हो जाए। उसके बाद कम से कम यह बात तो तय हो गयी कि मैं मैस की मछली नहीं खाऊँगा। अब तक जो मछली खाई थी, वह झोर में डालने से पहले तली जाती थी पर यहाँ तो ढेर सारे साबुत मसालों के साथ बिना तले ही किसी सब्जी की तरह पका दी गयी।

यहाँ के खाने में चावल, नारियल आदि की ही तरह विभिन्न मसाले ठीक-ठाक मात्रा में प्रयोग किए जाते हैं। मसालों की इतनी मात्रा का प्रयोग यदि अन्यत्र किया जाए तो बीमार होने की तैयारी मानी जाएगी। राहत की बात ये है कि ये मसाले साबुत प्रयोग किए जाते हैं ताकि उसके गुण व्यंजन में और बाक़ी पदार्थ आप निकाल सकें— 'सार सार को गही रही, थोथा देत उड़ाय' वाले अन्दाज़ में।

सप्ताह में एक बार रोटी जैसी चीज़ भी मिलती है। रोटी जैसी इसलिए कि वह तेल या घी के साथ पकाई जाती है, दूसरे उसके फूलने का कुछ पता नहीं चलता। यहाँ ताज़ी, रसीली और कुरकुरी जलेबी नहीं मिलती। पता करते-करते पाया कि फ्रिज में पैकेट में बन्द इमरती मिल रही है जिसके भीतर के रस ने चीनी के दानों की शक्ल ले ली है।

केरल में मिठाइयों का अकाल है। किसी भी उत्तर भारत के लिए मिठाई जैसी चीज़ का न होना बहुत निराशाजनक हो सकता है। यह स्थिति मेरे लिए भी है। मिठाइयों के नाम पर तरह-तरह की टॉफियाँ, चॉकलेट, केक और अन्य बेकरी उत्पाद हैं लेकिन दूध से बने रसगुल्ले आदि नहीं। मिठाइयों और बेकरी उत्पाद के आधार पर देखें तो केरल पर औपनिवेशिक प्रभाव साफ़ दिखता है।

दखिन पवन

शाम की हवा यूँ मचलती है कि अपनी कुव्वत भर मन रोमांचित हो उठता है। फिर बात तेज़ी से लहराते नारियल के पत्तों तक सीमित नहीं रह जाती बल्कि पहाड़ी रास्ते पर दूर किसी गाड़ी की आवाज़ भी लहराती मालूम पड़ती है। दिन कितना भी गरम क्यों न हो शाम किसी भी अवसाद की गिरफ़्त में आने नहीं देती। इसका चेहरा बनाया जाए तो वह हवा की तेज़ लहरों से ही बनेगा। तेज़ी से बनता-बिगड़ता शाम का चेहरा! ये बनना-बिगड़ना इतना तेज़ है कि बिगड़ने का सहज एहसास भी नहीं होता, ठीक हमारे ऊपर के होंठ की सतह पर बहती गरम हवा-सा। शाम की नज़र ज्यों-ज्यों ऊपर जाती है, सूरज वहाँ टिका मालूम होता है। वह पहाड़ी की चोटी पर अपनी रोशनी फेंकता हुआ अन्तिम तसल्ली लेता है कि मैं अभी हूँ लेकिन हवा, मन और शाम में से किसी को उसकी परवाह नहीं। उसकी क्यों किसी की परवाह नहीं होती क्योंकि सब अभी तो अपने अपने से बाहर हैं।

चाँद दिखे न दिखे ये पहाड़ चारों ओर अपनी दीवार बनाए हुए हैं। एक दूसरे के हाथ थामे से। दूर उठता धुआँ कभी-कभी यह धोखा भी देता है कि वहाँ ऊपर बहुत बड़े लोगों ने बड़ी-सी हांडी में कुछ पकाने का उपक्रम किया हो। जब धुआँ ऊपर काले पहाड़ों की बस्ती से अपने कई ठिकाने बताता है तो लगता है जैसे उन सभी बड़े-से लोगों ने किन्हीं अन्य बड़े लोगों के समूह को न्योता दिया है। और मोटाते अँधेरे में जब देखो तो पहाड़ पर एक मोटी रेखा दिखाई देती है— लाल-लाल। इतना लाल जैसे भोर का सूरज! उस रेखा को छू लेने का मन करे और उस पर चलने का भी। पर नहीं! ज़रा ग़ौर से देखो— वे लपटें यहीं से दिखाई देती हैं। ये पहाड़ की काली बाँहों पर आग की लाल-लाल लपटें हैं। एक मैदानी आदमी को सब कुछ कितना अलग लगता है लेकिन उसे अनोखा लगने से ये चलन तो बदल नहीं जाएगा। यह तो हर साल होता है जब गर्मियों के दिन आते हैं। बाँस, पेड़ या सूखे पत्ते आपस में रगड़ खा कर सुलग उठते हैं और धीरे-धीरे जमता है पहाड़ पर लाल-लाल लपटों का एक रेखीय तिलिस्म। यूँ तो ऐसा भी है कि ऊपर बेशक़ीमती लकड़ियाँ हैं जो तस्करों का निशाना बनती हैं, फिर किसी को शुबहा न हो सो बाक़ी के झाड-झंखाड़ फूँक दिये जाते हैं। आगे हाथी मरा भी तो नौ लाख का! जली हुई लकड़ियाँ एक बेहतर कोयला बन जाती हैं और चुन कर बेच दी जाती हैं। उनको जिनका घर कई तरह से निर्भर है इन मोटे पहाड़ों पर।

सुबह के सपनों को हल्की ठंडक झकझोरती है फिर पायताने से कब की नीचे गिर चुकी चादर याद आती है और शुरू होती है सपनों को वापस पकड़ने की दौड़। हर बार सपना ही जीतता है। आज नींद तब खुली जब बारिश ने सपने को छलनी

कर दिया। जर्जर सपने को जहाँ से पकड़ो वहीं से भसक जाते हैं। ये अब तक की थी तो दूसरी बारिश पहली धारासार बिलकुल आषाढ़ के दिनों-सी। होते होंगे आषाढ़ के दिन अन्यत्र पर यहाँ तो यह फागुन का सच है। सुना है जब कहीं काल बैशाखी का तांडव हो रहा हो उस समय यहाँ लहलहाती हरियाली के बीच चहुँ ओर वर्षा रानी का गम्भीर नृत्य होता है! बारिश ने अवकाश दिया है तो भाग-भाग के अपने काम कर लो नहीं तो एक छाता ख़रीद कर उसे अपने शरीर का शाम के टॉर्च की तरह एक हिस्सा बना लो क्योंकि यहाँ की बारिश और साँप दोनों जोरदार होते हैं!

बाहर जो पहाड़ खड़े हैं उनसे मोटी भाप उठती है। झक सफ़ेद और धार्मिक धारावाहिकों में दिखाये गए स्वर्ग के दृश्यों की झलक-सी। चारों ओर उठती सफ़ेद भाप उन काली लकड़ियों की नि:श्वास हैं जिन पर कुछ घंटे पहले लाल-लाल लपटें रेंग-रेंग कर एक-दूसरे से लिपटे हुए नृत्य कर रही थी। उन लपटों को प्यास का पानी मिल चुका था, इसके बाद भी बहुत-सा पानी बच ही रहा है। वह देखिये शुरू हो गया है बारिश के दिनों में दिखने वाला 'वॉटर फॉल'। उस ऊँचाई से गिरते पानी की आवाज़ इतनी दूर नहीं आती पर उसका झाग, उसके छींटे मन पर पड़ रहे हैं।

पहाड़ी इलाक़े जितने ऊँचे होते हैं, सड़कें उतनी ही पतली— जैसे एक मोटी रस्सी को पहाड़ के गिर्द कस दिया गया हो। किसी ऊँची जगह से देखें तो उस पर चलने वाली गाड़ियाँ रस्सी पर रेंगती चींटियों की कतार-सी लगेंगी पर असल में ये गाड़ियाँ बहुत तेज़ भागती हैं। जैसे रोज़-रोज़ बजने से हॉर्न के गले फट गए हों वैसी आवाज़ें निकालती पीछे से डराती निकल जाती हैं। दूर से ही वह पुल दिख जाता है। नीचे नदी है। पुल, नदी और आस-पास के पहाड़ों का सौन्दर्य हरियाली, पानी और धूप की चमक से भी बनता है। तभी पैरों को पुल की धड़कन महसूस होती है जो किसी भारी वाहन के गुज़रने से तेज़ हो जाती है। पुल का दूसरा सिरा जैसे किसी गुफा में छोड़ता हो। उस ओर अँधेरा बहुत है। नदी किनारे के लम्बे ऊँघते पेड़ों से लिपटी लताओं का मोटा और उलझा ताना-बाना सूरज की किरणों की कड़ी परीक्षा लेता जान पड़ता है तभी तो वे सब सुस्ता रही हैं। दायीं ओर थोड़ी सफ़ाई है या कहिए तो एक चमचमाती सड़क है पर दोनों ओर वही जंगल और उसकी वजह से अँधेरा। इक्का-दुक्का मोटर साइकिल सवार। इस क्षण गाय के रम्भाने की भी आवाज़ हो तो हाथी की चिंघाड़ सी लगती है। इधर जंगली हाथी हैं। उस दिन देखा था एक को बहुत तेज़ी से सड़क पार करते हुए। इस सड़क पर लम्बी दूरी तक बढ़ने का अपना मोह है पर बहुत सारा साहस भी कम पड़ जाता है। किसी जंगली फूल और काजू के पके फलों की मादक महक हो और सहसा नीचे से ऊपर आता हुआ बहुत लम्बा तेक (सागवान) का पेड़। फिर उस जैसे पचासियों चेहरे उभरने लगते हैं। वहाँ लगता है जैसे कोई तिलिस्म है जो अपने आस-पास बना हो।

वापसी का अँधेरा कई जीवों की आवाज़ से भरा है। ये इतने छोटे होते हैं पर इनकी तेज़ आवाज़ तो सुनिए। ये यहाँ बचे रहेंगे। आगे इनकी पीढ़ियाँ भी बची रहें क्योंकि शहर को बसने-बढ़ने के लिए जो साजो सामान चाहिए, वो यहाँ कम हैं। घर बनाने के लिए पैसे जुटाने से ज़्यादा कठिन है यहाँ बालू जुटाना। कहते हैं यहाँ के साँप बहुत पतले होते हैं पर जहरीले कम नहीं। डसा नहीं कि निपट गए।

वह सब तो ठीक है पर वह पतला साँप जब एक मोटे मेंढक को निगल लेता होगा तो कैसा लगता होगा?

भटकना

कामकाजी ज़िन्दगी में रविवार एक इत्मीनान है और दिन-भर वही तारी रहता है। कुछ भी करिए, कहीं भी जाइए, कभी समय पर पहुँचना नहीं है। अपनी इच्छा पर है, जहाँ जितनी देर मन किया, ठहर लिए। और अगर मन ने यह भी नहीं किया तो पढ़ने लगे, अगर कुछ भी नहीं किया सो लिए। यूँ इस दिन भी काम कम नहीं होते बल्कि आम दिनों के मुक़ाबिल देखें तो ज़्यादा ही होते हैं। समय की पाबन्दी नहीं रहती सो मन एक प्रकार से आज़ाद ख़याल होकर यहाँ-वहाँ जा सकता है, ये-वो कर सकता है। कोई भी काम ना करते हुए सारे कामों को अगले रविवार तक मुल्तवी भी किया जा सकता है और नए-नए प्लान बनाए जा सकते हैं। वैसे रविवार का दिन मूलत: कल्पना का ही दिन है। किसी महान कवि के बारे में कहा जा सकता है कि उसका सारा जीवन एक रविवार ही होता होगा। यह अलग बात है कि इस बिन्दु को इस तरह कहने की कल्पना अभी तक किसी कवि ने (सम्भवत:) नहीं की है।

मैं कवि जैसा होना चाहता हूँ लेकिन कवि नहीं हूँ। यहाँ तो अपना काम रविवार के दिन भी बिना अलार्म के नहीं चलता। सप्ताह के अन्य दिनों की तुलना में यह आज भले ही देर से बजा पर नींद का असर वही था जो रोज़ रहता है। आज भी 'चक्रव्यूह' फ़िल्म के गाने 'भैया देख लिया है बहुत तेरी सरदारी रे' को कोसते हुए मन जागा था। इस गाने को कोसा क्योंकि आजकल इसे मैंने अलार्म टोन लगा रखा है। इसकी आवाज़ ज़रा तेज़ है! बच्चन की कविता 'आत्मपरिचय' की तरह 'शीतल वाणी में आग लिए फिरता हूँ' वाला भाव नहीं है इस गाने में। आग है तो आग के लिए ज्वाला-युक्त वाणी भी चाहिए और ज़रूरी भी है। घिघिया के यदि सच कहा भी जाए तो सच का क्या असर होगा? बच्चन की कविता कविता के लिए ठीक है पर वह कवि को 'आर्मचेयर-इंटेलेक्चुअल' से ज़्यादा कुछ नहीं बनाती।

नाश्ते के बाद आज मन थोड़ा भटकने का कर रहा था। अनायास ही पैर रास्ता

नापने की तैयारी करने लगे। यहाँ कुमुदनी का एक छोटा-सा तालाब है। जब से वहाँ फूल खिलने शुरू हुए हैं जाने के लिए मन को मनाना नहीं पड़ता। आज वहाँ एक ही फूल खिला था, वह भी क्षत-विक्षत-सा। पौधे से जुड़े होने के कारण उसमें जीवन की सम्भावनाएँ दिख रही थी। कटा-फटा फूल भी मुस्कुराता है! उसका तन चोटिल है, मन में उन चोटों के निशान भी ज़रूर होंगे पर वह जितना भी मेरे सामने था, अपनी मुस्कान से लबरेज़! कुमुदनी के इन पौधों के पास बच्चे खेलते हैं। फूलों के आसपास बच्चे ही भाते हैं। ये दरअसल एक दूसरे की ज़रूरत पूरी करते हैं। बिना बच्चों के फूल भी कहाँ सुन्दर लगते हैं। आस्कर वाइल्ड की वह कहानी याद आती है जिसमें 'राक्षस' का बग़ीचा इसलिए मुरझा जाता है क्योंकि वह बच्चों को यहाँ नहीं खेलने देता। वसन्त को बच्चे प्यारे होते हैं। मुझे भी बड़े प्यारे हैं लेकिन मैं देखता हूँ कि उन्होंने ही यहाँ इन कुमुदनियों को घायल किया होगा। यह एक सामान्य शक है जो सामने आता है। बहुत से पौधों के हिस्से नीचे पानी में दबे पड़े हैं।

क्या वे पौधे किसी की शिनाख्त कर सकते थे?

कुमुदनी को लेकर अफ़सोस तो था पर मन इसके लिए तैयार न था कि अफ़सोस किया जाए। बाहर निकला तो चलने की इच्छा और तेज़ जैसी हो गयी। बहुत दिनों बाद धूप देखी थी इसलिए धूप का आकर्षण सँभाले नहीं सँभल रहा था। मैं जिन इलाक़ों में अब तक रहता आया था, उनमें कहीं भी मैंने धूप के लिए इतना आकर्षण महसूस नहीं किया। इसके विपरीत लगातार यह भाव बनते रहते थे कि धूप जाए और छाँव आए। यहाँ केरल के इस इलाक़े में बादल और बारिश धूप को जिस तरह दबाये रखते हैं कि मुझे अपना बचपन याद आ जाता है जब मैं दब्बू-सा हुआ करता था। बारिश और धूप के खेल में धूप को पिछले डेढ़ महीने में कभी भी जीतते नहीं देखा बल्कि मुक़ाबला करते भी नहीं देखा। आज बहुत दिनों बाद धूप देखी तो उसके मुक़ाबले के लिए तैयार होने की हिम्मत के आमन्त्रण को अस्वीकार करने का कोई प्रश्न ही नहीं रहा। किताब की दुकान पर ज़्यादातर मलयालम की सामाग्री ही थी और जो अँग्रेज़ी में थी, उन्हें बहुत पुरानी से कम कुछ नहीं कह सकते।

''हिन्दी?''

''हिन्दी इल्ला!''

''क्या?''

''हिन्दी यहाँ नहीं मिलेगा एर्णाकुलम जाओ।''

केरल के इस क्षेत्र में किताबों को लेकर एक ख़ास तरह का चलन देखने को मिलता है। ज़्यादातर इंजीनियरिंग से जुड़ी किताबें मिलती हैं और उसके बाद नर्सिंग

से जुड़ी हुई। इसका कोई न कोई सामाजिक आधार ज़रूर होगा। दुकानों में अँग्रेज़ी या मलयालम के उपन्यास ही खोजिए तो नहीं मिलेंगे। उसके लिए भी बड़े शहर जाना पड़ेगा। यहाँ की किताब की दुकानों में उपलब्ध सामग्रियों के आधार पर इतना तो मानना पड़ेगा कि यहाँ पढ़ने की आदतों को पाठ्यक्रम आधारित पुस्तकों और रोज़गारपरक प्रतियोगिता परीक्षाओं तक सीमित रखने की क़वायद काफ़ी पहले से चल रही होगी। जल्दी से रोज़गार पाकर आत्मनिर्भर बन जाने की जल्दबाज़ी के लिए दुकानों पर कई ब्रांड उपलब्ध हैं।

बारिश के दिनों में कभी-कभी निकलने वाली प्यारी धूप में उस रास्ते पर मैं दूसरी बार चल रहा था। वह रास्ता डरावना तो था पर उसकी घनी हरियाली आकर्षित कर रही थी। यही वजह है कि कई बार सहकर्मियों के मना करने के बावजूद मैं उस रास्ते का मोह त्याग नहीं पाया। वे उधर जाने के लिए इसलिए मना करते थे क्योंकि वह जंगल का क्षेत्र था जहाँ कई प्रकार के जानवर हो सकते थे, विशेषकर हाथी। दूसरे मेरे साथ भाषा की भी समस्या थी। उनके कहने से भी मन नहीं मानता कि उस रास्ते पर कभी कोई हाथी मिल जाएगा। ऊपर से जंगल के स्वतन्त्र वातावरण में जानवरों को देख पाने का मोह और उस रास्ते की ओर खींचता ही रहा।

मैं उस सुनसान रास्ते पर चल रहा था। इक्का-दुक्का कोई गाड़ी निकल जाती पर इससे रास्ते की शान्ति पर कोई असर नहीं पड़ता। आगे एक स्थान पर पहाड़ से गिरता पानी सड़क पर बह रहा था। पक्की काली सड़क पर पारदर्शी पानी एक मोहक दृश्य बना रहा था। उत्तर भारत में रास्तों के ऊपर से बहता पानी मैं ख़ूब देख चुका था पर वह कच्ची सड़क पर बहता था। हाँ उनमें कभी-कभी मछलियाँ ज़रूर दिख जाती थीं।

उस रास्ते पर जितना बढ़ते जाओ, जंगल उतना ही घना होता जाता है। एक बिन्दु के बाद आकर्षण पर वातावरण की भयावहता हावी होने लगती है। सागवान के ऊँचे-ऊँचे पेड़ और न जाने कई अन्य कौन-कौन से पेड़— जिनकी बनावट से कई बार उनमें मनुष्य के चेहरे जैसे भाव उभरते प्रतीत होते थे, फिर पेड़ों की फुनगी को छूती मोटी जड़ों वाली लताएँ। अहा! अलग ही नयन-सुख है! सब मिलकर ऐसा घना आवरण बना रहे थे कि उसके पार देखना सम्भव नहीं था। ऐसे में छोटी-सी चिड़िया की आवाज़ भी बहुत डरावनी लग रही थी। दो दिन पहले ही रस्किन बॉन्ड की ट्रेडमार्क भुतहा कहानियाँ पढ़ी थी इसलिए भी कई तरह के चित्र और भाव एक साथ उभर रहे थे। जंगल के उतने भीतर जाने के बाद भी मैंने न कोई जानवर देखा और न ही कोई चेहरा। बस इनका भय ही बना रहा। ऐसा लग रहा था कि कहीं से कुछ झट से सामने आ जाएगा लेकिन कोई नहीं आया। सम्भावना का भी एक

अलग रस होता है।

कुछ साल पहले मैं भीमबेटका की गुफाओं में आदि मानव द्वारा बनाए गए चित्रों को देखने गया था। मध्य-प्रदेश की सरकार और उसका पर्यटन विभाग कितनी भी अपनी प्रशंसा कर ले और अपने यहाँ आने को आमन्त्रण पर आमन्त्रण दे, भोपाल से महज़ 20 किलोमीटर दूर ये गुफाएँ यातायात की दृष्टि से सम्पर्कहीन ही हैं। वैसे मध्यप्रदेश में बहुत कुछ है जो सम्पर्क-हीन है। देश के अन्य क्षेत्रों की तुलना करे तो कह सकते हैं कि ये दिक्कतें हैं पर मध्यप्रदेश में कुछ ज़्यादा ही है। ओबेदुल्ला गंज के आगे कोई सवारी मिलनी सम्भव नहीं है, मालवाहक ट्रकों और ट्रैक्टरों के अलावा कोई साधन नहीं है। जाते समय तो एक ट्रक वाले ने भीतर बैठा लिया था पर लौटते हुए एक रेत लदे ट्रक के पीछे बैठ कर आना पड़ा। इतना ही नहीं ट्रक वाले जहाँ छोड़ते हैं, वहाँ से गुफाएँ और तीन-चार किलोमीटर चढ़ाई पर हैं। वहाँ तक जाने के लिए या तो आपके पास अपनी सवारी हो अन्यथा पैदल ही आसरा है। यह दशा देखकर यह सोचने को विवश होना पड़ा कि पर्यटन सीमित संसाधनों वाले लोगों का काम नहीं है, उनके लिए तो घूमा-फिरी है। जेब जितनी आज्ञा दे, उतना घूम-टहल लो। बहरहाल जब मैं ट्रक से उतर कर ऊपर गुफाओं की ओर पैदल जा रहा था तो अकेला था। मई की तेज़ धूप में सूखी पहाड़ी तप रही थी और पेड़ों से गिरे पत्तों का पानी जल चुका था। चारों ओर सन्नाटा था, कहीं कोई नहीं। उस सन्नाटे में एक मक्खी का भिनभिनाना भी किसी बड़े जीव की आवाज़ जैसा सुनाई दे रहा था। हर विचित्रता एक अलग तरह का भय पैदा कर रही थी। वहाँ भी अकेला था और आज इधर केरल के जंगल में भी अकेला। मैं ऐसा नहीं कहता कि मुझे भय नहीं हुआ पर भय से जुड़ी जितनी कहानियाँ सुन रखी थी उस जैसा कभी नहीं लगा। ऐसा कभी नहीं लगा कि कोई कहीं से आके दबोच लेगा।

आज धूप ने मौक़ा दिया तो अपने हिम्मत की जाँच करने का मौक़ा मिल गया। मैं अपने भय के तमाम मनोवैज्ञानिक और सामाजिक पहलुओं को देखता हूँ तो ये फिर से मुझे अपने मन की ही उपज लगती है।

रविवार शायद इसी तरह की बातों के लिए होता है जब कपड़े धोते-धोते किन्हीं बेवजह से ख़यालात को समेटने का मन कर जाए या फिर समस्त भय को दरकिनार कर मन फिर से एक बार जंगल या भीमबेटका के चित्रों को देखने के लिए ललचा जा रहा था।

ओ.एन.वी.

"पढ़ते फिरेंगे गलियों में इन रेख़्तों को लोग।
मुद्दत रहेंगी याद ये बातें हमारियाँ।"

मीर ने यह शेर अपने लिए लिखा था पर यहाँ यह मलयालम कवि ओ.एन.वी. कुरूप पर लागू होता है। उनको गुज़रे हुए कुछ ही दिन हुए थे। मैं केरल का नहीं हूँ। काम भर की मलयालम जानता हूँ पर इतनी भी नहीं कि ओ.एन.वी. की कविताओं का सीधे मलयालम में ही आनन्द ले सकूँ। न तो उनके व्यक्तित्व से, न ही उनकी कविता से अपना सीधा परिचय रहा। यहाँ घूमते-फिरते कई बार मैंने ओ.एन.वी. का नाम सुना लेकिन उनके मरने से पहले तक ज़ेहन ने इस नाम को कोई तवज्जो नहीं दी।

वे आज नहीं हैं।

पहली बार उनके नाम पर ठहरने का मौक़ा उसी दिन मिला जिस दिन उनके मरने की ख़बर सोशल मीडिया पर मिली। होता ये है कि हम प्रतियोगिता परीक्षाओं के लिए ही ज्ञानपीठ या साहित्य अकादेमी पुरस्कार प्राप्त लोगों के नाम याद रखते हैं। ओ.एन.वी. को ज्ञानपीठ मिला था, सर्वश्रेष्ठ गीतकार का राष्ट्रीय पुरस्कार भी मिला था। ये ऐसे पुरस्कार हैं जो राष्ट्रीय स्तर के हैं इसलिए उनका नाम तैयारियों के दौरान गुज़रा था जैसे के सच्चिदानन्दन का नाम गुज़रा।

ओ.एन.वी. कुरूप को लोग कुरूप नहीं कहते हैं यहाँ। वे यहाँ बस ओ.एन.वी. के नाम से जाने जाते हैं। कवि ओ.एन.वी. शायद लोगों की नज़रों से ओझल भी हो जाता लेकिन गीतकार ओ.एन.वी. तो साहित्य से वास्ता न रखने वालों के लिए भी उपलब्ध थे।

ओ.एन.वी. के देहान्त के बाद जो मैंने देखा या महसूस किया, उसने यह सोचने पर विवश कर दिया कि एक कवि की पहुँच कितनी हो सकती है! या फिर कवि की पहुँच जैसी भी कोई चीज़ होती है क्या? जितने भी मलयाली दोस्त मुझसे सोशल मीडिया से जुड़े हैं, उनकी मृत्यु के तुरन्त बाद सबने उनकी कविता या उनके बारे में कुछ न कुछ ज़रूर शेयर किया। ऐसा कहाँ हो पाता है हिन्दी में? हाँ पुरस्कारों के बारे में हल्की से हल्की बात ज़रूर साझा हो जाती है लेकिन हिन्दी के रचनाकार के बारे में नहीं होती, उनकी कविताओं के बारे में नहीं होती।

मैं हिन्दी साहित्य का छात्र हूँ और हिन्दी के रचनाकारों को मजबूरी, ज़रूरत और रुचि के तहत पढ़ता रहा हूँ। एक से एक रचनाकार हैं और उसी तरह एक से बढ़कर एक रचनाएँ। लेकिन हिन्दी पट्टी में रचनाकार की स्वीकृति का अभाव दिखता है। बहुत कम लोग हैं जिनकी जुबान पर किसी साहित्यकार का नाम होगा।

यदि नाम है भी तो एक प्रेमचन्द का। प्रेमचन्द सर्वस्वीकृत रचनाकार प्रतीत होते हैं जिसका सन्दर्भ लेकर माता-पिता अपने होनहार कवि या लेखक सन्तान को ताना मारते हैं। जब मैं कवि या रचनाकार की पहुँच की बात कर रहा हूँ तो यह सीधे जनता में कवि की पहुँच की बात है साहित्यकारों या साहित्य के छात्रों के बीच नहीं।

स्कूलों से उस सुबह कोई आवाज़ नहीं आ रही थी। छात्र चुपचाप पंक्तिबद्ध होकर सभागार में जा रहे थे। यह मृत कवि के सम्मान में था और उसी के सम्मान में दो मिनट का मौन भी रखा गया, ऐसा अगले दिन के अख़बारों में था। कवि के लिए इतना सब कहीं होते नहीं सुना या देखा इसलिए अटपटा लग रहा था।

बाहर का माजरा ही अलग था। बाहर जगह-जगह ओनवी की तस्वीर लगी थी और उनके नीचे मलयालम भाषा में श्रद्धांजली लिखी हुई थी। बाज़ार तक में कवि जाना जाता है। बाज़ार कब से कवि को स्वीकार करने लगा। कवि का इस तरह जाना जाना कितने सुकून की बात है इसका अन्दाज़ा लगाना मुश्किल नहीं है। वे वामपन्थी विचारों के कवि थे और उनके लिए चुनावों में प्रचार कार्य भी किया लेकिन बाहर सभी दलों के खम्भों पर उनकी तस्वीर टँगी थी। सभी विचारधारा के लोग यूँ ही नहीं स्वीकार कर लेते होंगे। कुछ तो बात अवश्य होगी ओ.एन.वी. में जो विरोधी विचारधारा वाले लोग भी उन्हें इस तरह हाथों हाथ ले रहे थे।

उनकी मृत्यु के आसपास मैं केरल के जिस हिस्से में रुका हुआ था। वहाँ पड़ोस में एक विद्यालय था, उसके मुख्य द्वार के पास एक नया नोटिस बोर्ड रख दिया गया था जिस पर विभिन्न अख़बारों में ओ.एन.वी.पर छपी ख़बरों की कतरनें लगाई गयी थीं। जो पुराने नोटिस बोर्ड थे, उन में ओ.एन.वी. की तस्वीरों और कविताओं ने स्थान ग्रहण कर लिया होगा इसलिए नए नोटिस बोर्ड की ज़रूरत पड़ी होगी। जो छात्र बाहर निकल रहे थे, वे वहाँ रुक भी रहे थे।

उनकी मृत्यु के बाद से अब तक अनेक लोगों से उनके बारे में बहुत सुन चुका था। कई मिलने-जुलने वाले जब तब अपने मोबाइल फ़ोन पर उनका लिखा कोई न कोई गीत बजा देते। उस विद्यालय का नोटिस बोर्ड बहुत दिनों तक उनकी यादों से भरा रहा। तब से यह सोचना पहला काम बन गया कि आख़िर क्या बात थी जो कवि इतना लोकप्रिय हुआ?

उनकी लोकप्रियता का कारण अनायास ही मिल गया। वैसे मैं यदि मलयालम ठीक से पढ़ना जानता तो ओ.एन.वी. कुरूप की रचना प्रक्रिया पर लिखी कोई आलोचनात्मक किताब पढ़ लेता और शायद यह कारण जल्दी जान जाता लेकिन अच्छा हुआ कि मैंने पढ़कर नहीं जाना। पढ़ता तो शायद सरलता से नहीं जान पाता।

मैंने सरल रास्ता नहीं अपनाया।

यूँ हुआ कि मैं एक गली में टहल रहा था। गली के बीचोबीच एक ताड़ी की

दुकान थी जहाँ कई पीने वाले मौजूद थे। दुकान के बाहर के बेंच पर उस समय उसी कवि की चर्चा चल रही थी। मैं भी बैठ गया। कुछ ही क्षणों में परिचय हो गया क्योंकि उनमें से किसी ने मुझे पहले भी देखा था। मैंने ताज्जुब से भरा एक प्रश्न पूछ लिया—

''यह कवि इतना लोकप्रिय क्यों है?''

उनमें से एक ने बड़े ही सधे हुए लहज़े में कहा—

''बिकौज ही वास ए पोयट ऑफ ऑडीनरी मैन विद ऑर्टीनरी आइडियास!''

कवि के लोकप्रिय होने का इतना स्पष्ट कारण बताया उस व्यक्ति ने। बात बढ़ती ही गयी। नशे में लोग उदाहरण पर उदाहरण देने लगे। मेरे आगे मलयालम की कविताएँ भैंस के आगे बीन के समान लग रही थी। कुछ समझ नहीं पा रहा था। अँग्रेज़ी भी कहाँ तक मदद करती, लेकिन मैंने एक बात जानी कि आप एक कवि को बिना भाषा जाने भी सम्मान दे सकते हैं। मैं उन्हें सुनता रहा। किसी तरह से मैं एक कविता समझने में सफल रहा। उसे समझाने के लिए उन सबने बहुत मेहनत की क्योंकि वह कविता ओ.एन.वी. ने अपनी उत्तर भारत की यात्रा के दौरान खेत के आसपास काम कर रही लड़की को देख कर लिखी थी। उनके हिसाब से उत्तर भारत का होने के कारण वह कविता मेरे लिए ज़रूरी थी। कविता का शीर्षक था 'गोदम्ब मनिगल' अर्थात 'गेहूँ के बीज'। कवि कहता है— ''जो धरती मैं देख रहा हूँ, वह उस धरती से बिलकुल अलग है जहाँ मेरा निवास है। लेकिन बहन खेतों में काम करने वाली, तुम्हारे जैसी लड़कियाँ उधर भी हैं जिन्हें मैं जानता हूँ।''

''पेररियातुरु पेणकिडावे, निण्डे
नेररियून्नु न्यान पाडून्नु...

पेररियातुरु पेणकिडावे
एनिक्केरे परिचयम निन्ने...''

उस मुलाक़ात के बाद मैं ओ.एन.वी. को जानने लगा हूँ।

कवि जब सबके लिए सोचता है तभी उसका लोकप्रिय होना सहज लगता है। वह लोकप्रियता के महान आख्यानों के समान नहीं लगता। यही कारण है कि एक साधारण व्यक्ति अपने दैनिक काम के उपरान्त या उस दौरान उसकी कविताओं में अपना आश्रय और आनन्द दोनों पाता है। परिणामस्वरूप वह व्यक्ति भी कवि की कविताई पर बोल सकता है जो किसी ताड़ी की दुकान पर बैठा हो।

कवि के इतने लोकप्रिय हो जाने में कविता और उसके भीतर बैठी जनोन्मुखी भावनाओं के साथ-साथ कवि का भी बहुत योगदान रहा होगा। यह स्थिति सहज ही हिन्दी में कविता और कवियों की स्थिति से तुलना करने को विवश कर देती है।

वहाँ रचनाकार आम से ऊपर उठकर ही बात करता है। कई प्रसंगों में यह भी देखा गया है कि कोई आम बात ही नहीं करता। एक रचनाकार आम लोगों की आम बात नहीं करेगा तो आम लोगों से उसके सम्बन्ध टूटेंगे ही। रचनाएँ यदि धरातल विहीन हो तो जुड़ने का काम उससे नहीं हो सकता है।

मूनार यानि तीन नदियाँ

एक मूनार पर्यटकों का है और एक मेरा। हम दोनों के मूनार में जगहें वही हैं लेकिन बातें अलग-अलग! शहर वैसा ही जैसा कोई पहाड़ी शहर होता है। उसका एक ऊपरी हिस्सा है और एक नीचेवाला। इसे ऊपर-नीचे के खाँचे में डालने के बजाय नए और पुराने के खाँचे में भी रखते हैं। नया मूनार पर्यटकों की ज़रूरतों का मूनार है। हालाँकि यही स्थिति पुराने मूनार की भी हो गयी है फिर भी नाम की चिप्पी है कि लगी हुई है। मेरे हिस्से के मूनार में पर्यटकों की सुखी भीड़ के अलावा बहुत कुछ है। वह सब जो अबतक नहीं बिका है।

शुरुआत में यह शहर मेरे ऊपर एक चस्के की तरह लग गया था। मतलब जब मौक़ा मिले मैं चला जाता था। दक्षिण भारत के उस हिस्से में गर्मी थोड़ी कम रहती है। कभी-कभार सर्दी का भी आभास मिल जाता है। दक्षिण की तमाम ख़ूबसूरती के बीच गर्मी का लगातार बना रहना और ठंड का अभाव मुझे मूनार की ओर खींच लेता था। फिर ऐसी स्थिति भी आ गयी कि वह स्थान ऊब देने लगा। वही तय जगहें थी जो तमाम ऑटो-टैक्सी और जीप वाले बार बार दिखाते, चाय बाग़ान का व्यू पॉइंट, मधुमक्खी के छत्ते वाला पेड़, चाय की फैक्ट्री, फूलों का एक बाग़, हाथी की सैर, पानी में स्पीड बोट की सैर। मैंने यह सब देखना छोड़ दिया क्योंकि यह सब भीड़ से भरा हुआ रहता था। उत्तर भारत में जब शादियाँ होती हैं तो हनीमून मनानेवालों की एक बड़ी जनसंख्या केरल का रुख करती हैं और सबसे पहला बिन्दु होता है मूनार। चूड़ियों से भरे हाथोंवाली पत्नी बड़ी वाली टोपी पहनकर चाय के बाग़ान में खड़ी हो जाती है और पति अलग अलग कोण बनाकर तस्वीर लेते हैं। उसके बाद पीले नम्बर वाली टैक्सी उन्हें एक जगह खड़ा कर देती है जिसके सामने किराए पर चाय की पत्ती तोड़ने वाली स्त्रियों के वस्त्र मिलते हैं। अपने ऊपर वे वस्त्र डालकर वे पत्ती तोड़ती हैं। वह नाटक उन्हें कभी याद नहीं रहेगा, जो भी याद रहेगा वह यह कि वे लोग हनीमून मनाने मूनार गए थे। वे घोड़े की सवारी भी करते हैं लेकिन घोड़े की लगाम उनके हाथ में नहीं होती। माटुपेट्टी बाँध के पानी में स्पीड बोट पर बैठ

तो जाते हैं लेकिन एक भी सेल्फ़ी नहीं ले पाते। अब तक पति नहीं तो पत्नी, दो में से किसी न किसी का या नहीं तो दोनों का जी मितलाने लगता है। फिर उल्टियों का दौर चलता है! कहीं-कहीं किसी होटल वाले ने ट्री-हाउस बना रखा होता है। लोग खाते-पीते हैं, प्रकृति का आनन्द लेते हैं लेकिन फिर भी मूनार उतना भर ही नहीं है बल्कि यह तो कुछ है ही नहीं।

मूनार क्या है? इसे कैसे कहा जाए? उस जगह की ख़ूबसूरती को केवल आँखों से देखना चाहेंगे तो निराशा ही हाथ लगेगी। वह जगह तो एक बिन्दु है जिसके आगे-पीछे, दायें-बाएँ प्राकृतिक सौन्दर्य यूँ बिखरा है जैसे रेगिस्तान में रेत। रेत के विशाल विशाल मैदानों की भी अपनी ख़ूबसूरती होती है। मूनार की अपनी ख़ूबसूरती है। राष्ट्रीय राजमार्ग संख्या 49 जो कोची से सीधे धनुषकोटी जाती है, उस पर इडकी जिले में प्रवेश करते ही हरियाली की जो धज शुरू होती है उसके महसूस करना हो तो रात चाहिए। अडिमाली के बाद से शुरू होकर मूनार के चाय बगानों से ठीक पहले दूर-दूर तक फैले जंगल के बीच से वह राजमार्ग गुज़रता है। और रात में जब सड़क पर केवल आपकी ही गाड़ी का प्रकाश हो बाक़ी कुछ भी नहीं तो सड़क तक बात करती महसूस होती है। उस जंगल में गर्मियों में रात को कई फूल खिलते हैं। कई किलोमीटर तक उन फूलों की गन्ध दिन में महसूस ही नहीं की जा सकती। चाय के खेतों के बीच बनी पतली सड़क पर रात में इधर से उधर भागते सियारों की आँखें चमकेंगी। हाँ यह भी एक कटु सत्य है कि इतना प्रसिद्ध पर्यटक स्थल होने के बावजूद रात को वह शहर वीरान हो जाता है। घूमने वाले देशी हों या विदेशी, होटलों में घुसकर सो जाते हैं, स्ट्रीट लाइट में ठंड से परेशान होते कुत्ते इधर से उधर भौंकते हुए चलते रहते हैं। आप चाय तक को तरस जाएँगे लेकिन वह एकांत आपको मोह जाएगा। उस भीड़ से अलग करके उस शहर को आप रात को ही देख सकते हैं। ऐसा बहुत कम हिल स्टेशनों पर होता है।

दिन में भीड़ से अलग महसूस करने के लिए या फिर मूनार को महसूस करने के लिए उन स्थानों में भी जगहें हैं जहाँ लोगों का शोर और उनका किलोल बस दूर की चीज़ है। बाँध के इस ओर लोगों का शोर है लेकिन उस ओर शान्ति है। आसपास के चाय के खेत में नाटकीयता है लेकिन थोड़ा आगे निकल जाने पर चाय के खेत के उतार चढ़ाव और उनके बीच खड़े नीले फूलों वाले पेड़ की छवि बहुत सुकून देती है।

कितनी भी सुरम्य जगह हो लेकिन आपका मन उद्विग्न हो तो जगहें कुछ नहीं कर पाती। उदास मन कहीं भी सुकून नहीं प्राप्त कर पाता है। ख़ूबसूरती की एक आँख आपके हृदय में होती है जिसे अन्दर से खोलना पड़ता है। अगर उसे बन्द ही रखा तो बाहरी आँख अकेले कुछ नहीं कर सकती। एक बार एक मित्र घूमने आए।

भारत सरकार के बड़े अफ़सर हैं लेकिन ज़िन्दगी के दुख हैं कि उनका पीछा नहीं छोड़ रहे। हम मूनार से थोड़ा-सा बाहर एक ऐसी जगह बैठ गए जहाँ से बाँध का पानी एक बड़ी झील की तरह दिख रहा था। उस झील के अन्दर घूमने फिरने वालों की अपार ख़ुशियाँ थी लेकिन मित्र के अन्दर पीड़ा की वही लहरें। हम उठकर दूसरी सड़क की ओर चल दिए। हम पहाड़ के दूसरी ओर आ गए थे जहाँ से नीचे दूर दूर तक चाय के खेत ही दिख रहे थे। हरे-हरे लहरदार खेत। उनके ऊपर बादल झुक रहे थे। समग्र रूप में वह दृश्य बहुत ही प्यारा था लेकिन हम उसके बाद सीधे अपने होटल की ओर चल दिए। उस दिन हमने खाना भी टीवी देखते हुए ही खाया था।

जब जान पर बन आई थी

वट्टावड़ा केरल और तमिलनाडु की सीमा पर बसा हुआ गाँव है। मूनार से क़रीब पचास किलोमीटर दूर उस गाँव तक पहुँचने के लिए शोला नेशनल पार्क से गुज़रना पड़ता है। पार्क बस नाम में लगा हुआ है वरना वह एक घना जंगल है। चाय के खेतों के बाद अचानक से जब वह जंगल शुरू होता है तो केरल के वन विभाग की एक चौकी दिखती है। हर आने-जाने वाले को उस चौकी में अपनी उपस्थिति दर्ज़ करनी होती है और फिर कुछ निर्देश मिलते हैं। जहाँ इतनी सारी प्रक्रिया से गुज़रना पड़े वहाँ ज़रूर यह आभास हो जाता है कि भीतर कुछ न कुछ तो ऐसा है जिसके लिए यह सब ज़रूरी है। उस जंगल के रास्ते पर गाड़ी की गति बीस किलोमीटर से ज़्यादा नहीं रखी जा सकती। गानों का शोर नहीं किया जा सकता और प्लास्टिक नहीं फेंक सकते। यह सब कार्य इसलिए ज़रूरी हैं क्योंकि उस जंगल के भीतर जानवर हैं जिनकी सुरक्षा ज़रूरी है। सबसे बड़ी बात गाड़ी नहीं रोकी जा सकती। हाथियों से बचने की सलाह ऊपर से दी गयी थी।

मैंने जंगल में हाथी देखे हैं। जंगली हथियों के कई क़िस्से सुने भी हैं। एक क़िस्सा तो केरल आने के पहले दिन ही टैक्सी वाले ने सुना दिया। केरल सरकार में काम करने वाली एक शिक्षिका जिला मुख़्यालय से प्रश्नपत्र लेकर लौट रही थी। उनका विद्यालय जंगल के भीतर था। रास्ते में हथियों से मुठभेड़ हो गयी। सुबह उनकी टूटी-फूटी और कुचली हुई लाश बरामद हुई थी। इसके बावजूद हाथी को लेकर मेरी भावनाओं में कोई परिवर्तन नहीं हुआ। मैं हाथी को एक मासूम जानवर ही मानता रहा। मूनार से ऊब ने उस रास्ते का रुख करवाया था और जब उस रास्ते पर जानवरों के होने का पता चला तो लगा चलो कुछ तो रोमांचक होगा। इसके बावजूद

डर नहीं था। यदि डर था भी तो इस बात का कि बारिश न हो जाये वरना मोटर-साइकिल चलाने में भीगना तय है।

मैंने गति तो कम कर दी थी लेकिन पूरी मस्ती में मोटरसाइकिल चलाये जा रहा था शायद पलाश सेन का गीत 'माए री' गाते हुए। आगे से दो लोग अपनी दुपहिया से आ रहे थे। उन्होंने मुझे रोका और कहा कि आगे हाथी है सँभालकर जाना और नहीं तो रुक जाना। हाथी के सड़क पार कर जाने के बाद ही जाना। मेरी ख़ुशी का ठिकाना नहीं रहा। मैंने गति बढ़ाई। मुझे हाथी देखना था। वहाँ देखा तो अलग ही नज़ारा! एक हाथी नहीं बल्कि 5 हाथियों का समूह! उनमें एक छोटा-सा हाथी भी था। हाथी सड़क से नीचे उतर चुके थे और दायीं ओर के जंगल में जाने की तैयारी में थे। मैंने बाइक रोककर तस्वीरें लेने के लिए फ़ोन निकाल लिया। दो से तीन फोटो ली होगी और इतनी ही बार फ़ोन का फ्लेश चमका होगा कि सबसे आगे वाला हाथी तेज़ आवाज़ में चिंघारते हुए मेरी ओर लपका। उसे अपनी ओर आता देख मैं बाइक की ओर भागा। शुक्र मनाने वाली बात यह थी कि गाड़ी चालू हो गयी और मैं भाग सका। उन बीस पच्चीस सेकेंड में जीवन का अब तक का सबसे बड़ा भय महसूस हुआ। छाती तेज़ी से धड़क रही थी और साँस तेज़। उस सबका असर एक्सिलेरेटर झेल रहा था। उस कुछ क्षणों के भय बाद जंगल में क्या और कैसे है यह जानने की ओर ध्यान ही नहीं गया। गाड़ी की गति तभी कम हुई जब वन विभाग की जंगल बाहर की चौकी दिखी! वहाँ से निकलते हुए एक पूर्णता का भाव मन में भर रहा था। हाथी जैसे जानवर से दौड़ाया जाना भी पूर्णता का भाव दे सकता है यह सोचकर हँसी आ सकती है लेकिन उसने चरम रोमांच के कुछ क्षण दिए। बेशक वे भय के क्षण थे लेकिन उस हाथी की दुलकी जीवन भर याद रह जाएगी। वन विभाग वालों ने बताया कि वह सड़क सीधे वट्टावड़ा जाती है।

पहली ही झलक में उस गाँव से मुझे प्यार हो गया। सड़क से नीचे बाईं ओर घाटी में फैला गाँव जिसे तीन तरफ़ से पहाड़ों ने घेर रखा था। ऊपर से देखने पर गाँव के घर पहाड़ से नीचे उतरती या पहाड़ों को जाती सीढ़ी के समान लग रहे थे। हरी वादी के बीच छोटे छोटे मगर आकर्षक रंगों में रंगे घर। घरों के सामने उसी तरह सीढ़ियों की तरह खेत लगे हुए। केरल में बड़े-बड़े बाज़ार हैं लेकिन उन बाज़ारों में ताज़ी सब्जियाँ नहीं मिलती। वे सब्जियाँ वट्टावड़ा जैसे गाँवों से ही जाती हैं। मैं जब पहुँचा तो एक खेत से लोग आलू उखाड़ रहे थे। पास वाला खेत गाजर के पौधों से भरा था। अगली खेत में सरसों के पीले-पीले फूल थे तो किसी खेत में मटर की छीमीयाँ अपने में रस भर रही थी। यह मेरे देखे गए फसल उगाने के तरीक़े से बिलकुल भिन्न था। बिहार में तो यदि सरसों फूलती है तो दूर दूर तक सरसों के ही फूल नज़र आते हैं। गाजर आदि कम ही जगहों में उगाई जाती है लेकिन आलू के

खेत दूर-दूर तक फैले होते हैं। आगे स्ट्रॉबेरी के खेत थे। मैं पहली बार स्ट्रॉबेरी के खेत देख रहा था। छोटे-छोटे पौधों में कच्चे हरे-हरे फलों से लेकर लाल-लाल फल चतरे हुए थे। वहीं क़ीमत लिखी थी 90 रुपये किलो। मैं खेत में घुस गया। जीवन में पहली बार मैंने सीधे खेत से तोड़कर स्ट्रॉबेरी खाई थी। उन खेतों के पार एक नाला बहता था। वह नाला कहीं किसी पहाड़ से बहकर आ रहा था। मैं वहीं बैठ गया। साफ़ पानी के उस नाले में पैर डालकर बैठना अजीब लग रहा था क्योंकि उस गाँव के लोग मुझे अजूबे की तरह देख रहे थे। इसके बावजूद मैं वहाँ काफ़ी देर बैठा रहा।

वट्टावड़ा से वापसी का मतलब था उस जंगल से होकर फिर से गुज़रना जहाँ हाथी ने दौड़ा लिया था। हाथी की उस हरकत से एक डर तो था लेकिन यह बात भी थी कि जाने का कोई दूसरा रास्ता भी तो नहीं है। इस बार मैं उन सभी निर्देशों के अनुसार चल रहा था और मैंने तय कर लिया था कि रास्ते पर जबतक अवरोध न हो मैं रुकूँगा नहीं भले ही कितना ही आकर्षक दृश्य क्यों न हो। वह महज़ एक इत्तेफ़ाक़ ही था कि ठीक उसी जगह जहाँ हाथी मिले थे। हिरणों का एक झुंड चर रहा था। कुछ छौने चौकड़ी भर रहे थे। वन के भीतर यह देखना मन को वश में कर लेता है। मैं फिर रुक गया। थोड़ी देर उन हिरणों को देखने के बाद चल पड़ा। रास्ते में मूनार भी आया। वहाँ वही भीड़ भाड़ और फोटो लेने लिवाने की रस्म अदायगी हो रही थी। फोटो लेने से पहले मुझे हाथी की दुलकी चाल याद आ रही थी।

चन्दन विष व्यापत नहीं

दुनिया की खिड़की का कोई न कोई हिस्सा ज़रूर होता है जो प्रसिद्ध स्थानों के बाहर पड़ता है। वही बाहर पड़ना नए अनुभव देता है। काम आनेवाले ज्ञान का वाहक बनने में भी उसे देर नहीं लगती। केरल का इडकी जिला ऐसी खिड़कियों से भरा है। मूनार से आगे बढ़ने पर चारों ओर चाय के खेत ही नज़र आते हैं कई किलोमीटर तक उनका ही रूप बिखरा हुआ है। सुन्दर-सी घाटी तक में चाय के पौधे खड़े मिलते हैं। सड़क से उतरकर उस घाटी की ओर बढ़ें तो चाय के पौधों में छिपे झरने की आवाज़ आपको स्पष्ट सुनाई देगी। हर जगह ऐसा नहीं है लेकिन जहाँ भी है वहाँ के सौन्दर्य को देखकर अभिभूत हुए बिना रहा ही नहीं जा सकता। फर्ज़ कीजिये कि आप चाय के ख़ेत के पास बैठे हैं जहाँ हाथ भर की दूरी पर चाय की हरी हरी पत्तियाँ हैं और उतनी ही दूरी पर पर एक झरना। झरने का पानी तेज़ी से नीचे घाटी

नदी में जा रहा है और कहीं से कोई बुलबुल अपनी टुहुक सुना रही है। उन क्षणों से निकलकर जाने का कहाँ मन होता है।

लेकिन उस दिन जाना था। जगह का नाम मरायूर! चाय के खेतों से जब घुमावदार सड़क सीधी होकर नीचे उतरने लगी है तो अपेक्षाकृत नए तरह का भूगोल उजागर होने लगा जो न तो पहाड़ी थी न ही मैदानी। खेत में खड़ी फसल ने झट से आकार बदल लिया। चाय के खेत ख़त्म होकर गन्ने के खेतों में बदल गए। बीच-बीच में कहीं-कहीं से धुआँ उठ रहा था। और उन धुओं के नीचे आग पर बड़े बड़े कड़ाह में गन्ने का रस पक रहा था। रस को गुड़ बनना था। गुड़ बनते देखने के ख़ूब मौक़े हाथ लगे हैं सो उसका कोई उत्साह नहीं था। आगे एक पुलिस चौकी थी वहाँ सबको रोका जा रहा था ख़ासकर वापस आनेवालों को। उनकी सघन तलाशी ली जा रही थी। पुलिस वापस लौटने वालों के झोलों और गाड़ियों में से चन्दन की तलाश कर रही थी।

केरल का मरायूर चन्दन की लकड़ी के लिए प्रसिद्ध है और उस ओर जाने का मेरा उद्देश्य भी वही था। चौकी के बाद से ही सड़क के दोनों ओर चन्दन के बाग़ शुरू हो गए। लोहे के जाली से उन बाग़ों को घेर दिया गया था। उन जालियों पर जगह-जगह चन्दन के पेड़ से लकड़ी न तोड़ने की चेतावनी लिखी थी और उसके परिणामों को भी स्पष्ट रूप में लिखा गया था। मैं अभिभूत-सा दोनों ओर देखते हुए जा रहा था। आम, अमरूद के बाग़ तो ख़ूब देख लिए लेकिन चन्दन के बाग़ के बीच से जाती हुई सड़क से गुज़रना रोमांचित कर रहा था। उस समय दिमाग़ में बार-बार रहीम कवि का वह दोहा याद आ रहा था जिसमें वे चन्दन से साँप के लिपटे रहने की बात करते हैं। नाना हमारे कई बार हमें अपने व्यक्तित्व को चन्दन की तरह मज़बूत करने की सलाह देने के लिए इस दोहे का सहारा लेते थे। उनके कहे अनुसार मैं भी मानने लगा था कि चन्दन पर कुसंग का असर नहीं होता। इसलिए जितनी भी दोस्ती रही सब में से इंसान से दोस्ती रही उसके भीतर के 'सु' और 'कु' की परवाह नहीं की।

रहीम का दोहा कुछ इस प्रकार था—

> ''जे रहीम उत्तम प्रकृति का करी सकत कुसंग
> चन्दन विष व्यापत नहीं लिपटे रहत भुजंग।''

मतलब मैं उन पेड़ों से लिपटे साँपों को खोज रहा था। बचपन से मन में बैठ चुकी बातों का डर ही था कि इधर-उधर देखकर मोटरसाइकिल चला रहा था। अगर उस वक़्त कहीं से कोई साँप सामने आ जाता तो उसके लिए स्वयं को तैयार रखना ज़रूरी था। बहुत ग़ौर से देखने पर भी साँप नज़र नहीं आ रहे थे जबकि रहीम के उस दोहे के हिसाब से तो पेड़ों पर साँप ही साँप होने चाहिए थे। मेरे मन में बचपन

से चन्दन के पेड़ों की जो छवि उस दोहे के हिसाब से बनी हुई थी उस पर साँप लटकते हुए पाये जाते थे। एक जगह बायीं ओर का बाड़ा खुला हुआ थ. वहाँ कुछ लोग काम कर रहे थे। मैं रुककर उनसे बात करने लगा। एक ठेकेदार क़िस्म का आदमी था जिसकी हिन्दी अच्छी थी। उसने भीतर बुला लिया। भीतर जाते ही मैंने सबसे पहला सवाल यही किया— "इसके साँप कहाँ हैं?" पूरी बात बताने पर वह आदमी ख़ूब हँसा और उसने तमिल में जब अन्य लोगों को बताया तो वे भी ख़ूब हँसे। मतलब रहीम कवि की बात झूठी थी। मेरे नाना ने भी कभी चन्दन के पेड़ नहीं देखे होंगे अन्यथा वे रहीम की बात बार-बार नहीं दोहराते। अचानक से अपने बचपन के विश्वास के टूट जाने से मैं बड़ा क्षुब्ध महसूस कर रहा था। वहीं पता चला कि केवल सूखी लकड़ी ही सुगन्धित होती है। चन्दन के पेड़ बहुत धीरे-धीरे बढ़ते हैं और दो फ़ीट मोटा पेड़ सत्तर साल से भी ज़्यादा पुराना हो सकता है। लकड़ी में उपस्थित सुगन्ध ने उसे बहुमूल्य कर दिया।

चन्दन की लकड़ी सुगन्धित होती है इसलिए इस विलक्षण वृक्ष को पूजा-पाठ से जोड़ दिया गया। इसका परिणाम हुआ कि किसी भी लकड़ी पर चन्दन जैसी सुगन्ध का छींटा मारा और वह लकड़ी चन्दन बन गयी। बाहर जितने फ़र्ज़ी चन्दन मिलते हैं कि कोई भी व्यक्ति ख़रीदने से पहले सौ बार सोचता है।

उस दिन समझ में आया कि चन्दन चूँकि हिन्दी पट्टी में होता नहीं इसलिए इसके सम्बन्ध में कई मिथक चलते हैं। सबसे पहले चन्दन के पेड़ से कोई साँप नहीं लटका रहता। पता नहीं रहीम कवि ने कहाँ देख लिया था। मैंने तो नहीं देखा और लोगों से पता किया तो उन्होंने भी ऐसी किसी बात से इन्कार किया। सुगन्ध लकड़ी के मज़बूत वाले भीतरी हिस्से में होती है। चन्दन के न तो पत्ते में सुगन्ध होती है न ही उसकी छाल में। जबतक भीतर की लकड़ी न हो और वह सूख न जाए कोई सुगन्ध नहीं होती इसलिए चन्दन के बाग़ में या उससे बाहर कोई सुगन्ध नहीं मिलेगी। चन्दन के आसपास और भी पेड़ होते हैं लेकिन चंदन जो अपनी पत्तियों को सुगन्धित नहीं कर सकता वह आसपास के पेड़ों को कैसे करेगा। जबकि कई बार कहा गया था कि चन्दन के आसपास के वृक्ष भी सुगन्धित होते हैं।

चन्दन की लकड़ी बहुत महँगी है इसलिए इसकी सुरक्षा बहुत होती है। कई जगह इन्हें घेर कर रखा गया है और कई जगह ये घेरे को तोड़ कर बाहर भी पैदा हो गए हैं। पर मजाल कि कोई ज़रा सी लकड़ी भी तोड़ पाये।

उस बाग़ के चन्दन मूनार स्थित केरल सरकार के पर्यटन विभाग की एक दुकान में मुहर और रसीद के साथ मिल जाते हैं लेकिन आसमान छूती क़ीमतों पर। थोड़ी-सी लकड़ी ख़रीदने के बाद पता चला कि मधेपुरा के सिंहेश्वर मन्दिर के बाहर 60 रुपये में बित्ते भर की लकड़ी दे देने वाले दुकानदार कितने बड़े झूठे हैं।

सागर मेरे पास

मैदानी इलाक़े में पैदा होने के कारण समुद्र को लेकर मेरी दिलचस्पी तो थी लेकिन समुद्र कैसे होते हैं? इसका अन्दाज़ा नहीं था। प्रायद्वीपीय भारत के तीन ओर समुद्र हैं। इसलिए दक्षिण का रुख करते ही समुद्र से भेंट होना एक स्वाभाविक-सी घटना बनने के कगार पर पहुँच जाती है। पहली बार समुद्र को देखना बड़ा ही दिलचस्प था। किसी काम से आन्ध्र प्रदेश के गुन्टूर जाना हुआ। वहाँ के बारे में पता करने लगा तो जानकारी मिली कि थोड़ी दूर पर एक अजीबोग़रीब नाम वाला समुद्र तट है— सूर्यलंका बीच। गुंटूर से बापटला और वहाँ से लगभग दस किलोमीटर पर स्थित है वह बीच। बीच के बारे में अनुभव की कमी के कारण मैं वहाँ दोपहर में ही पहुँच गया। वहाँ की दुपहरिया की कल्पना कीजिये। तेज़ धूप और उमस में फैली मछाह गन्ध। बापटला से समुद्र के पास तक दोनों ओर मछलियाँ सूख रही थी। उन्हें सूखते देखने का भी पहला अनुभव था। पानी तेज़ आवाज़ के साथ लहरों पर लहर की शक्ल लेता हुआ किनारे की ओर आ रहा था। किनारे और पानी के बीच रेत ही रेत। रेत बहुत गरम। मैंने समुद्र तो देख लिया लेकिन समुद्र को लेकर जो रूपक फ़िल्मों और तस्वीरों ने गढ़े उन रूपकों वाला समुद्र देखना बाक़ी था। समुद्र पर सूर्यास्त देखना बाक़ी था। लहरों के साथ लोगों की किलकारियाँ सुननी बाक़ी थी। और इस सबके के होने के लिए शाम की ज़रूरत थी। ऐसे में सरकारी केंटीन का बरामदा मेरे जैसे कई नौसिखुओं या समय काटनेवालों के काम आने के लिए तत्पर था। धीरे-धीरे घड़ी की सुइयाँ बढ़ रही थी लेकिन धूप में कमी काफ़ी देर बात ही पता चल पायी। धीरे-धीरे लोग आने लगे भीड़ बढ़ने लगी। मैं भी समुद्र की ओर बढ़ गया। पहली बार पानी में उतरते ही आभास हुआ कि पानी को लेकर मैं उसी तरह की प्रतिक्रिया दे रहा हूँ जैसे गाय या भैंस का नया-नया बछड़ा देता है। उस पानी में नमक था और मैं उसको लेकर सहज नहीं हो पा रहा था। सूरज ज्यों-ज्यों नीचे जाने लगा लोग बढ़ते गए और वहीं पहली बार मैंने देखा कि सूरज किस तरह समुद्र की सतह से होते हुए नीचे जाकर बुझ जाता है। उस बीच पर तली हुई मछलियाँ मिल रही थी। देखने में तो वे बड़ी सुन्दर लग रही थी लेकिन बिलकुल बेस्वाद।

सूर्यलंका में मैंने पहली बार समुद्र देखा था। इस कारण समुद्र में उछलकूद का आनन्द भी अलग ही तरीक़े से ले रहा था। शाम होते-होते जब दोपहर की गर्मी कम होने लगी और सूर्य लाल होकर धँसने लगा तब पानी के साथ खिलवाड़ का नशा और बढ़ने लगा। मैं लहरों के समानान्तर दौड़ते-दौड़ते दूर निकल आया और कब वर्जित क्षेत्र में प्रवेश कर गया पता ही नहीं चल पाया। वहाँ तेलुगू में कुछ लिखा था। मुझे देखते ही कुछ पुलिसवाले मेरी ओर लपके। वह शायद किसी अतिविशिष्ट

सरकारी मेहमान के लिए आरक्षित क्षेत्र था। किसी तरह भाषा न जानने का बहाना बनाकर उनकी गिरफ़्त से बच पाया।

समुद्र को लेकर कन्याकुमारी का अनुभव अलग ही है। राघवेन्द्र, अजीत और मैं हम तीन लोग कन्याकुमारी का सूर्योदय देखने के लालच में रात के दो बजे ही वहाँ पहुँच गए। त्रिवेन्द्रम से जिस बस में बैठकर हम गए उसका भी अपना ही क़िस्सा था। जब हम चढ़े तब एक ही सीट मिली अजीत और राघव खड़े खड़े चल रहे थे। थोड़ी देर बाद एक सीट ख़ाली हुई तो मैंने उन दोनों में से एक को बुलाया। बग़ल वाली सीट पर बैठे व्यक्ति ने अपने जानकार को आवाज़ लगाई। जब दोनों के लोग आ गए तो बैठने के लिए झगड़ा शुरू हो गया। वह तमिल में बोले और मैं हिन्दी में। अजीब-सी लड़ाई थी वह। हम दोनों ग़ुस्से में थे लेकिन सिवाय उग्र इशारों के कोई बात एक दूसरे को पल्ले नहीं पड़ रही थी। अगली बार बस रुकी तो कई सीट एकसाथ ख़ाली हो गयी लिहाज़ा झगड़े के जारी रखने का औचित्य ही ख़त्म हो गया। बहरहाल कन्याकुमारी हम पहुँचे तो समुद्र की ओर से आती तेज़ हवा ने हमारा स्वागत किया। हवा केवल तेज़ ही नहीं बल्कि ठंडी भी थी। अचानक से उत्तर भारत की जाती हुई ठंड की रातें याद आ गयी। समुद्र की लहरें लगातार तेज़ होती जा रही थी। जब वे किनारे के पत्थरों से टकराती तो चकनाचूर होकर पानी के महीन दानों में बिखर जाती। उन महीन दानों में से अधिकांश को तेज़ हवा उड़ाकर आसपास बैठे और ठंड से सिकुड़ कर ऊँघ रहे लोगों पर बिखेर देती। इससे ठंड का असर और बढ़ जा रहा था। समय बड़ी देरी से कट रहा था। उस समय लग रहा था कि इस तरह आ जाना एक बड़ी भूल ही थी। हम ठंड से वाकई सिकुड़ रहे थे। उस ठंड में सुबह का इन्तज़ार बड़ा ही भारी मालूम हो रहा था। हालाँकि उस रात के अन्तिम हिस्से की ठंडक झेलनेवाले हम तीन ही नहीं थे। दीवारों, दुकानों की ओट लेकर बैठे कई लोग थे जिनका अपना या अपने रिशतेदारों का घर कन्याकुमारी में नहीं था या फिर वे किसी होटल में नहीं रुके हुए थे। असल में हमें इस बात का अन्दाज़ा ही नहीं था कि त्रिवेन्द्रम से कन्याकुमारी जाने में इतना ही कम समय लगेगा।

इन्तज़ार में हल्की-सी आशा भी बहुत मायने रखती है। इसका एहसास तब हुआ जब पूरब के आकाश का रंग नीला और फिर नीले में से निकलकर सफ़ेद होने लगा। ठीक इसी दौरान कन्याकुमारी के तट पर लोगों की भीड़ बढ़नी शुरू हुई। अबतक अँधेरे में जो पानी ख़तरनाक दिख रहा था, उजाला होते ही उसके नीचे के पत्थर दिखने लगे तो लोग तट से उन पत्थरों तक सहम-सहमकर ही सही जाने लगे। देखते ही देखते वही प्रक्रिया आम हो गयी। बहुत से लोग उन पत्थरों पर चढ़ने

का प्रयत्न करने लगे। हम तीनों आधी रात के बाद से ही ठंड खा रहे थे। हमारे लिए भी वह एक मनोरंजन बनकर आया। हम भी देखते-देखते एक बड़े पत्थर पर पहुँच गए। उतनी भीड़ में जब सब उन चट्टानों पर ही चढ़ना चाह रहे थे तो स्थिति ख़तरनाक बनते देर नहीं लगती। उस उफनते सागर में यदि कोई उन चट्टानों से गिर जाता तो उसका डूबना भी तय था। वहाँ मौजूद तमिलनाडु पुलिस के जवान हरकत में आ गए। सीटी बजाते हुए और डंडे चलाते हुए वे उस बड़ी चट्टान की ओर आने लगे जहाँ हम खड़े थे। एक चट्टान पर खड़े होकर वे चिल्लाते हुए सबको बुलाने लगे। उन्हें देखकर सबको लौटना ही था और उस लौटने में अब पुलिस के डंडे का डर भी आ गया था। इत्तिफ़ाक़ से उन पुलिसवालों का एक डंडा हमारे एक साथी को भी लग गया। बेचारे दिन भर उदास रहे थे।

धीरे-धीरे आकाश में सूरज के आने की झलक मिलने लगी। नीले से पीले में बदलते हुए आसमान के पूर्वी हिस्से की ओर एकटक देख रहे लोग खड़े थे और ऊब भी रहे थे। फिर वह क्षण भी आया जब सूर्य उदित हुआ। उस अपार जनसमूह ने ज़ोर से आवाज़ लगाई, तालियाँ बजाई। ठीक उसी तरह जैसे छठ पर्व के दौरान लोग सूर्य के उगने पर ख़ुश होते हैं। सूर्योदय का एक जादू है जो अपने होने से पहले तक सबको बाँधे रखता है। लेकिन एक बार सूर्य उग जाये फिर वह जादू बड़ी तेज़ी से टूटने लगता है। जब कन्याकुमारी में सूर्योदय का जादू टूटा तो भीड़ टूट गयी। लोग जिस तरह आए थे उसी तरह जाने लगे। लौटना तो हमें भी था लेकिन हम दिन के उजाले में विवेकानन्द-चट्टान तक जाना चाह रहे थे पर उस पर कोई काम चल रहा था इसलिए उस दिन वहाँ जाना बन्द कर दिया गया था।

कोवलम त्रिवेन्द्रम शहर में पड़नेवाला एक समुद्र तट है। अब तक का देखा गया सबसे प्यारा समुद्री तट! ख़ासकर उसका लाइटहाउस वाला हिस्सा। उस बीच पर शाम की ख़ूबसूरती उसी तरह लगातार परवान चढ़ती है जिस तरह शाम का होना। अपेक्षाकृत शान्त तट में तैरने और नहाने के लिए एक बड़ा पाट मिल जाता है। मतलब तट से लगभग तीस मीटर तक पानी छिछला ही है इसलिए तमाम देशी विदेशी पर्यटक वहाँ पानी में उतरने में नहीं हिचकते। कन्याकुमारी की हमने सुबह देखी थी और उसी दिन हम कोवलम की शाम देख रहे थे। तम्बानूर बस अड्डे से कोवलम जानेवाली बस का पता करने पहुँचे तो लगा पूरा शहर ही कोवलम जा रहा है! यही स्थिति तब भी महसूस हुई जब हम वापस लौटने लगे। पानी में उतरने की वजह से चमड़े पर नमकीन परत जाम गयी थी। खारे पानी की वजह से खुजली और हो रही थी लेकिन उस भीड़ में बस में घुस पाना भी मुश्किल हो रहा था। हम पुनः समुद्र तट पर लौट गए।

अच्छा ही हुआ कि हम लौट गए।

सूर्य के जाने के बाद जब शाम ने समुद्र को अपने रंग में रंगना शुरू किया तो थोड़ी देर के बाद किसी को याद भी नहीं रहा होगा कि दिन भर का थका सूरज नारंगी होकर इसी तट पर डूबा था। डूबते हुए उसने किस कदर एक स्वर्णिम सड़क सी बना दी थी अपने और तट के बीच इसका भी अन्दाज़ा ही लगा सकते थे। शाम के उस अँधेरे में मछेरे अपने जाल खींचकर तट पर थक कर बैठ गए थे। तट लगभग ख़ाली हो गया था। आस-पास के होटलों में रह रहे कुछ लोग वहाँ टहल रहे थे और आभिजात्य लोगों का देशी-विदेशी समूह तट पर बने रेस्त्राओं में बैठ गए थे। वहाँ से समुद्र साफ़ तो नहीं दिखता होगा लेकिन उसकी ग़रज़ सुनी जा सकती थी। पर सबसे मोहक बात थी लाइट हाउस की घूमती रोशनी जो दूर कहीं अँधेरे उफनते समुद्र में खड़ी या वहाँ से लौट रही नौकाओं और जहाज़ों को रास्ता दिखा रही थी। अँधेरे में प्रकाश की उपस्थिति, भरोसा और विश्वास भरती है।

त्रिवेन्द्रम से लगभग पचास किलोमीटर पर एक स्थान है वर्कला! वह स्थान यूँ तो केरल के त्रिवेन्द्रम जिले का एक और शहरी क्षेत्र है लेकिन उसकी प्रसिद्धि दूसरे कारण से है। वर्कला शिवगिरि स्टेशन से कुछ दूरी पर है वर्कला का समुद्र तट। मैं तीन बजे के आसपास वहाँ पहुँचा। सामने से जो दिख रहा था उस हिसाब से वह भी एक सामान्य समुद्री तट की तरह ही था जहाँ सड़क से नीचे उतरते हुए केवल रेत थी और रेत के बाद पानी। लेकिन उसके दायीं ओर और बाईं ओर देखने पर ही उस तट के सौन्दर्य का पता चल पाता था। मैं बाईं ओर बढ़ गया। सफ़ेद रेत पर मैं चल रहा था। दायीं ओर समुद्र गरज-गरज कर अपने पानी को फेंकते हुए समूची रेत को अपने में समाहित कर लेना चाह रहा था और बाईं ओर लगभग तीस फीट ऊँची खड़ी चट्टान। इससे उस तट की चौड़ाई बहुत कम हो जा रही थी और यही उसे शान्त और एकान्त रूप प्रदान कर रही थी। वर्कला तट पर घंटों केवल इसलिए बैठा जा सकता है कि जैसा एकांत वहाँ है वह कहीं और नहीं मिलेगा। सफ़ेद रेत पर बैठे हुए सामने समुद्र के रूप को निहारते रहिए। पीछे की खड़ी चट्टान उस बीच को दुनिया से लगभग ओझल कर देती है। उस ओझल हिस्से के आनन्द को महसूस करना आनन्द से भर रहा था।

समुद्री तटों के हिसाब से गोकर्ण का तट बहुत प्यारा लगा। गोवा से गोकर्ण के तट तक जाने के लिए हमने जो रास्ता लिया था वह रास्ता बहुत सुकून देने वाला था। आम के बाग़ों के बीच से जाती सड़क, अगले ही क्षण खुले खेतों के बीच से जाने लगी थी और बीसेक किलोमीटर के बाद धान के खेतों के बीच से। रास्ते में एक जगह गुड़ बन रहा था, हमलोग वहाँ पहुँच गए। उन लोगों ने हमें न सिर्फ़ गुड़ खाने को दिया बल्कि चलते समय लम्बे-लम्बे गन्ने भी दिए। बदले में हम कुछ पैसे देने लगे तो उन्होंने साफ़ मना कर दिया। गोवा कर्नाटक की सीमा पर कहीं वे

किसान गुड़ बना रहे थे। उनके गुड़ का स्वाद तो भूला ही नहीं जा सकता। हमारे स्वाभिमानी किसान आज भी अपनी लड़ाई अपने दम पर ही लड़ रहे हैं। जब तक जीत नहीं जाएँगे लड़ते रहेंगे।

मैं पहले सोचता था कि नदी के किनारे ही धार्मिक आस्था के शिकार होते हैं लेकिन वर्कला, गोकर्ण आदि समुद्र तटों को देखकर लगा कि नहीं आस्था कहीं भी अपनी जड़ें जमा सकती हैं। गोकर्ण नाम भी उसी आस्था की वजह से था बाक़ी मन्दिर और ओम बीच की उपस्थिति से ऐसी बातें और पुख्ता होती हैं। हम उस तट पर पहुँचे तो सूर्य काफ़ी नीचे आ चुका था। वहाँ तट पर रेत का हिस्सा बहुत कम था। पानी के बाद जो हिस्सा था उसमें बड़ी बड़ी चट्टानें थीं। उन चट्टानों पर बैठकर लोग समुद्र में सूरज के अवतरण को निहार रहे थे। हम भी जगह बनाते हुए उन चट्टानों पर जम गए। वहाँ से पानी के भी क़रीब थे और बैठने की सहूलियत भी। बगुले केंकड़े पकड़ कर उन्हें पत्थर पर पटक रहे थे। जो केंकड़े बच जाते वे फिर से चट्टानों की खोह या पानी में घुसने के लिए तेज़ी से अपने पैर चला रहे थे। सूरज जब डूबा तो वह स्थान डरावना लगने लगा। बहुत कम दुकानें और उसके बाद पानी और चट्टान ही बस। ऐसा लग रहा था जैसे सब लोग एक खाई में फँसे हुए हैं। वहाँ के तट पर सीधे समुद्र तटों का सा खुलापन नहीं था। बैठकर समुद्र और डूबते सूरज को निहारने का सुख तो है लेकिन समुद्र के किनारे-किनारे रेत पर चलने का सुख वहाँ बहुत कम मिलता है। मैं और रितेश बड़ी बड़ी चट्टानों से उतरकर उस बालू पर चलने लगे जिसे समुद्र और पत्थरों ने अपने बीच छोड़ रखा था। मुकेश कहीं किसी नाव की तस्वीरें ले रहा था। सूर्यास्त हो जाने के बाद भी वहाँ लोग आ रहे थे विशेषकर प्रेमी जोड़े। निश्चित रूप से वे स्थानीय युगल नहीं होंगे। क्योंकि पत्थरों की ओट में जोड़ों का बैठना बड़ा ही आम सा चलन लगा। इस बीच दो लड़कियाँ आई और उनमे से एक ने मुझसे समय पूछा। मैंने घड़ी नहीं पहने होने का बहाना बना दिया। इस पर उस लड़की ने वहाँ के किसी रेस्त्रां का पता पूछा। इस बार मेरा जवाब था— हम यहाँ आज ही आए हैं इसलिए कोई जानकारी नहीं है... आप किसी और से पूछ लें। वे दोनों वहीं ठिठकी सी खड़ी रह गयी और हम दोनों आगे बढ़ गए। रात में रितेश ने इस घटना का जिक्र मुकेश से किया। वह बहुत हँसा और हँसते हुए बस इतना ही कह पाया— "पूरे मूर्ख हो तुम दोनों... वे लडकियाँ तुम लोगों से बात करना चाह रही थी वरना आज के मोबाइल युग में समय पूछने, कौन आता है बे"?

भूस्खलन

ऐसा दूसरी बार महसूस किया था! दुर्घटना इतने क़रीब हुई थी। घटना या दुर्घटना के प्रति संवेदना का स्तर उससे दूरी या नज़दीकी से तय होता महसूस किया।

पहली बार जब ऐसा हुआ था तब वह जाड़े की एक सुबह थी। सहरसा को बड़ी रेल लाइन से जोड़ा जा रहा था इसलिए उसका रेल सम्पर्क लगभग कटा हुआ ही था। छोटी लाइन पर दिन में एक बार कोई गाड़ी चलायी जाती थी। बीच-बीच में कोई इंजन यहाँ से वहाँ चला जाए तो अलग बात है। इसी मुतमयीनी में उस सुबह कुछ लोग सहरसा की ओर आ रहे एक इंजन पर चढ़ गए, चढ़ क्या गए लटक गए! उस सुबह को अचानक से कुहरे ने घेर लिया। एक और संयोग बना जैसे किसी दुर्घटना के लिए कोई मंच तैयार हो रहा हो एक इंजन सहरसा की ओर से भी चला। बीच रास्ते में कहीं दोनों की टक्कर हो गयी कुछ लोग मारे गये।

वह मोबाइल फ़ोन का ज़माना नहीं था। पुख्ता ख़बरों से ज़्यादा अफ़वाहें पहुँची। सहरसा का दक्षिणी छोर सूचनाओं का गढ़ बन गया था। दुर्घटना हुई थी और दो या तीन लोग मारे गए थे पर दिन भर बहुत बड़ी दुर्घटना की अफ़वाहें जारी रही। मरने वालों की संख्या पचास से ऊपर बताई जा रही थी। दूसरे तीसरे दिन से बात आई-गयी होने लगी। सब अपने काम में लग गए और सही सूचना के आ जाने के बाद लोगों के लिए अनुमानों की उड़ानों का कोई अर्थ नहीं रह गया था।

दूसरी बार की बात है! एक सप्ताह से केरल के इस इलाक़े में भारी वर्षा हो रही थी और इस पहाड़ी क्षेत्र में कई अस्थायी झरने बन गए। जो पूरे वातावरण को बहुत मोहक रूप दे रहे थे। पहाड़ी की धूसर सतह पर झरने मोटे नालों में बहती चाँदी के समान लग रहे थे। एक तरफ़ सौन्दर्य बढ़ा तो दूसरी तरफ़ ख़तरा। ऊपर पहाड़ों से केवल पानी ही नहीं बल्कि मिट्टी और गाद भी खिसकने लगी साथ में पेड़ और लताएँ भी।

पहाड़ी रस्तों पर बरसात में इस बात का ख़तरा बराबर बना रहता है कि आप जा रहे हों और अचानक से भूस्खलन हो गया। सम्भव है कुछ लोग दब भी जाएँ। यहाँ पास ही में मुश्किल से 5 किलोमीटर दूर एक जगह भूस्खलन हो गया और वहाँ खड़ी दुकानें दब गयीं कुछ गाड़ियों के भी दबने की ख़बर मिली थी। बाद में कुछ लोग वहाँ राहत कार्य होते देखने के लिए रुके तो फिर से भूस्खलन हो गया इस बार ज़्यादा लोग दब गए।

जब ख़बरें मेरे आसपास आई तो कोई भी हिन्दी या अँग्रेज़ी में बात नहीं कर रहा था। पर चिन्ता की अपनी भाषा होती है शायद। किसी तरह मैं भी जान ही गया।

दिन भर भारी बारिश होती रही। इधर बिजली भी ग़ायब और यहाँ का सम्पर्क

रेल, सड़क और हवाई तीनों मार्गों से कट गया। बाहर से आती ख़बरों के बीच बस इतनी ही राहत थी कि जेनेरेटर चल रहा था और मैस में खाने का स्टॉक था। अँधेरी शाम में पास के एक विद्यालय परिसर में कई गाड़ियों में भरकर पुलिस वालों के आ जाने से पता चला कि केरल के मुख्यमन्त्री घटनास्थल का दौरा करने आ रहे हैं। चूँकि इस इलाक़े का सम्पर्क हर तरह से कटा हुआ था इसलिए वे सीधे हेलिकॉप्टर से आते जिसके लिए उस विद्यालय में आनन-फानन में हैलिपैड बनाया जाना था। मुख्यमंत्री का आना अपने आप में इस बात की सूचना थी कि दुर्घटना बड़ी है।

दूसरे दिन सुबह से ही मुख्यमन्त्री के आने की सरगर्मी न सिर्फ़ स्कूल बल्कि उसके बाहर भी दिख रही थी। स्थानीय निवासी से लेकर मीडिया तक सभी प्रतीक्षा में थे। उस विद्यालय के छात्र कक्षा में जाना नहीं चाह रहे थे। अन्त में उन्हें भी बाहर खड़े होकर इन्तज़ार करने का मौक़ा मिल गया। अभी तक जो बच्चे दुखी थे, जो डरे हुए थे उनका दुख और डर छू-मंतर हो गया। जब हेलिकॉप्टर दिखा तो उन्होंने बाक़ायदा तालियाँ बजानी शुरू कर दीं। बच्चे अपने डर पर इतनी जल्दी क़ाबू पा लेंगे इसका मुझे अन्दाज़ा नहीं था।

मुख्यमन्त्री के आने से अब तक जो मामला बहुत गम्भीर लग रहा था वह एक आयोजन जैसा बन गया। अचानक से दुर्घटना नेपथ्य में चली गयी और मुख्यमन्त्री का आना मुख्य हो गया। और ताज्जुब की बात ये कि लोग घटना के इस राजनीतिकरण से दुखी भी थे और उस पूरी प्रक्रिया में शामिल भी थे। जब तक हेलिकॉप्टर रहा लोगों का फोटो खिंचवाना जारी रहा। विद्यालय के मैदान से लगी सड़क दोनों ओर से स्थानीय निवासियों से भरी थी। कभी जिनको भूस्खलन का दुख रहा होगा वे अब एक झलक के लिए पंक्तिबद्ध होकर खड़े थे। मुख्यमन्त्री के वापस उड़ जाने तक वे उसी तरह से बने रहे फिर बरसाती पानी की तरह बह गए। बारिश मुख्यमंत्री के जाने के बाद भी जारी। उसी तरह से। सम्पर्क कुछ और दिनों तक सड़क मार्ग से कटा रहा। अख़बार नहीं पहुँच पा रहे थे। उधर मलबा हटाने का कार्य भी लगातार चल रहा था पर जो भय और संवेदना का वातावरण बना था वह नदारद। संवेदना इतनी क्षणिक होकर रह गयी थी।

एक बात तो अपने भीतर मैंने भी महसूस की कि मोबाइल फ़ोन के होने से एक हिम्मत बनी रही और घरवालों से बात कर ली तो उनकी शंकाएँ भी जाती रही। इस तरह तकनीक ने एक बेफ़िक्री तो दी ही हमें।

नसीर की बाँसुरी

अब तक केरल के ईसाई धर्म को देखते हुए यह तो जान ही लिया कि यह धर्म भारतीय चरित्र ग्रहण कर चुका है। इस क्रम में ढेर सारे वे कर्मकांड आ चुके हैं जो ख़ास भारतीय विशेषताएँ हैं। काँवड़ लेकर पैदल चलने जैसी चीज़ इधर भी है लेकिन हिन्दुओं में नहीं बल्कि ईसाई में। वे ईसा मसीह के क्रॉस को कन्धे पर उठा कर पैदल चलते हैं, अस्सी किलोमीटर की यात्रा करते हैं। लोग मनौती माँगते हैं और पूरा होने पर वादे के अनुसार कार्य भी करते हैं। हाँ फ़र्क़ यह है कि ईसाई दीप नहीं मोमबत्ती जलाते हैं। लगभग हर छोटे-बड़े चर्च के बाहर एक लोहे का बक्सेनुमा स्टैंड बना रहता है जिस पर लोग प्रतिदिन मोमबत्ती गाड़ा करते हैं। यह धर्म साफ़-सुथरा और प्रोफेशनल सा लगता है।

यहाँ पास के कस्बे में ईसाईयों के एक सन्त का जन्मदिवस काफ़ी धूमधाम से मनाया गया। यह एक दिन नहीं बल्कि कृष्ण के जन्म में जिस तरह से काफ़ी पहले से 'झूलन' आदि शुरू हो जाता है उसी तरह पिछले आठ दिनों से यहाँ एक बड़ा आयोजन चल रहा था। चर्च के पास बने उस सन्त की कब्र के दर्शन करने लोग बसों ट्रकों में भरकर वहाँ पहुँच रहे थे। बसों, ट्रकों में जाते हुए लोग अपने साथ ईसाई प्रतीक भी ले जा रहे थे। अबतक अपने आसपास से भी कई लोग जा चुके थे और वे आकर कई बार शिकायत कर चुके थे कि यहाँ अब लोगों की आस्था धर्म में कम हो रही है, पिछले साल की तुलना में इस साल भीड़ बहुत कम है वग़ैरह।

वहाँ काफ़ी भीड़ थी। यह ठीक वैसा ही था जैसे दशहरे के आसपास होता है। लोगों की कतारें, अलग-अलग तरह की सज-धज और सबसे बढ़कर वहाँ लगे मेले का स्वरूप सभी ठीक वैसे ही थे जैसे अपनी तरफ़ देखे थे। यह भी नहीं कि बाज़ार को मेला बना दिया हो बल्कि बाक़ायदा अस्थायी दुकानें लगी हुई थीं जैसी कि मेलों में होती है, झूले, सर्कस आदि भी थे। आगे बढ़ने पर मुख्य चर्च की सजावट दिखी उसे देखकर भी यह नहीं लगा कि हम कहीं और आ गए। ऐसा लग ही नहीं रहा था कि देश के साफ़ दक्षिण में ईसाई धर्म से जुड़े एक मेले में आया था। उस मेले में जम कर ख़रीदारियाँ भी चल रही थी, मोबाइल से तस्वीरें ली जा रही थी और जगह-जगह लगे मोमबत्ती स्टैंड में लोग मोमबत्तियाँ लगा रहे थे। इन मोमबत्तियों से एक चीज़ और याद आई जो लगभग छूटती जा रही थी। यहाँ केरल में जो भी चर्च मैंने देखे उसके ठीक पास में दुकानें देखी जो वहाँ उपयोग में लायी जाने वाली सामाग्री बेचते हैं। सामग्रियाँ लगभग वही हैं जो हर कहीं मन्दिर के पास मिलती हैं लेकिन यहाँ उन सामग्रियों की पैकेजिंग थी, वे पैकेटों में मिल रही थी। सिंघेश्वर या किसी और मन्दिर के बाहर मिलने वाली सामग्रियों की तरह खुली सामग्रियाँ

मिलती नहीं देखी।

उस मेले में हमलोग बढ़े जा रहे थे उसी समय जेम्स ने बताया कि उनका बचपन यहीं पास के एक घर में बीता। हमलोग रुक कर उस घर का अन्दाज़ा लगाने लगे और जब उन्होंने कहा कि उनकी बहुत सी यादें इस जगह से जुड़ी हैं तो मुझे लगा कि उनकी एक फोटो तो इस घर के सामने ले ही ली जाए। इससे पहले कि मैं कैमरा निकाल पाता कुछ शब्द सुनाई दिए। वे शब्द गालियाँ थी! ठेठ बिहारी सामाजिकता की उपज को पहचानने में मैं कोई ग़लती नहीं कर सकता। उस ओर देखा तो पाया कि दो लोग बाँसुरी बेच रहे हैं। वे शायद आपस में बात कर रहे थे। मेरे मुँह से अनायास ही मैथिली निकल गयी और सुखद यह भी रहा कि उन्होंने समझ भी ली। फिर तो सहरसा और बेगूसराय में दूरी ही नहीं रही। मेरे लिए यह बताना ज़रूरी हो गया कि सहरसा से बाहर आने वाले के लिए बिहार का बेगूसराय नयी जगह थोड़े ही है। मेरे साथ गए लोग आगे बढ़ना चाह रहे थे पर मैं रुककर उनसे कुछ बात करना चाहता था। मैंने उन्हें आगे बढ़ने का इशारा किया। वे बढ़ गए।

उन दोनों में से एक था नसीर। दूसरे ने बात करने में कोई रुचि नहीं ली थी और वह पूरी तन्मयता से अपनी बाँसुरी बेचने लगा। नसीर मुझसे बात कर रहा था और वह ऐसी भावना थी जिसमें लगभग हम दोनों ही चल रहे थे। पर मेरे लिए यह कुछ ज़्यादा ही भावनात्मक सा था क्योंकि इतने दिनों में पहली बार कोई मिला जो मैथिली समझ रहा था और उसके आसपास की भाषा में जवाब भी दे रहा था।

नसीर वहाँ से लगभग दस किलोमीटर दूर रहता था और मैं जहाँ रहता हूँ उससे तीस किलोमीटर दूर। उसके साथ कई और लोग रहते हैं और वे सभी दिन में मज़दूरी करते हैं और कभी इस तरह के मेले-ठेले मिल गए तो उसमें क़रीब-क़रीब पार्ट टाइम जैसा काम भी कर लेते हैं। उससे बात करते हुए लगा कि वह अपनी भाषा से ज़्यादा यहाँ की भाषा मलयालम के नोशन्स समझता है और हमारी भाषा की स्वाभाविकताएँ उससे छूट जा रही थी। एक प्रश्न या बात दो बार के बाद से वह समझ पा रहा था। रोज़गार के कारण हुए स्थान परिवर्तन ने उसके भाषायी संस्कार को बदलना शुरू कर दिया है। मैं नहीं जानता कि इस तरह की स्थिति के लिए भाषा विज्ञान में कुछ है या नहीं लेकिन उसके साथ यह स्थिति मैंने बनती देखी।

न उससे फिर मिलना था और न ही मैं उसे पहले से जानता था और न ही उससे सम्पर्क का कोई ज़रिया रखने की कोशिश थी, इसके बावजूद उससे मिलकर अच्छा लगा।

अब तक के जीवन में कभी भी ऐसी जगह नहीं रहा था जहाँ ईसाइयों की संख्या किसी भी अन्य धर्म के लोगों से ज़्यादा हो। हमारे शहर में एकमात्र चर्च है जो हमारे

हाई स्कूल के पीछे है। आज यदि और बन गए हों तो अलग बात है। और वहाँ के चर्च अपनी धार्मिक गतिविधियों के लिए कम और मुफ़्त इलाज के लिए ज़्यादा जाने जाते हैं। ऐसी स्थिति में स्वाभाविक ही है कि मेरे बचपन में या हाईस्कूल-इंटर तक आते हुए भी ईसाई धर्म से सम्बन्धित किसी कार्यक्रम की कोई छवि हो। ऐसा तो निश्चित ही है कि चर्च के भीतर ज़रूर धार्मिक गतिविधियाँ होती होंगी और लोग भी आते होंगे पर बाहर न तो वे कुछ करते थे और न ही मेरी स्मृति में है। दिल्ली में क्रिसमस के मौक़े पर ईसाइयों को बाहर आते देखा। क्रिश्चियन कालोनी में रविवार को उनकी प्रार्थना होती थी जो जब भी अनूप भाई के यहाँ रुकता था तब सुनने को मिलती थी जिसे पटेल चेस्ट में रहनेवाले सभी छात्र निश्चित रूप से शोर की संज्ञा ही देते होंगे।

मैं जिस धर्म में पला-बढ़ा उसने बाक़ी धर्मों से दूर किया। ऐसा केवल यही धर्म करता हो ऐसा भी नहीं है लेकिन जब मैं अपनी बात करूँगा तो यह पक्के तौर पर कहूँगा कि अपने धर्म ने ही मुझे दूसरे धर्मों से दूर किया और ऐसा ही किसी और धर्म के व्यक्ति के लिए सही है। इस दूरी ने मुझे न सिर्फ़ दूसरे धर्मों को समझने से रोका बल्कि इसके माध्यम से मैं दूसरे धर्मों के लोगों को अपने और अपने धर्म के लोगों से बिलकुल अलग भी समझने लगा। शायद यही वजह है कि अपने सहरसा की समूची आबादी में से मुसलमान तो याद हैं पर ईसाई याद नहीं हैं। मुझे याद है जब मैं ओंकार मास्टर से ट्यूशन लेने जाता था तो अमित इंटरप्राइजेज़ के बाद मिशन स्कूल के आसपास एक छोटी से ईसाई बस्ती ज़रूर दिखती थी। मैं उन्हें दूसरे दर्ज़े के लोग मानता था क्योंकि मैंने यही सीखा था। ईसाई स्त्रियाँ सहरसा की आम स्त्रियाँ की तरह घर के आसपास भी साड़ी में नहीं बल्कि नाइट गाउन में रहती थी। उनके घर सजे होते थे। कोई कंदील या तारे की आकृति का कुछ ज़रूर टंगा होता था। ठीक हमारे घरों के उलट। दिल्ली में साथ पढ़ते हुए दो-तीन ईसाई दोस्त मिले पर जबतक उनसे मिलना हुआ तब तक मेरी धर्म सम्बन्धी बहुत सी मान्यताओं में परिवर्तन आ चुका था। तबतक सभी धर्म एक से लगने लग गए थे। और अपने से लेकर किसी अन्य धर्म के प्रति रुचि समाप्त हो गयी थी। लेकिन उन दोस्तों में जो मैंने महसूस किया वह यह था कि वे आने-बहाने अपने धर्म की बात करते थे और उन्होंने एक दो बार कोशिश भी की कि मैं उनके साथ उनके चर्च में चलूँ। ट्रीजा से गहरी दोस्ती रही। एक बार उसके आग्रह पर मैं मुखर्जी नगर के बत्रा सिनेमा हॉल के तलघर में बने चर्च में मैं गया। आज भी याद है कि वहाँ जाना खाने के लोभ में जाना था। मुझे अपने बीएड के दिनों का एक क़िस्सा याद आ रहा है। एक दोस्त हुआ करती थी शीबा जो धर्म से ईसाई थी। उसने मुझसे केवल इसलिए दूरी बना ली क्योंकि मैं उसके धर्म में विश्वास नहीं करता था। जबकि बात यह थी कि जिस धर्म में मेरा

जन्म हुआ था उसे लेकर भी मैं कोई ठीक विचार नहीं रखता था।

बिहार और दिल्ली के क़िस्सों और यादों से निकल कर यहाँ केरल आ गया। यहाँ आते ही महसूस हुआ कि ईसाइयों के जीवन, उनके रहन-सहन के बारे में मेरी मान्यताएँ दो कौड़ी की भी नहीं रही। अब तक ईसाई लोग मेरे लिए कौतूहल का विषय होते थे पर जहाँ इतने ज़्यादा ईसाई हों कि हर कोई ईसाई ही लगने लगे वहाँ कौतूहल का समाप्त हो जाना निश्चित है। सहकर्मी जिनके साथ मेरा समय बीतता, बाहर बाल बनानेवाला, मोबाइल रीचार्ज करनेवाला साइमन सभी ईसाई। चर्च जीवन के इतने क़रीब और इतने ज़्यादा हैं कि वे चर्च से ज़्यादा कोई संस्थान ही लगते हैं। इस तरह पहले ही दिन से इतने ज़्यादा ईसाई लोगों से मिलना हुआ कि उनके प्रति मन में बैठी बहुत सी धारणाएँ एक झटके में बदल गयी। पहली बार यहीं आकर मन ने ईसाइयों को आम इन्सानों की तरह देखना शुरू किया।

मैं इस तरह से धर्म को देखता था तो इसमें मैं अपना दोष कम और अपने धर्म का ज़्यादा मानता हूँ। समाजीकरण के किसी भी सिद्धान्त में धर्म के द्वारा किया जानेवाला समाजीकरण बहुत तगड़ा होता है। भारत में अधिकतम हम इस्लाम के क़रीब आ जाते हैं क्योंकि उनकी एक ठीकठाक संख्या है। पर ऐसा दूसरे धर्मों के प्रति नहीं कह सकते ख़ासकर ईसाई धर्म के लिए तो बिलकुल नहीं। यहूदी, पारसी आदि के बारे में तो कहना ही क्या! धीरे-धीरे यही प्राथमिक समाजीकरण पुख्ता होकर इतना गहरा हो जाता है कि अपने धर्म से इतर धर्म वाले के प्रति इन्तहाई नफ़रत भर जाती है। शुक्र है इस कदर कट्टर बनने से पहले ही मेरे दूसरे समाजीकरण ने काम करना शुरू कर दिया। बहरहाल यहाँ ईसाई बहुल इलाक़े में रहते हुए ऐसा लगता है कि सबकुछ तो समान ही है फिर बेकार ही इनके सम्बन्ध में मैं अपने पूर्वाग्रह लेकर बैठा था।

इससे पहले ईसाई को इतने क़रीब से नहीं देखा था। इसलिए कभी नहीं लगा कि यह बाहर का धर्म नहीं है। हाँ जानता हूँ कि यह सचमुच बाहर का धर्म है पर इसने जिस तरह स्थानीयता को अपनाया बल्कि स्थानीयता जिस तरह से इस पर हावी हुई उसने इसे बाहरी नहीं रहने दिया। एक दिन सड़क पर लोगों की लम्बी-लम्बी कतारें देखीं और देखा सबके हाथों में ताड़ वृक्ष का एक पत्ता। फिर आगे-आगे एक रथ पर ईसा मसीह की तस्वीर ले जाते हुए देखा। बाद में अपने परिचितों से ज्ञात हुआ कि यह मान्यता है कि हाथ में ताड़ का पत्ता लेकर गाँव या शहर की परिक्रमा की जाए तो उस ताड़, नारियल, सुपाड़ी आदि की फसल ज़्यादा होती है। आयोजन का इससे स्थानीय उदाहरण नहीं हो सकता। कई बार मैंने यहाँ पर ईसा मसीह की तस्वीर के साथ-साथ स्थानीय लोगों की तस्वीरें लेकर परिक्रमा करते देखा। उन तस्वीरों में रहनेवाले चेहरे यहाँ के वर्तमान निवासियों के पूर्वज थे। हर नुक्कड़ पर

कम से कम एक छोटा सा चर्च तो है ही जहाँ सुबह घंटा बजता है और शाम को मोमबत्तियाँ जलायी जाती हैं। शाम को मोमबत्ती जलना उतना ही स्निग्ध एहसास देता है जितना तुलसी के पौधे के पास जलाया हुआ दीपक। उस दिन एक चैपल के सामने खड़ी छोटी बच्ची प्रार्थना कर रही थी। शाम के झुटपुटे अँधेरे में उसके चेहरे पर पड़ रही मोमबत्तियों की रोशनी कमाल का दृश्य बना रही थी। यह सब ठीक उसी तरह लगता है जैसे हिन्दू बहुल इलाक़ों में नुक्कड़ पर हनुमान का मन्दिर हो।

इस धर्म को लेकर मुझे सहरसा और दिल्ली के सुखी लोगों का ही जीवन याद आता है और ज़ेहन में वही सुखी लोगों की छवि बनती है। हाँ यहाँ झारखंड और छत्तीसगढ़ के जंगलों के ईसाइयों के उदाहरण दे सकते हैं जो ग़रीब हैं पर चूँकि मेरी मान्यता मेरे आसपास के समाज को देखते हुए बनी है इसलिए वास्तविकताओं को देखने और मेरे पूर्वाग्रहों का निर्माण मेरे उसी वातावरण से होगा। मुझे कई बार लगता है कि लाटरी के टिकट बेचनेवाली टेरेसा को अपने नाम का अर्थ या उससे जुड़ी कोई कहानी पक्का नहीं पता होगी।

यहाँ इस धर्म को जितना देखा उस आधार पर कहा जा सकता है कि धर्म का स्वरूप बहुत हद तक उसके मानने वालों की संख्या और उनके स्थानीय चरित्र पर निर्भर करता है। भारत में ईसाई धर्म ने भारतीय चरित्र ग्रहण कर लिया है। परम्परा से भारत में हिन्दू उपासना पद्धति रही है और इसके तौर-तरीक़ों का प्रभाव ईसाई धर्म पर भी स्पष्ट दिखता है। सबसे पहले तो त्योहारों की अधिकता ही इसका प्रमाण देती है ऊपर से वही धार्मिक उन्माद इधर भी दिखता है। वही कट्टरता इस धर्म में भी है और सबसे बढ़कर यह कि यहाँ ईसाई धर्म का वह रूप देखा जो अपने तदर्थ चरित्र के बदले स्थायित्व पा चुका है। मुझे इस धर्म के इतने स्थायी होने की उम्मीद नहीं थी और शायद यही वजह है कि मैं इसे गम्भीरता से नहीं लेता था।

दो परिन्दे

रविवार की सुबह से प्यारा कुछ भी नहीं। मैं देर रात तक यू-ट्यूब पर हंसराज हंस, नुसरत फतेह अली और मुनव्वर राणा के वीडियो देखता रहा। सोचा था रविवार की सुबह तो अपनी है वैसे ही जैसे रात तो अपनी है कहकर विश्वविद्यालय के दिनों में या उसके बाद भी हम रात-रात भर कला संकाय में बैठे रहते थे। लेकिन सुबह को अपनी ही न रहने दिया जाये तो कोई क्या करे। एक मुकम्मल सुबह जिसमें आसमान भी साफ़ हो बारिश के कोई निशान न हों तो वह सुबह जल्दी शुरू हो ही

जाती है। ऊपर से क्रिसमस के मौसम में आसपास के चर्च पता नहीं कब से जग गए थे। उनके घंटे, बेसुरी आवाज़ में लाउडस्पीकर पर चल रहा उनका समवेत गान, ये सब तो थे ही थे साथ में था पक्षियों का कलरव। हालाँकि पक्षी रोज़ बोलते हैं पर रोज़ मैं चाह कर भी देर तक नहीं सो सकता। सुबह के सूरज निकलने के साथ ही काम के शुरू हो जाने को निदा फाजली बड़े ही निराले अन्दाज़ में रखते हैं—

नदिया सींचे खेत को तोता कुतरे आम
सूरज ठेकेदार सा सबको बाँटे काम।

ठेकेदार सूरज के पास मेरे लिए भी काम होता है। उनकी ही तरह मुझे भी उजाले के साथ उठना होता है। उनकी तरह आवाज़ तो नहीं ही निकाल सकता लेकिन उठने और काम पर जाने के बीच के कार्यों की लय उनकी आवाज़ों की तरह ही होती है। इन सब के बीच में सोना तो दूभर हो जाता है।

किसी तरह आँख दबाकर पड़ा रहा कि नींद ही जिद्दी हो। वह इन आवाज़ों की परवाह किए बिना अपना काम कर जाये। वह कर भी रही थी। मैं सोने और जागने के बीच ही कहीं यूँ घूम रहा था, जहाँ दोनों ही बातें महसूस की जा सकें!

नींद और उससे बाहर होने के बीच में था कि फिर से कानों में ज़ोर-ज़ोर की आवाज़ें पड़ीं। उस अवस्था में कुछ देर तो यह अन्दाज़ा लगाने में ही लग गया कि यह आवाज़ है क्या और कहाँ से आ रही है। आँखें खोलकर मैं थोड़ा सहज हुआ तो पता चला बिस्तर के सामनेवाली खिड़की पर दो मैना इधर-उधर तेज़ी से चल रही थी। वे तेज़ तेज़ स्वरों में कुछ-कुछ बोल रही थी। उनका बोलना तो समझ में नहीं आया पर कान के इतने क़रीब जब इस तरह से शोर हो तो नींद सबसे पहले उड़ती है। नींद उड़ गयी थी।

दोनों पक्षी कुछ मुआयना जैसा कर रहे थे। मुझे लगा शायद वे अपना घोंसला बनाने की जगह तलाश रहे हों। यह सोचते ही मेरी स्थिति ठीक उस दुकानदार की तरह हो गयी जिसकी दुकान में बहुत दिनों के बाद ग्राहक आया हो। पर ये ग्राहक तो थे नहीं कि दुकानदार उठकर उनकी सेवा को चला जाये। मैं उठता और ये फुर्र हो जाते। मैं अपने को काठ कर उसी तरह लेटा रहा। वे इधर-उधर देखते रहे। उनमें से एक उड़ गया और अगले ही क्षण वापस भी आ गया। पता नहीं वही था या कोई और। इस बार उसके मुँह में सूखी घास का टुकड़ा भी था।

मैं बहुत ख़ुश था क्योंकि मेरी खिड़की में चिड़िया अपना घोंसला बना रही थी। बचपन से इच्छा थी कि मैं चिड़ियों की इतने पास रहूँ। पक्षी हर जगह थे लेकिन पहले जहाँ भी रहा वे जगहें इस कदर मेरी नहीं थी। इन दोनों मैनों को भी यहाँ रहने की ज़रूरत नहीं पड़ती। एक तो केरल जहाँ पहले ही पहाड़ों, नदी के कछारों पर इतने पेड़ हैं ऊपर से सड़कों पर भी पेड़ ही पेड़ हैं। ऐसे में कौन-सी चिड़िया घर की

मुंडेर, खिड़की की खोह और रोशनदान के पास घर बनाती। हाल में हमारे क़रीब के दसेक बड़े-बड़े पेड़ों की छँटाई कर दी गयी। अब उन पेड़ों की बस ठूँठ है जिनसे महीने भर बाद अब जाकर कुछ हरियाली फूट रही है। इस छँटाई से बहुत सी चिड़ियों का घोंसला उजड़ गया। जिस दिन पेड़ काटे जा रहे थे उस दिन इस की ओर के आसमान में बहुत-सी चिड़ियाँ आ गयी थी। ये वे पक्षी थे जो उन पेड़ों पर रहते थे। तब अचानक से बशीर बद्र की वह पंक्ति याद आ गयी थी—

"आसमाँ भर गया परिन्दों से,
पेड़ कोई हरा गिरा होगा।"

उसी तरह काठ बने हुए मैं बहुत कुछ सोचे जा रहा था। जब इनका घर बन जाएगा तब से ये परिन्दे मेरे सोने वाले कमरे के बाहर की खिड़की पर ठीक मेरे बिस्तर से चार-पाँच फुट की दूरी पर रहेंगे। इस बात को लेकर मुझे अपने दो दोस्त शरद और मुकेश से जलन होती थी। उनके सरकारी क्वाटर में चिड़ियों ने घोंसले बनाए और उन्होंने तस्वीरें भी भेजी। एक मैं ही था जिसके आसपास इतनी चिड़िया होते हुए भी घर की मुंडेर या खिड़की की जाली के बाहर कोई घोंसला नहीं था। यह सब खालिस बचपना लगता है लेकिन तीस पार की उम्र में भी बचपन के एहसास से भरी उस सुबह को मैं बड़ी बात मानता हूँ।

बचपन ठीक वह दुनिया थी जहाँ मनुष्य, प्रकृति, जानवर और परिन्दे-चरिन्दे सब साथ थे। सबका अस्तित्व था और सब अपनी भूमिका में थे। कौवा हाथ में से कुछ छीनकर भाग जाता था, गरुड़ और गिद्ध को दिखा दिखाकर 'सेवा' बाबा डराया करते थे। गरुड़ को वे कहते थे लोलवाली। लोल मतलब चोंच! बकरी के मेमने वैसे ही प्यारे लगते हैं पर जब वे उछलकूद करते थे तो पूछिए ही मत उन पर बड़ा लाड़ आता था। यही स्थिति गायों के बछड़ों और भैंस पठरुओं की थी। नए जन्मे ये पठरू या बछड़े जब नौसिखुवा अन्दाज़ में बाँ-बाँ करते हुए चौकड़ी भरते तो उन्हें देखने व पकड़ने में बहुत मज़ा आता था।

तब यह हालत थी कि मैं अपने को भी उन पशु-पक्षियों की तरह ही समझता था। उसके बाद तो पशु-पक्षी कभी इतने साथ रहे ही नहीं। यहाँ बहुतेरे पक्षी हैं। कई रंगों और डिजायन के। उनकी आवाज़ों से वातावरण हमेशा ख़ुशनुमा बना रहता है लेकिन खिड़की के ऊपर मैनों की उस जोड़ी के आ जाने से वह सुबह गनगना गयी थी। वे पक्षी ज़्यादा दिन तो वहाँ नहीं रहे लेकिन जबतक रहे सुबहें गुलज़ार रहीं।

पेरियार

पानी के बारे में सोचने पर दो बिम्ब ज़्यादा मुखर होते हैं एक तो सूखे से सम्बन्धित और दूसरा बाढ़ वाला। एक तरफ़ नल की टोंटी से एक बूँद गिरती दिखायी जाती है, खेत में फटी दरारें होती हैं तो दूसरी तरफ़ पानी ही पानी, फिर उसमें किसी फूस की छत पर फँसा कोई परिवार। इन दोनों के अलावा पानी से जुड़े बिम्ब बस ख़ुशियों वाले होते हैं जहाँ स्विमिंग पूल में तैरते, वाटर पार्क में आनन्द उठाते, नौका विहार करते, समुद्र की लहरों पर तरह-तरह के खेलों का मज़ा लेते लोग दिख जाते हैं। इन सबके साथ एक बिम्ब ऐसा भी है जो अक्सर दिखता तो नहीं ही है, उस पर बातें भी क्षेपक के रूप में ही की जाती हैं।

बहुत कम ऐसे चित्र सामने आते हैं जहाँ कारख़ानों, बड़ी-बड़ी फैक्ट्रियों से निकलनेवाली गन्दगी को नदी में मिलता दिखाया जाता हो। हाँ पानी को गन्दा करने के नाम पर लोगों को नदी किनारे शौच करते हुए, मवेशियों को पानी में धँसे हुए और कपड़े धोये जाने के बिम्ब बढ़ा-चढ़ाकर पेश कर दिए जाते हैं। ये चित्र सर्वसुलभ हैं इसलिए दिखाये जाते हैं लेकिन फैक्ट्रियों की गन्दगी जिसका पानी को प्रदूषित करने में सबसे बड़ा योगदान है उसके चित्र नगण्य क्यों होते हैं?

एक शाम को जब मैं नदी से तैरकर लौटा तो पाया कि एक मित्र ने कई बार फ़ोन किया और बात नहीं हो पायी। जब उनसे बात हुई तो उन्हें पूरा मामला समझाना पड़ा कि मैं नदी पर जाते समय फ़ोन घर छोड़कर जाता हूँ। अब कल्पना करिए दिल्ली में बैठे एक व्यक्ति की जिसके यहाँ आनेवाले अख़बार में आए दिन हवा की गन्दगी की ख़बर छपती हो और कहीं न कहीं से बहता हुआ काला नाला जिसने कई बार ज़रूर देखा हो वह आदमी केरल में नदी में तैरने की बात पर किस तरह ईर्ष्या से भर सकता है। वे भी उसी ईर्ष्या में कहने लगे, केरल में पेड़ों से भरी दो पहाड़ियों के बीच बहती नदी में तैरना तो बड़ा आनन्द देता होगा! उनके आनन्द की कल्पना मुझ तक भी पहुँची। मैंने उन्हें कुछ कहना चाहा लेकिन वे अपनी कल्पना ही सुनाते रहे। मैंने भी उसमें दखल देने की कोशिश नहीं की।

फरवरी-मार्च के दिनों में काम कम हो जाते हैं सो हमलोग स्टाफ रूम में ज्यादा पाए जाने लगते हैं— हँसी मज़ाक करते हुए, अख़बार पढ़ते हुए या फिर चश्मा चढ़ाकर कुछ चुने हुए छात्रों की कापियों में सर खपाते हुए! ऐसे ही किसी समय में हमारी एक सहकर्मी अख़बार लेकर आ गयी। वे उसमें से पढ़कर बताने लगी कि मैं जहाँ तैरने जाता हूँ उसके बारे में ख़बर छपी है कि वहाँ से दो किलोमीटर आगे और एक किलोमीटर पीछे तक का पानी बुरी तरह प्रदूषित है। ख़बर सुनाने और उसके बाद की उनकी टिप्पणी का सारांश यह था कि मुझे वहाँ नहीं जाना

चाहिए। यह बात मैं जानता था कि वहाँ के पानी की सतह पर कोई तेल-सा फैला रहता है जो शरीर से चिपक जाता है, ज़्यादा देर पानी में रहने से खुजली भी होने लगती है। यह बात मैं दिल्ली में बैठे उन महोदय को भी कहना चाह रहा था लेकिन उन्होंने मौक़ा ही नहीं दिया। हमारी सहकर्मी कहने लगी कि आगे से मत जाना कम से कम कुछ दिन जबतक वह चिपचिपा पदार्थ ख़त्म नहीं हो जाता, क्या पता कोई चर्मरोग हो जाये! मैं जानता था कि उनका ऐसा कहने का उद्देश्य मुझे उस ख़राब पानी से बचाने के बजाय अपने पति को रोकना था जो मेरे साथ तैरने जाते थे। इस सारे क़िस्से का परिणाम हुआ कि मेरे साथी ने उस शाम जाने से मना कर दिया और मुझे भी कुछ दिन रुक जाने के लिए तैयार कर लिया।

उस अख़बार में भी था और स्थानीय लोगों ने भी बताया कि पास ही में रबड़ की एक फैक्ट्री है जिसकी गंदगी से यह चिपचिपा पदार्थ नदी में फैला। न तो अख़बार ने और न ही स्थानीय लोगों ने बताया कि उस फैक्ट्री को ऐसा करने से मना क्यों नहीं किया जा सकता। मैंने तो जाना बन्द कर दिया लेकिन लोग उस ख़बर के बावजूद नदी में नहाते, कपड़े धोते देखे जाते रहे। मेरा मन भी नदी की सतह पर आगे बढ़ते हुए सूरज को डूबते हुए देखने के मचल जाता था सो अपने साथी के बिना ही मैं फिर से जाने लगा।

उस अन्तराल के बाद जब मैं पुनः नदी में उतरा तो पानी की सतह पर चिकनाई की मात्रा और बढ़ गयी थी। किनारे के पास तैरते हुए पानी से कपड़े धोने के साबुन की तेज़ गन्ध आती थी। इन सब के बावजूद मन्थर गति से बहती नदी के बीच में पानी पर उल्टे लेटकर सूरज को ताकना या फिर पहाड़ी पर लगी आग की रंगत परखना इतना ख़ुश कर देता था कि घर लौटकर एक क्या पाँच बार नहाने में कोई आपत्ति नहीं हो सकती।

उसी नदी में एक लड़का डूब कर मर गया। दो दिनों तक स्थानीय लोग, दमकल कर्मी, पुलिस के लोग मिलकर ढूँढ़ते रहे उसकी लाश नहीं मिली। तीसरे दिन जाकर लाश मिली भी तो अधखाई अवस्था में। मछलियों ने उसे खाना शुरू कर दिया था। उसके बाद से नदी का तट उदास था। उस मृत्यु ने नदी को एक झटके में अनुपयोगी, भयावह और मौत का सामान बना दिया। नदी का पहले की तरह ही लेटे रहना और उसी तरह का पानी का बहना सामान्य ही लगता है। उसके आस-पास के दृश्य में भी रत्तीभर का बदलाव नहीं आया। सूरज उसी तरह अपनी अन्तिम किरणें नदी की देह पर बिखेरते हुए चला जाता था पहाड़ी पर फैली हरियाली की वही छाप नदी पर लगातार पड़ी रहती। एक मौत ने नदी को यूँ बना दिया जैसे उससे होकर पानी नहीं तेज़ाब बहता हो।

थोड़े दिनों बाद उसी मौत के सिलसिले में पुलिस के कुछ लोग बाज़ार में

घूमते पाये गए। वे ड्रग्स के व्यापार से जुड़े सूत्र की तलाश कर रहे थे। असल में उस लड़के की मौत के पीछे की कहानी में यह भी कहा जाने लगा था कि नदी में उतरने से पहले उसने ड्रग्स ले रखी थी। उन्हीं दिनों स्थानीय समाचारों में यह स्थान ड्रग्स के व्यापार के केन्द्र के रूप में आने लगा। मतलब अँधेरे कमरे में कोई कह दे कि वहाँ साँप है तो जैसे पूरा कमरा साँपों से भरा महसूस होने लगता है ठीक उसी तरह पूरा कस्बा ड्रग्स का केन्द्र! यहाँ बहने वाली नदी पूरी की पूरी मौत की नदी।

तपते पहाड़

केरल के पहाडी इलाक़ों को बारिश की आदत हो जाती है! बारिश बन्द होते ही पहाड़ मायूस हो जाते हैं। ज्यों-ज्यों उनकी मायूसी बढ़ती है त्यों-त्यों उनका हरापन कम होता जाता है। कम होते हरेपन की वजह से पहाड़ों की वह रौनक नहीं रह जाती जो बारिश में रहती है। बारिश के जाते-जाते तक पहाड़ बड़े ख़ुश रहते हैं उनकी सतह पर जमी हल्की से हल्की घास से पानी रस बनकर रिसता रहता है और किसी पत्ते पर टपकते हुए जंगल में गा रही चिड़ियों की आवाज़ में सुर मिलाता है।

आधे दिसम्बर के बाद से मौसम गरम होने लगता है। पेड़ पौधे पानी की कमी के कारण अपनी पत्तियाँ गिराने लगे हैं। पतझर के इस मौसम में आम बौरा रहे होते हैं और शुरू हो चुका होता है कोयल का गीत! कोयल ही क्यों कई पक्षी गाने लगे हैं। उनकी आपसी होड़, पेड़ों पर आनेवाले नए पत्तों की चमक और आम कटहल और अन्य पेड़-पौधों के फूलों से उठने वाली महक सब मिलकर जो संसार यहाँ रचते हैं उसमें अपनी सुध तक भूल जाना कोई बड़ा बात नहीं है।

पर इस संसार की एक बड़ी कमी यह है कि तेज़ धूप में पहाड़ तपने लगे हैं। उनके ताप का असर हर ओर महसूस होता है। उमस नहीं होती पर चिलचिलाती, चमकदार धूप की गरमी से दोपहर बाद मन तक जलने लगता है। उस समय लगता है कि कहीं कोई सोता हो जहाँ गरदन तक पानी में अपने को डुबो लिया जाये और इस गरम एहसास को उसी गहराई में कहीं छोड़ दिया जाये। ऐसे ही किसी क्षण में हम निकल जाते हैं जंगल की तरफ़।

जंगल आश्चर्यजनक रूप से ठंडे होते हैं। बड़े-बड़े और घने पेड़ धूप को मुश्किल से ही अपने नीचे आने देते हैं इसलिए नीचे का वातावरण सुखद ही बना रहता है। यहाँ के जंगल मुझे हर बार चकित करते हैं। कभी किसी सोते के पास हाथी का ताजा गोबर मिल जाता है तो कभी बड़ी वाली रंगीन गिलहरी दिख जाती है तो

कभी धनेश का झुंड। मतलब जितना भीतर जाते जाइए उतने रंग निखरते जाएँगे।

आजकल जंगल के उस आसानी से न जा सकने वाले हिस्से की विशेषता है एक बड़े दायरे में फैला झरना। वह झरना इतना बड़ा और प्यारा है कि इतनी बार गए फिर भी वहाँ जाने से मन नहीं भरता। झरना काफ़ी बड़ा है और कई खंडों में विभाजित भी। यह विभाजन इतना मज़ेदार है कि वहाँ कई झरने एक साथ गिरते प्रतीत होते हैं। ऊँचाई बहुत ज़्यादा नहीं है फिर भी बहाव बहुत तेज़। एक तो जंगल उसमें भी मुख्य सड़क से पतली सी सड़क उतरकर आगे घने जंगल में सबकी नज़रों से बचकर फैला हुआ है वह झरना। उसके बारे में बहुत कम लोग जानते हैं सो भीड़भाड़ तो जाने दीजिये मुश्किल से एक दो लोग मिलते हैं वह भी कभी-कभार।

हाल ही की बात है। बादल छाए हुए थे इसलिए उतनी तेज़ गरमी नहीं थी इसके बावजूद दोपहर के बाद मन मचलने लगा। वहाँ पहुँचकर नहाने का मन कर गया— झरने में घुसकर। ऊपर से तेज़ी से आता हुआ पानी एक एक गोल दायरे में गिरता है। वह दायरा बहुत गहरा नहीं है। पर इतना गहरा है कि छाती तक पानी ज़रूर चढ़ जाता है। अनगढ़ पत्थरों से बना वह दायरा एक छोटा सा प्राकृतिक तालाब है जिसमें आराम से पीठ टिकाकर बैठते हुए हर सेकेंड बदलते पानी को महसूस किया जा सकता है। पानी में पैर रखते ही महसूस हो जाता है कि मौसम के मिज़ाज के हिसाब से ही पानी भी ठंडा है या गरम।

ऊपर से गिरता पानी उस गोल दायरे को एक ही क्षण में भर देता है और अगले ही क्षण वही पानी कहीं दूर चला जाता है। पानी की गति का अन्दाज़ा इसी बात से लगाया जा सकता है कि वह एक साथ दो तीन लोगों को थोड़ी दूर तक बहा देता है। वह तो घेरे के सामने वाले पत्थर का भला कहिए जिनके भरोसे पानी पर अपने को छोड़ा जा सकता है। बचपन में हम खेत में पानी देने वाले बोरिंग में नहाते थे। उस जैसे कम से कम दस बोरिंग के बराबर का पानी एक आदमी को बहा देने के लिए काफ़ी ही है लेकिन प्रकृति ने झरने बनाए ही इस कदर होते हैं कि बहने का ख़तरा बहुत ज़्यादा नहीं होता है। नहाने का वह स्थान बहुत ही गोपनीय-सा है। पहाड़ियों से घिरा हुआ। घेरे के ठीक ऊपर एक पेड़ है और दायीं तरफ़ बाँस का एक बीट। यह सब मिलकर ऐसा वातावरण बनाता है जैसे झरना उसी पेड़ की जड़ों से निकल रहा हो। मतलब वह स्थान केवल सामने की तरफ़ से खुला है। वह खुलना भी कोई खुलना नहीं है क्योंकि दूर तक बड़े-बड़े पत्थर हैं। उन पत्थरों के पार फैला है जंगल का विस्तार।

उस तेज़ धार के बहाव में अपने को स्थिर रखने के लिए जो जद्दोजहद करनी पड़ती है उससे बड़ा व्यायाम कोई हो ही नहीं सकता। यही कारण है कि वहाँ से लौटने के बाद नींद आने लगती है।

रामक्कलमेड

पहाड़ी के सबसे ऊँचे हिस्से पर चढ़कर मैं नीचे देख रहा था। नीचे दूर-दूर तक फैले खेत थे। खेतों के टुकड़े यूँ कटे हुए थे मानो बच्चों ने खेल-खेल में ढेर सारे ब्रेड के टुकड़े करीने से बिछा दिए हों फिर उस पर हरी-हरी चटनी डाल रखी हो। खेतों में खड़े नारियल और केले के पेड़ ऊपर से ब्रेड पर बिछाई चटनी की परत जैसे लग रहे थे। वहीं खड़े-खड़े यह भी महसूस हुआ कि मैं अपनी छत पर खड़ा पड़ोसी के आँगन में झाँक रहा हूँ। पड़ोसी के आँगन में झाँकना बहुत रोचक होता है। दीवार के इस हिस्से में पीले हिस्से को हटाना है 'उस ओर' क्या हो रहा है, उधर के कितने रहस्य हैं सबको जान लेने की हमारी उत्कंठा हमें दूसरी ओर देखने के लिए विवश कर देती हैं। केरल में खड़ी नीलगिरी की पहाड़ियों में से एक की न सिर्फ़ ऊँचाई की अन्तिम सीमा पर मैं खड़ा था बल्कि पहाड़ के सूत भर आगे से फैले तमिलनाडु के खेतों को देख रहा था। दो राज्यों को अलग करनेवाले पहाड़ की चोटी का रोमांच अलग था और डर अलग। दो अलग-अलग राज्यों को एक पहाड़ से अलग होते देखना और वह भी पहाड़ी की की चोटी से देखना रोंगटे खड़े करनेवाला था और डर यह कि वहाँ से गिरे तो कई टुकड़े हो जाएँ सिर के!

मैं वहाँ से गिरता तो यक़ीनन तमिलनाडु में ही लेकिन जीवित नहीं बचता। पश्चिमी घाट की चोटियों की बनावट ही कुछ ऐसी है कि आसपास में सबसे ऊँची चोटी सबसे अलग-थलग ही खड़ी होती है। उस पर चढ़ते हुए ज़रा आभास नहीं हुआ कि दूसरी तरफ़ से भी पहाड़ थोड़ा-थोड़ा ढलते हुए भी नहीं उतरता है बल्कि दीवार की तरह खड़ा ही रहता है। दूसरे कोण से देखने पर वह हिस्सा ऐसा लगता है जैसे उससे लगा कोई और पहाड़ हो जो कहीं चला गया हो। थोड़े दिनों में वह पहाड़ वापस आकर अपने नियत स्थान पर लग जाएगा।

उस ऊँचाई पर हवा बहुत तेज़ थी और धूप उससे भी तेज़। जितनी मशक़्क़त से मैं ऊपर चढ़ा उससे ज़्यादा मशक़्क़त मुझे वहाँ बने रहने में करनी पड़ रही थी। इसके बावजूद वहाँ सबसे ऊँचे बिन्दु पर होने का एहसास अलग ही आनन्द दे रहा था। चोटी अपेक्षाकृत चौरस थी और उसका विस्तार इतना था कि तीस चालीस लोग एक साथ सो सकते हैं। पर वहाँ सोने की हिम्मत कौन करे! मैं वहाँ जितनी देर रहा उतनी देर पहुँचने में लगी मेहनत और वापसी की आनेवाली मुश्किलों से बिलकुल निश्चिंत ही रहा! एक तरफ़ खुले खेत और दूसरी तरफ़ एक साथ लगी कई सारी पहाड़ी चोटियाँ। वह स्थान रामक्कलमेड़ था।

रामक्कलमेड़ के बारे में कहा जाता है कि त्रेता युग में वहाँ रामचन्द्र अपने भाई लक्ष्मण के साथ सीता को खोजते खोजते गए। किंवदंती यह भी है कि जिस सबसे

ऊँची चोटी पर मैं चढ़ा था उसी पर चढ़ कर राम ने सीता को आवाज़ लगाई थी— सीता कहाँ हो तुम... सीता! उस बात की याद में ही शायद जो भी वहाँ जाता है पहाड़ी से उस ओर आवाज़ ज़रूर लगाता है। यक़ीनन वे सीता को आवाज़ नहीं लगाते हैं या फिर सीता वहाँ प्रतीक हो जाती है और लोग अपनी-अपनी सीता को आवाज़ लगाते हैं फिर भी यदि एक साथ बहुत से लोग उस चोटी पर चढ़ जाएँ तो इस ओर से बहुत सारा शोर उस ओर जाता है। सीता ने तब भी कोई जवाब नहीं दिया था और आज भी उस ओर से किसी सीता की कोई आवाज़ नहीं आती। हमारे क़िस्से हमें जोड़ कर रखते हैं। रामायण देश को जोड़ने वाला एक महाख्यान है! राम के उस महान क़िस्से से देश का हर कोना अपनी उपस्थिति जोड़ देता है। हो सकता है मूल रामायण कुछ और हो लेकिन स्थानीय इतिहास अपने को समग्र इतिहास से यूँ ही जोड़ लेता है। राम अपनी पत्नी के वियोग में थे और वे निश्चित तौर पर सीता की तलाश में भटक रहे होंगे लेकिन केरल के इडकी ज़िले के उस भीतरी हिस्से में ऐसा सम्भव हुआ हो यह आश्चर्यजनक ही लगता है।

सुबह-सुबह निकलते वक़्त अँधेरे में उजाला तेज़ी से घुल रहा था। इसके बावजूद ऊपर जो पक्षी उड़ रहे थे वे एक काली छाया की ही लग रहे थे और जो पेड़ों पर छिपकर आवाज़ें निकाल रहे थे उनको तो भूल जाना ही बेहतर। इतनी सुबह इसलिए निकला था कि वह बस पकड़ में आ जाये जो सीधी रामक्कलमेड़ तक जाती है। बस आयी मैं चढ़ भी गया लेकिन टिकट लेते वक़्त पता चला कि यहाँ से कोई सीधी बस सेवा अब नहीं है। आधे रास्ते तक की बस थी उसके बाद मुझे अगली बस मिलती जो मंज़िल से क़रीब पन्द्रह किलोमीटर पहले छोड़ती।

अनजान जगह पर सबकुछ तय कर के चले हों और रास्ते में आपको पता चले कि वहाँ जाने के साधन के बारे में आपके पास कोई ख़बर नहीं है तो सोचिए क्या हालत होगी। हालाँकि उस रास्ते पर एक ही बस के होने से यह अन्देशा तो था कि वह न आए तो क्या। लेकिन इस आशंका को हावी नहीं होने दिया। ऊपर से सुबह का पहाड़ी रास्ता।

मुझे इन रास्तों पर सुबह-सुबह की यात्रा बहुत अच्छी लगती है। रास्ते पर आवश्यक रूप से धुन्ध होती है। कहीं यदि आपका वाहन रुक गया तो आप बाँस के पेड़ों से गिरती बूँदों की आवाज़ भी सुन सकते हैं। ज़रा और आगे बढ़ गए तो कभी सामने तो कभी दायें और कभी बाएँ से सूरज दिखाई देगा क्रमशः लाल से पीला होते हुए। लाल पीला होना एक मुहावरा भी है न!

दिन कितना भी गरम हो लेकिन सुबह हल्की ठंड ज़रूर लगती है। उस समय आप बस में या आसपास नज़र दौड़ाएँ और कोई दिख जाये तो आप पाएँगे कि उसने कैसे बस की खिड़की बन्द कर रखी है कैसे कान को ढँकने के लिए कनझप्पा लगा

रखा है। आपको उस व्यक्ति को देखकर तो बहुत हँसी आएगी जिसने स्वेटर, मंकी कैप आदि डाल कर केरल को बाक़ायदा कश्मीर बनाने की कोशिश की हो। सुबह की ख़ुशनुमा हवा को यूँ ही ज़ाया कर देना मुझे नहीं सुहाता।

ऐसी यात्राओं में मैं बहुत कम बस के भीतर देखता हूँ। मेरी आँखें बस लगातार पीछे जाते दृश्यों को समेटने में लगी रहती हैं। बस जब इलायची के खेतों के बीच से गुज़री तो ज़रा सी महक नहीं आयी। उसी रास्ते पर मैंने भारतीय इलायची अनुसन्धान संस्थान भी देखा। किस-किस तरह के अनुसन्धान संस्थान होते हैं! यहाँ इलायची है तो कहीं बैंगन अनुसन्धान संस्थान भी होगा कानपुर और नागपुर की तरह! चलिए अब यह संस्थान है तो इसे इस बात का अनुसन्धान ज़रूर करना चाहिए कि कई किलोमीटर तक दोनों ओर फैले इलायची के खेतों के बीच से गुज़र जाने पर भी ज़रा-सी महक क्यों नहीं आयी। आइए हमारे धान के खेतों के बीच से गुज़रकर, महसूस होगा कि कहीं से आए हैं। मन महमह कर उठेगा!

बहरहाल पहली बस ने जहाँ उतारा था वहीं थोड़ी बहुत पूछताछ करके आगे के रास्ते का खाका बन गया। थोड़े से इन्तज़ार के बाद एक बस भी मिल गयी। उस थोड़ी देर के इन्तज़ार में मैंने एक कंघी ख़रीदी, थोड़े से सन्तरे ख़रीदे और सबसे बड़ी बात कल का पका हुआ दालवड़ा खाया जिसे दुकानदार ने आज बस तेल में डालकर गरम किया था। यह मुझे पता नहीं चलता लेकिन मैंने देख लिया। दुकानदार मेरी उपस्थिति से बेपरवाह पुरानी चीज़ें बारी-बारी से कड़ाही में डाल कर निकाल रहा था। यह कोई नयी बात नहीं थी। सहरसा, पटना दिल्ली से लेकर चंडीगढ़ तक में मैंने दूकानदारों को ऐसा करते देखा है! भारत के हर हिस्से में ऐसा होता है।

कहने के लिए तो रामक्कलमेड़ में तीन ही चीज़ें हैं। लेकिन उन तीन स्थानों के अलावा पूरा का पूरा लैंडस्केप आपका मन मोह लेने के लिए तैयार बैठा है। जिन्हें ट्रेकिंग का शौक़ न हो वे वहाँ न जाएँ क्योंकि वहाँ जो भी आनन्द है चोटियों पर ही है। तीन में एक से तो परिचय करवा ही चुका हूँ, अरे वही ऊँची चोटी जहाँ से राम ने अपनी पत्नी को उसकी गुमशुदगी के दौरान आवाज़ लगाई थी। वहाँ का दूसरा आकर्षण है 'कुरुती-कुरुवन' की प्रतिमा।

कुरुती-कुरुवन स्थानीय युगल थे जिन्होंने इडकी बाँध की नींव रखी थी। दूसरी ओर की पहाड़ी की चोटी पर यह प्रतिमा बनी है और यहाँ तक जाने के लिए 10 रुपये भी चुकाने पड़ते हैं लेकिन अपनी विरासत को ज़िन्दा रखने की यह अदा है बहुत प्यारी! वहाँ से राम द्वारा आवाज़ लगाने के लिए इस्तेमाल की गयी पहाड़ी ठीक सामने लेकिन काफ़ी दूर थी। दोपहर की उस धूप में जब मैंने वहाँ जाने का निश्चय किया तो पहले ही एक पहाड़ी पर चढ़ने से थक गयी टाँगों का ख़्याल आया। वहीं एक पेड़ के नीचे बैठकर मैंने दो-तीन सन्तरे निपटा दिए और उसके

छिलके डाल दिए पेड़ की जड़ में ताकि जब वे छिलके खाद बनकर पेड़ की तह में पहुँचेंगे तो पेड़ को मैं याद आऊँगा। राम आया हो या न आया हो पर मेरे आने का एहसास पेड़ को ज़रूर रहेगा!

ढलान पर उतरना हमेशा से ख़तरनाक लगता रहा है। चढ़ते वक़्त तो केवल फिसलने का डर रहता है लेकिन उतरते हुए पहाड़ भी धकेल रहा होता है। मेरे आगे आगे एक प्रेमी युगल चल रहा था। वे तो थोड़ी दूर जाकर दौड़ने ही लगे। बाद में मैंने देखा वं एक पेड़ के नीचे रुककर लड़की की टूटी चप्पल को बाँधने की कोशिश कर रहे थे। पहाड़ी से उतरते हुए यदि आपने जूते पहन रखे हैं तो आपका अपना भार, पहाड़ द्वारा धकेले जाने से पैदा गति आदि सब लगता है पैर की अंगुलियों के नाख़ूनों पर ही टिक जाते हैं। उँगलियों का ऊपरी पोर कुछ दिनों तक दर्द में रहता है।

कुछ चीज़ें बहुत रोमांचित करती हैं जैसे किसी गाँव के सामने से गुज़रती रेलगाड़ी और किताबों में छपी पवनचक्कियों की तस्वीरें। जहाँ-जहाँ भी रहा वे इतने सघन इलाक़े थे कि रेलगाड़ी उन स्थानों के सामने या पीछे से गुज़रे भी तो पता न चले। धीरे-धीरे रेलगाड़ी वाले रोमांच ने दम तोड़ दिया लेकिन पवनचक्कियों वाला रोमांच अभी भी ज़िन्दा है। पिछले साल रामेश्वरम जाते हुए तमिलनाडु के तेनी नामक स्थान से गुज़रना हुआ। तेनी में सड़क के दोनों ही ओर दूर-दूर तक सैकड़ों पवन चक्कियाँ थी। मैं बस में था और बस बहुत तेज़ी से मदुरै की ओर बढ़ रही थी सो ज़रा देर के लिए भी नहीं रुक पाया। आज ऊपर की दोनों ही पहाड़ियों से पवन चक्कियाँ नज़र आ रही थी। इतना ही नहीं नीचे तमिलनाडु का जो हिस्सा नज़र आ रहा था उसमें भी वे सैकड़ों की तादाद में खड़े थे कुछ घूम रहे थे कुछ खड़े होकर दूसरे को घूमते हुए देख रहे थे।

मुझे हमेशा से लगता था कि पवनचक्कियाँ बहुत छोटी होती हैं और बहुत तेज़ी से घूमती हैं। उनके बारे में मैं इतना सोचता था कि एक रात सपने में मैंने कई सारी चक्कियाँ एक साथ घूमते देख बैठा। उन पहाड़ियों की ट्रेकिंग से फारिग होकर एक और ट्रेकिंग की। लगभग पाँच किलोमीटर चलकर ऐसी जगह पहुँचा जहाँ हवा की खेती होती है— विंड फार्म! वहाँ पहुँचने पर एहसास हुआ कि एक-एक पवन चक्की कितनी बड़ी होती है। विशाल और आकाश को छूती हुई। वह स्थान सच में रोमांचक लगा। उस सबसे ऊँची चोटी के बाद दूसरा ऐसा स्थान लगा जहाँ घंटों बिना काम के बैठ कर चुप रहा जा सकता है या बतियाया जा सकता है।

इसके बाद वापसी का रास्ता शुरू हुआ। वापसी जल्दी ही इसलिए करनी पड़ी क्योंकि वहाँ से बाहर निकलने की अन्तिम बस 4 बजे ही थी। यदि वह बस छूट जाती तो वहीं पहाड़ी पर कहीं ठंडी हवा खाता रहता।

वापसी की यात्रा में कोई रोमांच कभी महसूस नहीं होता। उन्हीं दृश्यों से फिर से गुज़रते हुए मन ही थक जाता है। रास्ते में कहीं तीन दोसे खाकर बस में बैठे हों तो नींद की गिरफ्त स्वाभाविक ही है। हल्का-हल्का ही याद है कि कुछ-कुछ वही स्थान गुज़रे थे जो उस सुबह देखे थे।

रेलगाड़ी

कम से कम तीन बार योजना बनी कि हिमसागर एक्स्प्रेस पकड़ कर कन्याकुमारी से कश्मीर तक की यात्रा की जाये। वह यात्रा अलग-अलग तरह से ज़रूरी लगी मुझे। ऐसी यात्रा बहुत बड़े धैर्य की माँग करती है दूसरे इस यात्रा में लम्बा समय लगता है इसलिए बहुत सम्भव है कि एक कम्पार्टमेंट के बजाय पूरे डिब्बे के लोगों से ही दोस्ती हो जाये। उन मित्रताओं का क्या होगा नहीं पता लेकिन इतने लोगों से दोस्ती का अपना ही मज़ा होगा। इतनी लम्बी यात्रा में हर पल कुछ न कुछ बदलता ही रहेगा उन बदलती चीज़ों को देखने का रोमांच होगा। हर सम्भव कोशिश होगी कि स्टेशनों पर उतरा जाये। लोगों से सम्पर्क हो वग़ैरह। लेकिन हिम सागर एक्स्प्रेस का टिकट कभी कटा नहीं पाया। तीनों ही बार कुछ न कुछ ऐसा हो गया कि योजनाएँ मन में ही दफ्न होती रही। लेकिन दिसम्बर की उस शाम में मौक़ा हाथ लग ही गया। इस मौके में हिम सागर एक्स्प्रेस, राप्ती सागर में बदल गयी और कन्याकुमारी से जम्मू तवी की यात्रा बदल गयी एर्णाकुलम-लखनऊ की यात्रा में। बदली हुई परिस्थिति तो थी लेकिन यात्रा तो यह भी कम लम्बी नहीं होनी थी। हाँ, चार के बजाय ढाई दिनों की यात्रा होती। डेढ़ दिनों के कम हो जाने से बहुत सी चीज़ें बदल जाती साथ में रास्ता भी। लेकिन रास्ते से ज़्यादा लोगों से मेलजोल जहाँ महत्त्वपूर्ण हो वहाँ यात्रा का हिम सागर से उतर कर राप्ती सागर में चढ़ जाना भी अच्छी बात थी।

एर्णाकुलम साउथ रेलवे स्टेशन पर ट्रेन आकर रुकी। वह त्रिवेन्द्रम से आ रही थी इसलिए दरवाज़ों पर लगी आरक्षण सूचियाँ फट चुकी थी, बस पुरातात्विक साक्ष्यों की तरह उसके वे हिस्से जहाँ गोंद ज़्यादा थी, डिब्बों की दीवार से चिपके हुए थे। ज़ब आपको ट्रेन में चढ़ना होता है तो आप इतना ही देख पाते हैं बस! उसके बाद जो दिखता है उसमें,आपसे आगे वालों की पीठ होती है, कम भीड़ हो तो हल्की

धक्कामुक्की अन्यथा लोग एक-दूसरे पर चढ़ने की होड़ कर रहे होते हैं, किसी के भारी सामान से आपके पैर पर चोट लग सकती है जो कई दिनों तक दुख सकता है। बाहर से ट्रेन में आते ही वातावरण का सीधा फ़र्क़ आ गया था। अपनी-अपनी सीट खोजने की शुरुआती अफ़रातफ़री और ठीक उसी समय विदा लेते लोग! विदा लेते लोगों के हाथ उस समय खिड़कियाँ भेद कर ट्रेन के भीतर आ रहे थे उनका हिलना जिनके लिए था वे अपनी सीट खोज रहे थे, सामान सीट के नीचे जमा रहे थे। वे उन हाथों का हिलना महसूस भी नहीं कर पाये।

यह ट्रेन प्रायद्वीपीय भारत से भारत के उस हिस्से में जाती है जो मुख्य भारत माना जाता है। प्रायद्वीपीय भारत इसी टीस के साथ जीता है कि हमारे साथ हर बात पर भेदभाव होता है। सरकारें भूल जाती हैं कि हम भी भारत का हिस्सा हैं। यहाँ तक कि ट्रेन भी बदतर हालत वाली भेजी जाती है जिसकी कीलें निकल रही हों, सीटें जर्जर हालत में पहुँच चुकी हों। मैं जिस डिब्बे में चढ़ा वह उस असली भेदभाव का उदाहरण बनकर आई थी। मेरी बर्थ पर कुछ बच्चे बैठे हुए थे। इसे बच्चों का अतिक्रमण कह सकते हैं लेकिन यह बच्चों के खेल के ही तरह था। बैग रखते ही वे वहाँ से मैना के झुंड की तरह फुर्र हो गए जैसे वहाँ कोई था ही नहीं! खस्ताहाल बोगी की गयी-गुज़री सीट पर अपना बैग रखकर पलटा तो लगा मैं तो बच्चों के समुद्र में आ गया हूँ। वे किसी स्कूल के बच्चे लग रहे थे क्योंकि सबने एक सा ड्रेस पहन रखा था। उनका पसारा दो-तीन कम्पार्टमेंट तक रहा होगा। चौदह, पन्द्रह साल के लड़के-लड़कियाँ कुछ उदास से, कुछ खोये से और बहुत कम ख़ुश से! उनके साथ कोई न कोई तो होगा ही। मेरे आसपास बच्चे ही थे। ट्रेन अब भी वहीं रुकी थी। जो लोग अपने परिचितों को छोड़ने आए थे वे प्लेटफॉर्म पर जमी बेंचों पर ट्रेन की ओर मुँह करके बैठ गए। उनकी बैठने कि मुद्रा बता रही थी कि जैसे ही ट्रेन चलने-चलने को होगी वे झट से उठ जाएँगे और हाथ हिलाएँगे।

ट्रेन ने सीटी दी! छोड़ने आए लोग विदा देने की मुद्रा में आ गए और डिब्बे में चढ़े उनके परिचित विदा लेनेवाले। ट्रेन इस बात को जानती है शायद इसीलिए शुरू में धीरे-धीरे ही खिसकती है। ट्रेन नहीं देख पाती कि किन आँखों में आँसू है और कौन जबर्दस्ती विदा करने आया है! उन चेहरों पर प्रसन्नता थी जो धुर दक्षिण में काम करने आए थे और अब घर लौट रहे हैं। एर्णाकुलम जिले में प्रवासी मज़दूरों और विभिन्न तरह के कारीगरों की बड़ी आबादी है। उनके लिए वापस लौटती यह ट्रेन अपने निवास स्थान के विस्तार की ही तरह है।

ट्रेन ने गति पकड़ी। इस बीच मेरे पास उन स्कूली बच्चों के साथ चल रहे अध्यापक आए। उन्होंने मुझसे अपनी सीट बदलने की गुजारिश की। वे ऐसा इसलिए करना चाहते थे कि वे अपने छात्रों के साथ रह सकें। उनकी सीट उनके छात्रों

से दूर हो गयी थी। मैं अपना सामान उठा कर चलने ही वाला था कि उन्होंने मुझे रोक दिया। अब उनका विचार बदल गया था। आग्रह अब भी था लेकिन इस आग्रह का मज़मून बदला हुआ था। वे लोग लखनऊ जा रहे थे वहाँ से कहीं और जाते शायद गौरीगंज। अब वे चाह रहे थे कि मैं अपनी सीट पर ही रहूँ लेकिन उस कम्पार्टमेंट में जितने छात्र हैं उनकी देखरेख करूँ। उन्हीं से पता चला कि लड़कियों के साथ एक अध्यापिका हैं और वे अपनी सीट के आसपास के लड़कों के साथ बैठेंगे ताकि सब पर नज़र बनी रहे। जिस कातर स्वर में वे कह रहे थे उसके बाद मेरे पास यह अतिरिक्त ज़िम्मेदारी लेने के सिवा कोई चारा ही नहीं बचा था। मैं वापस जम गया अपनी जगह। ट्रेन एक लय में बढ़ी जा रही थी।

बातचीत परिचय को विस्तार देती है। बातों-बातों में पता चला कि वे जिस विद्यालय के छात्र हैं वह केन्द्र सरकार के अधीन काम करता है और उसमें नवीं कक्षा में देश के किसी अन्य जिले के उसी तरह के विद्यालय में पढ़ रहे बच्चों से उनकी अदला-बदली होती है। यह प्रक्रिया राष्ट्रीय एकता के उद्देश्य के तहत अपनाई जाती है ताकि छात्र एक दूसरे की संस्कृति, भाषा और रहन-सहन से अवगत हों। राष्ट्रीय एकता के रूमान को जीने का यह प्रभावी जरिया लगा मुझे। काश ऐसा ही हर क्षेत्र में हो जाये। उत्तर के न्यायाधीश दक्षिण में, दक्षिण के डॉक्टर पूर्वोत्तर में, पूर्वोत्तर की नृत्यांगनाएँ पश्चिमी भारत में! यह रूमानी तो है लेकिन इसके प्रभाव बहुत गहरे होंगे। देश को समझने का नज़रिया तो बदल ही जाएगा। ऊपर से एक-दूसरे के प्रति जो नकारात्मक भाव लेकर चलते हैं उसमें ज़रूर परिवर्तन होगा। सबसे अधिक फ़ायदा व्यक्तिगत स्तर पर होगा। लोग बहुत कुछ जान और सीख लेंगे। मुझे केरल के फोर्ट कोच्चि इलाक़े की एक घटना याद आ रही है। मैं वास्को द गामा की कब्र के लिए प्रसिद्ध एक चर्च देखने गया था। मुझे नहीं पता था कि उसकी कब्र वहाँ है या नहीं या फिर उसका क्या इतिहास है। वहाँ एक अधेड़ विदेशी ने मुझसे उस चर्च को लेकर एक पर एक कई सवाल कर दिए। सारे सूचना वाले प्रश्न थे जिन पर दाएँ बाएँ करने की कोई सम्भावना ही नहीं थी। मुझे बगलें झाँकते देख उस आदमी ने जो कहा वह मुझे लम्बे समय तक याद रहने वाला है। उसके हिसाब से मुझे वह सब जानना चाहिए था। उस समय तो मैंने यह कहते हुए पल्ला झाड़ लिया कि हमारा देश आपके देश की तरह दस जिलों में नहीं फैला है कि सब पता हो और वह अधेड़ इस उत्तर से सन्तुष्ट भी दिखा। लेकिन मुझे लगा कि वाकई हम अपने देश के बारे में बहुत कम जानते हैं। दूरी का हवाला देकर बचा तो जा सकता है लेकिन यह देश को समझने का सही तरीक़ा नहीं है। उन छात्रों के प्रवास को देखकर लगा कि शायद वे इतने बड़े देश के एक छोटे टुकड़े को ही सही पर जान ज़रूर लेंगे!

दोपहर के खाने की बात! दोपहर का खाना मैं लेकर चढ़ा था। जब एक-एक

कर सबके खाने की पोटली खुलने लगी तो मुझे समझ में आ गया कि अकारण ही पैंट्री कारवाले केवल पानी-कोल्डड्रिंक-बिस्कुट-केक नहीं बाँट रहे थे। लम्बे समय से यह अनुभव हो गया होगा उन्हें कि लोग दिन का खाना तो लेकर ही चढ़ते हैं। बहरहाल लगभग एक साथ सबने खाना खोल लिया और अचानक से पूरा डिब्बा दक्षिण भारतीय व्यंजनों की गन्ध से भर गया। बच्चों में खाने की लेन-देन चल रही थी। किसी के पास मछली फ्राई थी तो किसी के पास तरी वाली मछली। कोई अपनी ओर से सूखी झींगा मछली का फ्राई बढ़ा रहा था तो कोई चम्मच से 'पायसम' यानि खीर बाँट रहा था। इनमें से कुछ चीज़ें मेरे भी हिस्से मे आयी। मुझे खाने से ज़्यादा उनके खाने की पैकिंग आकर्षित कर रही थी। सब कुछ केले के पत्तों में लपेटकर छोटे छोटे डब्बे या पोटली में बाँधा हुआ था। केले के पत्तों का इतना विशिष्ट प्रयोग! वे खा भी केले के पत्तों पर ही रहे थे। बीच-बीच में पेंट्री वाले पानी आदि पूछने आते पर बच्चे अपने खाने में मगन!

दिसम्बर में दक्षिण भारत तपने लगता है ख़ासकर पश्चिमी घाट के पास वाला क्षेत्र। वर्षा होनी बन्द हो जाती है। छोटे-छोटे पौधे और झाड़ियाँ जिनकी जड़ें बहुत गहरी नहीं होती वे सूखने लगती हैं। ट्रेन केरल छोड़कर तमिलनाडु में प्रवेश कर रही थी। दोपहर बाद का डूबता सूरज केवल आँखों को ही नहीं चुभ रहा था बल्कि गर्मी भी बढ़ा रहा था। लोहे की ट्रेन भी गरम हो रही थी। बाहर के दृश्य ट्रेन की गति के साथ बदल रहे थे और ऐसा लग रहा था जैसे बाहर दृश्यों की कोई नदी हो जो लगातार बही जा रही हो। ट्रेन के भीतर सब स्थिर लेकिन बाहर का ज़र्रा-ज़र्रा गतिमान। एक साथ दो स्थितियों को महसूसते हुए हम बढ़ रहे थे।

ट्रेन जहाँ रुकी थी वहाँ शाम हो रही थी। सूरज डूबने के बाद भी थोड़ी रोशनी थी गर्मी अब उमस में बदल गयी थी। इरोड स्टेशन पर खड़ी भीड़ हमारी ट्रेन की ओर लपकी। हमारे डिब्बे में भी भीड़ का एक हिस्सा आया। उसके आते ही लगने लगा कि डिब्बे में उमस और बढ़ गयी और उसी के अनुपात में साँस लेने में भी दिक्कत महसूस होनी शुरू हो गयी। बच्चों को खिसका-खिसका कर लोग बैठ रहे थे। एक-दो बच्चों ने प्रतिवाद किया तो चढ़नेवालों ने उन्हें बुरी तरह झिड़क दिया। उनकी भाषा बेशक तमिल थी लेकिन अन्दाज़ समझना मुश्किल नहीं था। मैं बच्चों की ओर से खड़ा हुआ। हिन्दी तो वे क्या ही समझते अँग्रेज़ी में कहा तो भी मेरी ओर किसी ने ध्यान तक नहीं दिया। ऊपर से दो लड़कियाँ मेरी सीट पर भी आकर जम गयी। चढ़नेवालों के हाथों में जो सामान था उससे यह अन्दाज़ा तो हो ही गया था कि यह सब बहुत देर तक नहीं चलने वाला। एक दो हल्के-फुल्के झोले और बैग के साथ चढ़े लोग रोज़ाना सफ़र करने वाले ही लग रहे थे। इसके बावजूद मन का वह हिस्सा जो यह मानता आया है कि आरक्षित करने पर वह सीट ख़ास हमारी

हो जाती है उस पर कोई और क़ब्ज़ा जमा ले तो उसे बहुत बुरा लगेगा ही। सबसे ज़्यादा दुख बच्चों को सिमट कर बैठे देखने पर हो रहा था। तसल्ली इस बात की थी कि मेरी सीट पर लड़कियों ने क़ब्ज़ा किया था। ट्रेन चली तो हवा ने भीतर प्रवेश किया। धीरे-धीरे सब इस तरह व्यवस्थित हो गया कि पता ही नहीं चल रहा था किसकी सीट है और किसने क़ब्ज़ा कर लिया। एक ही तरह के कपड़े पहने तीस बच्चे कौतूहल को ही बात थे। वही आपसी संवाद का ज़रिया भी बन रहे थे। कोई बच्चों से बात कर रहा था। कोई सुन रहा था। मेरे पास बैठी लड़की ने ही बात शुरू की थी। उससे पता चला कि राप्ती सागर इरोड से लगभग चार घंटे में चेन्नई पहुँचा देती है इसलिए लोग दिन भर के काम निपटाकर इस गाड़ी का इन्तज़ार करते हैं। चेन्नई जाते-जाते सारी भीड़ उतर जाएगी। और चेन्नई कितने बजे तक पहुँचेगी ट्रेन? ग्यारह बजे रात में! कहकर वह लड़की दूसरी ओर देखने लगी। उसे भी समझ आ गया कि मैं इस उत्तर की उम्मीद नहीं कर रहा था। मतलब अब रात के ग्यारह बजे तक इस भीड़ को झेलिए! लोग ट्रेन में होनेवाली जिस दबंगई पर बिहार को बदनाम करते हैं वे शायद यह नहीं जानते कि ऐसा हर जगह होता है। अपने-अपने इलाक़े में सब ऐसा करते हैं। ताज्जुब की बात ये कि ऐसा करने के बाद भी लोग बिहार को ही बदनाम करते हैं। उन लड़कियों को जब मैंने यह कहा तो उनमें से एक ने इस बात को ख़ारिज करते हुए कहा कि बिहार में लोग चाकू की नोक पर सीट ले लेते हैं। मैंने कहा जो तुमलोग कर रहे हो वह क्या है? इस पर उनका कहना था कि कुछ भी हो यह बिहार जैसा नहीं है! इस अजीब व्यवहार पर क्या कहा जाये। अपने दही के खट्टा होने पर भी खट्टा नहीं कहना है!

ट्रेन चेन्नई की ओर बढ़ी जा रही थी और पीछे छूटते जा रहे थे कई स्थान जहाँ उस ट्रेन को नहीं रुकना था। बीच-बीच में जब रोशनी होती तभी समझ पाते कि कोई शहर, कस्बा या गाँव गुज़र रहा है वरना वही अँधेरा। उस अँधेरे के पार क्या-क्या हो सकता है कौन जाने! कितनी भी भीड़ हो और कितनी भी देर जागना पड़े बैठे-बैठे भूख तो लगती ही है। बच्चों की आँखें नींद से थक रही थी। इस बीच उनके अध्यापक पैंट्री कार के एक लड़के को लेकर आ गए। उनकी दिक्कत यह थी कि दोनों एक दूसरे को अपनी बात समझा नहीं पा रहे थे। भाषाएँ आड़े आ रही थी। अध्यापक चाहते थे कि उन्हें प्रति बच्चे एक सौ पचास रुपये के हिसाब से खाने का बिल मिल जाए। वह लड़का कह रहा था कि एक बच्चे के एक सौ पचास रुपये की दर से तीन बार का खाना नहीं हो सकता। बड़ी विकट स्थिति थी! बहुत समझाने पर वह मुझे अपने मैनेजर के पास ले जाने को तैयार हो गया। मैनेजर पाँच डिब्बे दूर! पूरी बात सुनने से पहले ही वह बोल पड़ा कि इतने कम पैसे में तीन बार का खाना नहीं हो पाएगा। इसके बावजूद मैंने अपनी बात जारी रखी। सबसे पहली बात तो वे

सब बच्चे हैं और सरकारी स्कूल के बच्चे हैं। सरकार पता नहीं क्यों अब तक यह मानती आ रही है कि उनके तीन वक़्त का खाना एक सौ पचास रुपये में हो जाएगा। ऊपर से अब आज का दिन बीत ही रहा है आज तो बस एक चाय और रात का खाना ही देना होगा बस! आख़िरी बात मैनेजर के पल्ले पड़ गयी और लगभग एहसान सा जताते हुए मान गया। थोड़ी देर बाद बच्चों को खाना मिलना शुरू हो गया। जो बच्चे अपने अपने घरों से खाना लेकर चढ़े थे और दोपहर तक अपने घर का ही खाना खाया था वे रेल के खाने पर मुँह बिचका रहे थे। दोपहर में जो आदान प्रदान हो रहा था वही रात में फेंकने में तब्दील हो गया। उन पर खाना बर्बाद न करने की नसीहतों का कोई असर नहीं पड़ रहा था।

सुबह! रात में जो नींद टूट-टूट कर आ रही थी वह हल्का उजाला होते ही ग़ायब हो गयी। चेन्नई गुज़र जाने के बाद बस हम सीटवाले ही बचे थे सो उसके बाद से जो बच्चे सोये वे भी उस उजाले के मारे उठने लगे थे। बाहर आंध्र प्रदेश के खेत पसरे थे जिनमें पौधे अपनी हरियाली पर इतरा रहे थे। सूरज जब उगने को हुआ तब कोई गाँव गुज़र रहा था। पैंट्री कारवाले दो बार चाय पूछ चुके थे। और दोनों ही बार मैंने बच्चों के पूरी तरह जग जाने का हवाला दिया। सुबह एक ख़याल आया कि मैं बच्चों का पूरा अभिभावक बन गया था। उनका ख़याल रखते हुए, नसीहतें देते हुए और कई बार डाँट कर बिठाते हुए।

ट्रेन की एक बात बुरी होती है कि एक ख़ास समय के बाद उसमें करने को बहुत कुछ बच नहीं जाता है। राप्ती सागर अपनी तेज़ रफ़्तार से बढ़ी जा रही थी। बच्चे नाश्ता कर चुके थे। उन सबसे परिचय भी हो चुका। बाहर अब चमक बढ़ रही थी और उसके साथ-साथ धूप की थोड़ी ज़र्दी भी। गाड़ी जिस तरफ़ जा रही थी उस ओर का मौसम अपने कोई निशान नहीं दिखा रहा था। बाहर की चौंधियाती धूप में भी कितना और क्या ताका जाये। एक से दृश्य बढ़े चले आ रहे थे और उसी तरह पीछे छूटते भी जा रहे थे। बात घूम फिरकर भीतर के वातावरण पर ही टिक जा रही थी। भीतर बच्चे अपने अन्दाज़ में ऊब से बचने की फ़िराक़ में लगे थे। कहीं ताश फेंटे जा रहे थे तो कहीं एक-दूसरे से चुहल हो रही थी। अपने घर से अलग होकर दूर अनजान जगह पर जाने का जो ग़म उनके चेहरों पर कल था वह अब नहीं था। वह दुख ग़ायब हो गया हो ऐसा कहना कठिन था लेकिन वे मुस्कराते हुए उसे धकेल ज़रूर आए थे।

आन्ध्र प्रदेश बीतते-बीतते महाराष्ट्र आ गया और रात में ही कभी मध्यप्रदेश भी गुज़रा होगा। मैं तो चाह रहा था कि गाड़ी मध्यप्रदेश से होकर दिन में गुज़रे ताकि पहड़ियों पर उगे उन सागवान पेड़ों की हालत देख सकूँ। उस इलाक़े के सागवान को कभी मोटा होते नहीं देखा मैंने सारे सागवान पतले ही देखे। उस रास्ते से चार बार

अलग-अलग सालों में गुज़रा और एक भी मोटा पेड़ नहीं देख पाया। हो सकता है यह मेरा भ्रम हो या फिर मेरी नज़र पतले पेड़ों पर ही पड़ी हो। पर कहीं न कहीं वह बात ज़ेहन में थी कि इतने सालों के बाद उस रास्ते से फिर से गुज़रने के बाद उन सागवान पेड़ों की क्या स्थिति है। जितनी तेज़ी से राज्य बदला था उतनी ही तेज़ी से दिसम्बर ने अपना रंग दिखाना शुरू कर दिया। गर्मी से गुज़रते हुए सीधे असली जाड़े में आ गए। सारी खिड़कियों के शीशे गिरा दिए गए थे फिर भी हवा थी कि रास्ता बनाकर आ ही जा रही थी। रेलवे के शीशे से बाहर धुँधला ही दिख रहा था। पर अब जो दृश्य थे वह बिलकुल अलग। हल्की धुन्ध में चादर लपेटे स्त्री-पुरुष शौच के लिए रेलवे की पटरियों के आसपास या खेतों में बैठे हुए दिख रहे थे। 'दिस वी केन सी ओन्ली इन नॉर्थ इंडिया'। बच्चों के साथ चल रही अध्यापिका ने पहली बार इस ओर आकर कुछ बात की! उनकी इस पंक्ति पर मैंने कोई प्रतिक्रिया नहीं दी। 'लोगों में जागरूकता नहीं है... तभी तो इस तरह गन्दगी फैला रहे हैं... साउथ इंडिया में ऐसा नहीं मिलता'! इस बार अध्यापक महोदय भी कूद पड़े!

मुझसे न रहा गया! मैंने एक बात कही कि केवल केरल को छोड़ दिया जाये तो दक्षिण के राज्यों में भी लोग इस तरह शौच के लिए जाते हैं। इस पर सारा मामला सिमटकर केरल पर आ गया। थोड़ी देर पहले तक जो मोर्चा पूरे दक्षिण भारत को लेकर लिया जा रहा था वह अब केरल के लिए रह गया लेकिन मुखरता उतनी ही। मुझे यह मानने में कोई आपत्ति नहीं थी कि खुले में शौच करना ग़लत है लेकिन उसके साथ जागरूकता का अभाव, उत्तर दक्षिण आदि जोड़ दिए जाने से आपत्ति थी। मैंने जब शौचालय न बनवा पाने के लिए ग़रीबी का हवाला दिया तो उस पर वे दोनों इसे बस बहाना करार करने लगे। यह बात बड़ी अजीब लगती है कि लोग शौचालय बना पाने में पैसे की भूमिका नहीं देखते। उन्हें लगता है कि यह लोगों की ढिठाई है कि वे शौचालय नहीं बनाते और खुले में शौच के लिए जाते हैं। ऐसे ही लोग जागरूकता फैलाने के लिए प्रचार का सहारा लेते हैं। जबकि यह मुद्दा सीधे-सीधे लोगों की आय से जुड़ा है। बात फैलते फैलते जनसंख्या, कामचोरी की संस्कृति तक पहुँच गयी। लाख तरह से समझाने के बाद भी वे उस मीडिया इमेज से बाहर निकलने को तैयार ही नहीं हुए जिसके वे आदी थे। उत्तर भारत ही क्या देश के अधिकांश राज्यों में जीवन स्तर सम्बन्धी बहुत-सी बुराइयों की जड़ ग़रीबी है यह बात लोग मानने के लिए तैयार नहीं होते। इसके बाद यदि सरकार को इसके लिए दोषी करार करने की कोशिश की जाय तो लोग उखड़ ही जाते हैं। उन अध्यापिका के उस वाक्य के बाद उन्हें समझाने का कोई मतलब ही नहीं रह गया। उन्होंने कहा था— सो व्हाट डू यू थिंक, गवर्नमेंट हेज़ नो अदर वर्क टू डू?

गाड़ी अब तक कानपुर पहुँच चुकी थी और जो बातें शौच से शुरू हुई थी

उससे एक तल्खी ही तैर रही थी हमारे बीच। उस अरुचिकर बहस से बच्चे पहले ही हमारे आसपास से निकलकर अपने दोस्तों में चले गए थे। वहाँ से उनके खेलने और उधम मचाने की आवाज़ें आ रही थीं। कानपुर से लखनऊ जानेवाली सवारियाँ चढ़ी ऑफिस जाने वालों से लेकर छात्रों की शक्ल में। डिब्बे की संरचना में परिवर्तन आ गया जगह जगह हिन्दी में बात और चर्चा। कुछ लफंगे लड़कियों के बीच जाकर बैठ गए। यही वह स्थिति थी जिससे छात्र-छात्राओं को बचाने के लिए ये दो अध्यापक भेजे गए थे। 'प्लीज़ डू समथिंग'! अपने को जितना असमर्थ मैंने उस क्षण पाया उतना कभी और महसूस ही नहीं हुआ। उन लड़कों को हटने को कहा वे नहीं हटे! एक ने तो सीधे-सीधे कहा— हम कुछ कहाँ कर रहे हैं, बस देख रहे हैं...! इतनी साफ़ लफंगई! अन्ततः हमने लड़कियों को वहाँ से हटा दिया और लड़कों को उस ओर बैठा दिया। वे लफंगे इतने पर भी नहीं रुके अब जहाँ लड़कियाँ बैठी थी उसके सामने आकर बैठ गए। लड़कियाँ डर गयी थी। डिब्बे के दूसरे यात्री निर्लिप्त भाव से अपने में मगन थे। मैंने अपने एक दोस्त को फ़ोन किया उसके पिता लखनऊ में अफसर थे। फ़ोन करने के पीछे मेरा यह डर काम कर रहा था कि लखनऊ स्टेशन पर ये उचक्के कोई कांड न कर दें। थोड़ी देर बाद दोस्त के पिता ने फ़ोन किया। उनके कहे अनुसार लखनऊ स्टेशन पर हमारे डिब्बे के सामने तीन-चार लोग आ ट्रेन के पहुँचने से पहले खड़े रहते। इस आश्वासन के बाद तसल्ली तो हुई लेकिन डर पूरी तरह नहीं गया। थोड़ी देर में वे लड़के दूसरे डिब्बे की ओर चले गए।

ट्रेन के लखनऊ आने से पहले ही लगभग अफरातफरी जैसी स्थिति हो गयी। तीस बच्चे और उनके दो अध्यापक उतरने वाले थे। मतलब आधा डिब्बा ख़ाली हो जाता। सामान समेटा जा रहा था। उस हो-हल्ले में भी मैं अपनी सीट पर निश्चिन्त बैठा था। मैं गोरखपुर से बिहार की ट्रेन लेने वाला था। देखते-देखते लखनऊ भी आ गया। दोस्त के पिताजी ने अपने वादे के मुताबिक कुछ लोगों को भेज दिया था उनमें दो पुलिसवाले भी थे। राप्ती सागर लखनऊ में सबको उतारकर जानेवाली थी ऐसा लग रहा था। बहुत से लोग उतर रहे थे। ट्रेन जितनी देर रुकी थी उतनी देर का ही समय था उन बच्चों और अध्यापकों के पास मुझसे बात करने का। मैं यह सोचकर उतरा था कि ये लोग जाते-जाते कोई भावुक बात करेंगे। कम से कम उनलोगों को तो धन्यवाद देंगे जो हमारा सम्बल बनकर लखनऊ स्टेशन पर खड़े थे! लेकिन सामान और बच्चे सही सलामत उतारने के बाद वे तुरन्त चल पड़े, बिना कुछ कहे! मुझे ''लाइफ ऑफ पाई'' फ़िल्म का अन्त याद आ गया जहाँ बाघ ने जंगल में जाने से पहले पाई की ओर पलटकर देखा तक नहीं!

लेपाक्षि

लेपाक्षि आन्ध्र प्रदेश के अनन्तपुर जिले में है और वह जिला राज्य का सबसे बड़ा जिला है। इसलिए यदि अनन्तपुर से लेपाक्षि की दूरी देखेंगे तो वह एक सौ बीस किलोमीटर ठहरती है। मानसून में अनन्तपुर बैंगलोर रोड पर चलने का आनन्द उस दूरी के बारे में सोचने भी नहीं देता। दोनों ओर पहाड़ और कहीं-कहीं उनमें चलती पवनचक्कियाँ। घने बादलों से झरती बूँदोंवाली सुबह में गाड़ी उस सड़क पर दौड़ रही थी। वे बूँदें सीधे मन पर गिर रही थी और मन तृप्त हो रहा था। लेपाक्षि के लिए मुड़ते ही बंगलौर जानेवाला रास्ता छूट गया। गाड़ी अपेक्षाकृत पतली सड़क पर आ गयी लेकिन रास्ते के सौन्दर्य में कोई कमी नहीं आई। अन्त में लेपाक्षि नामक स्थान भी आ गया। छोटा और सीधी सड़क पर बसा हुआ कस्बा! वह कस्बा अपने एक मन्दिर और बुनकरों की बस्ती के लिए प्रसिद्ध है। मन्दिरों में मेरी रुचि नहीं रहती है लेकिन उस मन्दिर की एक ख़ास बात ने मुझे सम्मोहित कर रखा था। मैंने काफ़ी दिनों पहले से पढ़ और सुन रखा था कि लेपाक्षि मंन्दिर में एक खम्भा है जो हवा में लटका है। एक उस खम्भे को देखने की साध थी और दूसरे बुनकरों की बस्ती में जाने की।

मन्दिर विजनगर शैली का बना हुआ। यहाँ तक कि खम्भे भी ठीक हम्पी के महलों मन्दिरों के खम्भों की तरह थे। ख़ास बात यह थी कि उस मन्दिर के खम्भों में भी संगीत से जुड़े हिस्से बनाए गए थे। पुजारी ने बताया कि तीसरे खंड में चौथा खम्भा वह है जो हवा में टँगा हुआ है। खम्भा सच में मन्दिर की फर्श से ऊपर उठा हुआ था। मैंने उसके भीतर अख़बार डालकर देख लिया। यह तसल्ली तो हो गयी लेकिन खम्भा इस तरह खड़ा क्यों है और कैसे है यह समझना बाक़ी था। यह एक रहस्य ही है कि वह खम्भा हवा में लटका क्यों है। मन्दिर के उस हिस्से में सत्तर खम्भे हैं और वही एक खम्भा इस तरह का है। भारतीय पुरातत्व सर्वेक्षण विभाग के अनुसार वह खम्भा किसी ग़लती के बजाय मन्दिर की मूल संरचना का हिस्सा है। खम्भे की उस स्थिति को लेकर उत्सुकता अँग्रेज़ों के मन में भी थी सो एक अंग्रेज़ इंजीनियर ने बहुत जाँच पड़ताल की लेकिन उसके हाथ भी कुछ नहीं लगा। प्राचीन भारतीय भवन निर्माण के उस अद्‌भुत नमूने को देखना मेरे लिए उस मन्दिर के होने से भी महत्त्वपूर्ण बात थी।

मन्दिर के सामने ही बुनकरों की बस्ती थी। लेकिन जिस तरह बाज़ार ने स्वरूप बदला है उस स्थिति में बुनकरों के घर आगे खिसक गए हैं। कोल्ड ड्रिंक मोबाइल रीचार्ज आदि की दुकान सामने आ गयी है। मैं एक दरवाज़े के सामने रुक गया। दरवाज़े के ठीक सामने एक बड़ा सा सिलबट्टा रखा था। उसका लोढ़ा मेरे

सिर से दुगुना बड़ा रहा होगा। मैं-हतप्रभ सा उस सिलबट्टे को देख रहा था। तो तेलुगू में एक आवाज़ सुनाई दी। सफ़ेद साड़ी पहने एक बूढ़ी, चरखे जैसे एक यंत्र से धागे निकाल रही थी। मैंने हिन्दी में उनसे भीतर आने की इजाज़त माँगी। उन्होंने मुस्कराते हुए बुला लिया। वे दकनी हिन्दी बोल रही थी, लेकिन भाषा में तेलुगू की स्पष्ट छौंक। उनका नाम रुखसाना था तीन कमरों के घर में रहने वाली अकेली बूढ़ी। अपने अकेलेपन तक आते-आते उनका स्वर उदास हो गया फिर जैसे तैसे सँभालते हुए मुझे बताने लगी कि उनका काम क्या है और कितनी आमदनी होती है। वे दिनभर में किलो भर धागा छुड़ा पाती हैं जिसके एवज़ में उन्हें पचास रुपये मिलते हैं। पचास रुपये!! वह दुखद आश्चर्य मेरे भीतर ही रह गया। एक वृद्धा पचास रुपये के लिए दिनभर चरखे पर हाथ घुमाती है। माना कि धागे की सामाग्री उनकी नहीं होती और साड़ी भी हथकरघे या कि मशीन पर बनती है लेकिन दिन भर की मेहनत का इतना कम मूल्य तो नहीं बनता है! एक रोचक बात पता चली, उन्हें अरबी पढ़नी आती है लेकिन तेलुगू नहीं। तेलुगू बोल ज़रूर लेती हैं। वे नियमित रूप से कुरान पढ़ती हैं। बेटा-बहू बैंगलोर में रहकर कोई काम करते हैं। कभी-कभी देख जाते हैं। उस दिन गणेश चतुर्थी थी और आन्ध्र प्रदेश में वह उत्सव धूम धाम से मनाया जाता है। उस सम्बन्ध में उनके कहे गए शब्द भाषा और समाजशास्त्र के कई सिद्धान्तों के सीधे उदाहरण की तरह प्रयोग में आ सकते हैं।

आज हिन्दुओं का गणपति ईद है ना रे इसीलिए हैंडलूम पवारलूम सब बन्द है। नहीं तो मैं तेरे को दिखाती कैसे बनाते है साड़ी!

हिन्दुओं का गणपति ईद! एक मुसलमान होने के नाते ईद उनके सामान्य बोलचाल में हैं और उन्होंने नहीं सीखा कि हिन्दुओं का त्योहार होता है सो जिसमें ख़ुशियाँ है उनके लिए वह ईद है। बात किसी भी धर्म की हो। इतने प्यारे लोग जो सहज रहते हैं और सहजता को जीते हैं वे पचास रुपये दिन के हिसाब से धागे निकालने का काम करते हैं और चालाक लोग उनके श्रम पर राज करते हुए साड़ी बनने के बाद का सारा मुनाफ़ा झपट लेते हैं। अब्दुल बिस्मिल्ला ने झीनी झीनी बीनी चदरिया में जो बात बनारस जिले के बुनकरों के लिए कही थी वह वहाँ लेपाक्षि के बुनकर पर भी सटीक बैठ रही थी। वहाँ के जितने बड़े लोग हैं उनका कपड़ों के व्यापार से कोई न कोई जुड़ाव अवश्य रहा है।

मैं जब वहाँ से चला तो सिलबट्टे का वह लोढ़ा अन्तिम चित्र के रूप में ज़ेहन में जम गया और उतने अभाव और अकेलेपन के बीच भी सहज हँसी के साथ वह वृद्धा मुस्करा कर धागे निकालने में फिर से जुट गयी।

यात्रा का हवाई तरीक़ा

हवाई यात्रा ट्रेन और बस से अलग तो है ही साथ में उस यात्रा की रूपरेखा ऐसी होती है कि उसमें क़िस्सों की सम्भावना बहुत कम हो जाती है। साथ में ऊपर चल रहे जहाज़ के बाहर का दृश्य बहुत ही उबाऊ रह जाता है। भीतर तो जो बसता है वह सहजता से ज़्यादा ओढ़ी गयी सहजता का रूप ही होता है फिर भी लोग हैं कि यात्रा करते रहते हैं। हवाई जहाज़ समय बचाने का साधन तो है ही।

कहीं से भी सुबह की उड़ान लेना ख़ासा जटिल काम होता है। लेकिन सूर्योदय के समय जब जहाज़ रनवे छोड़कर आकाश में पहुँचता है तो वह पूरा समय मुझे शमशेर बहादुर सिंह की 'उषा' कविता के घटित होने जैसा महसूस होता है। कुछ ही क्षणों में एक-एक चरण से गुज़रती उषा के जादू को कई बार मैंने महसूस किया है। जिस प्रकार वह कविता एक पेंटिंग की तरह है उसी प्रकार जहाज़ की खिड़की से उस कविता का घटित होना विस्तृत फ़लक पर बन रही कलाकृति हो जाता है।

एक बार दिल्ली से कोचीन जाते हुए मैं एक कविता की किताब पढ़ रहा था। जीतेन्द्र श्रीवास्तव की किताब थी 'कवि ने कहा'। मैं किताब में डूबा, उन भावों में डूबता उतराता हुआ जो कवि अपनी पंक्तियों में व्यक्त कर रहा था। तभी पड़ोस की सीट पर बैठी एक लड़की ने बात शुरू की। वह जहाज़ में चलनेवाली लड़कियों के सामान्य आभिजात्य से बिलकुल विपरीत बात थी। थोड़ी देर की बातचीत में मैं समझ गया कि उसका ध्यान पढ़नेवाली चीज़ पर था। पढ़ने लिखने को लेकर थोड़ी बातें हुई। पढ़ना बहुत तेज़ गति से छूट रहा है, उसे व्हाट्सेप से चिढ़ थी वग़ैरह। उसने मेरे हाथ से किताब ले ली और उलट पलटकर देखने लगी। कुछ पन्ने पलटे और किताब माँग ली। मतलब वह किताब ले जाना चाह रही थी। किताबें देने के मामले में मैं कभी सहज नहीं रहा। मैं अपनी किताबें नहीं देना चाहता। इसलिए पहले तो हिचका फिर यह सोचकर किताब दे दी कि मैं तो फिर से वह किताब ले लूँगा उसे पता नहीं वह किताब कभी मिलेगी कि नहीं। शायद उसे नाम भी न याद रहे। वैसे ही पढ़ने वाले कम हो रहे हैं और भारतीय भाषाओं की किताबें तो और कम पढ़ी जा रही हैं। वह किताब लेकर चली गई। बहुत दिनों के बाद उसने फ़ेसबुक से मेरा पता निकालकर किताब भेज दी। जिस लिफ़ाफ़े में किताब आई उसके भीतर कई बार झाँककर देखा, कई बार उस किताब के पन्ने पलटे कि कहीं और कुछ लिखा हो दोस्ती की शुरुआत का कोई सूत्र छोड़ा हो लेकिन निराशा ही हाथ लगी। यहाँ तक कि लिफ़ाफ़े पर उसका पता भी नहीं था!

चेन्नई हवाई अड्डे के बाहर 13-14 बरस का एक लड़का मिला। चेहरे की

हवाइयाँ उड़ी हुई और आँखों के आसपास रोने के निशान! मैं उसकी ओर ध्यान भी नहीं देता यदि उसने अपने पिता को फ़ोन करने के लिए मेरा फ़ोन नहीं माँगा होता। उसके पिता किसी दुर्घटना में घायल होकर अस्पताल में थे, वह दवाई लेने चेन्नई आया था। ऑटो वाले ने उसे लूट लिया। उसके पास फ़ोन, लैपटॉप आदि सब थे पर सब छीन लिया गया। उसने हवाई अड्डे के पुलिस वालों से शिकायत भी की लेकिन हमारे अलग-अलग प्रकार के पुलिस वाले तो अलग-अलग देशों की तरह व्यवहार करते हैं न। सो उन्होंने उससे कहा कि जहाँ घटना हुई वह तो राज्य पुलिस के दायरे में आता है।

इस बीच उसने जो दो फ़ोन नम्बर दिए थे वे भी सेवा में नहीं बताए जा रहे थे। मतलब एक पूरी सेटिंग बन गयी थी जिसके बाद मैं ही पहल करता और मैंने किया भी— तुमने खाना खाया? उसने खाना नहीं खाया था। खाने की बात पूछते ही उसे लगा कि मैं उसकी मदद कर सकता हूँ। उसने अपने पिता की दवाई के लिए कुछ पैसे माँग लिए। मैंने दे भी दिए। रुपये देते देते समय मेरे मन में दो भाव थे। पहला तो यही था कि यह बच्चा मुश्किल में है इसकी मदद होनी चाहिए। पर दूसरा साफ़ कहता था कि यह बच्चा झूठ बोल रहा है। इतनी सारी त्रासदी इसी लड़के के साथ नहीं हो सकती, और इसके बाद वह यहाँ हवाईअड्डे पर क्या कर रहा है आदि बातें दूसरे भाव का समर्थन भी कर रहे थे।

मुझे दोनों ही स्थितियों में पैसे देने में कोई दिक्कत नहीं थी। मैं यह मानकर भी चलूँ कि उसने मुझे धोखा दिया तो भी मैं ख़ुश हूँ। यदि मैं लोगों पर अविश्वास ही करता रहूँ तो किसी पर विश्वास कर ही नहीं पाऊँगा। उस हालत में तो मुझसे किसी ज़रूरतमन्द की भी मदद नहीं हो पाएगी। जान-बूझ कर भी यदि मैंने उसे पैसे दिए तो उसकी ख़ुशी इसीलिए है। साथ में यह भी कि, सब अपना-अपना काम करते हैं। किसी के बुरा होने या करने के कारण मैं अपना काम तो नहीं छोड़ सकता न।

उदास खड़े खंडहर

मैं जिस समय पहुँचा उस समय वहाँ आसमान में सूरज बहुत तेज़ चमक रहा था। आकाश में सफ़ेद बादल के बड़े बड़े थक्के थे। हालाँकि उन थक्कों के बीच बहुत-सा नीला आकाश था लेकिन दोपहर का सूरज जिस गति से चलता है उस हिसाब से उसका एक थक्के से दूसरे थक्के तक पहुँचना बहुत जल्दी-जल्दी नहीं हो पा रहा था। तेज़ धूप थी चौंध से भरी हुई। समुद्र की ओर से आने वाली हवा तेज़ तो थी पर

उसमें नमक का भारीपन और उसी का स्वाद भी था। वहाँ की ज़मीन पर वह ज़मीन नहीं थी जिसे देखने के हम आदी हैं और न ही उस पर बने घर ही वैसे थे। दूर-दूर तक रेत की बहुत मोटी परत पसरी थी जिसके बीच-बीच में घर, स्टेशन, डाकघर, स्कूल, अस्पताल, मन्दिर और चर्च खड़े थे मगर सब खंडहर बने हुए। यह था धनुष्कोटी, तमिलनाडु राज्य में पड़ने वाला भारत का आख़िरी हिस्सा। हाल के वर्षों में, मैं जिन जगहों पर जाना चाहता था उनमें से सबसे महत्वपूर्ण (कम से कम मेरे लिए)। इस यात्रा में और भी पड़ाव आगे जुड़े लेकिन मेरी यात्रा का उद्देश्य केवल यहीं जाना था। बाक़ी जगहें तो आसपास होने या रास्ते में पड़ने के कारण बाद में जुड़ती चली गईं।

वहाँ जाना मैंने उसी दिन तय कर लिया था जब उसके बारे में पहली बार पढ़ा था। मतलब काफ़ी पहले। उस समय हमारे घर अख़बार नहीं आता था। मैं और मुझ जैसे कई लड़के शहर की एकमात्र लाइब्रेरी में जाकर अख़बार या पत्रिकाएँ पढ़ते थे। वहाँ सबसे पहले धनुष्कोटी के बारे में पढ़ा था। किसी अँग्रेज़ी अख़बार में प्राकृतिक आपदाओं से सम्बन्धित फ़ीचर छपा था। ये वे दिन थे जब मेरे जैसे दो तीन लोग लिखना सीख रहे थे। हमलोग बड़े लेखक बनना चाहते थे पत्र पत्रिकाओं में छपना चाहते थे। साहित्यिक पत्रिकाओं में छपने की हैसियत उन दिनों बन नहीं पायी थी। हमलोग वरिष्ठ साहित्यकारों को पत्र भी लिखते थे। उन्हीं में से किसी ने कहा था कि अख़बारों में फ़ीचर लिखकर पैसे क़माए जा सकते हैं, बाल केन्द्रित पत्रिकाओं में लिखकर भी पैसे कमाए जा सकते हैं। लिखने के पैसे मिलेंगे हम इस बात से इतने प्रभावित थे कि उन दिनों हर अख़बार देखते पर ख़बर हमारे लिए गौण ही रहता था। हमारे लिए तो सभी अख़बारों के फ़ीचर ही महत्त्वपूर्ण होते थे। इसी क्रम में एक अँग्रेज़ी अख़बार में मुझे वह फ़ीचर दिखा था जिसमें धनुष्कोटी का ज़िक्र था। धनुष्कोटी— एक तटीय कस्बा जिसे समुद्र की लहरों ने सूना कर दिया कुछ ऐसा ही शीर्षक था। वह लेख परिचयात्मक ही था लेकिन उसने मुझे ठीक उसी तरह प्रभावित किया जिस तरह स्कूल से लौटे निर्मल वर्मा को 'लीदित्से' नामक स्थान के चित्र ने। बाद में वे लीदित्से गए और वहाँ के अनुभवों पर बहुत बढ़िया-सा रिपोर्ताज़ भी लिखा जो 'चीड़ों पर चाँदनी' नामक संग्रह में है। मन तभी बन गया था कि एक बार धनुष्कोटी ज़रूर जाऊँगा। शायद मुझे वीरान हो चुकी जगहें आकर्षित करती हैं क्योंकि बाद में मैंने महसूस किया कि टिहरी बाँध को देखना मेरी सूची में शामिल हो गया। वही टिहरी जो किसी समय एक शहर था आज बाँध के नीचे दबा है। वीरान हो चुकी जगहों पर जाकर बीते हुए जीवन का अन्दाज़ा लगाना, बचे हुए खंडहरों में प्रवेश कर उसके अतीत की कल्पना करना रोमांचक तो होता है लेकिन उनके त्रासद इतिहास का दुख उस रोमांच से बड़ा होकर छा जाता है। मन में

धनुष्कोटी जाने की साध तो थी ही ऊपर से नौकरी भी दक्षिण भारत में ही मिली। मतलब धनुष्कोटी के इतने क़रीब कि दिन भर का सफ़र काफ़ी हो। अब बस समय मिलने की देर थी और मैं पहुँच जाता।

छुट्टियाँ हर बार अपनी साध पूरी करने के लिए ही नहीं होती है यह मुझे समझ में आने लगा था। क्योंकि तीन साल केरल में काम करते हुए भी धनुष्कोटी के लिए दो दिन नहीं निकाल पाया। लम्बी छुट्टियों में घर निकल जाना और दो एक दिन की छुट्टी में आसपास घूम पाना ही बहुत बड़ी उपलब्धि बन जाती है। पर इस बार अक्टूबर की छुट्टियाँ कुछ ऐसी पड़ी कि चार दिन का समय मिल गया छुट्टियाँ और धनुष्कोटी दोनों की संगत बैठ गयी।

धनुष्कोटी हमारे हालिया इतिहास का हिस्सा है। बहुत पुरानी बात नहीं है बस 1964 की है। एक रात भीषण चक्रवाती तूफ़ान ने इस अन्तिम छोर पर बसे कस्बे को घेर लिया। मौसम सम्बन्धी हमारी भविष्यवाणी आज लगभग सटीक हैं और आजकल उसके हिसाब से लोगों को पूर्वसूचना दे दी जाती है, उन्हें सुरक्षित स्थानों पर भेज दिया जाता है। लेकिन तब के भारत के बारे में यह न तो सम्भव था और न ही लोगों को हटाना इतना सरल। हालाँकि सरल तो आज भी नहीं है। नतीजतन कुछ ही घंटों में पूरा कस्बा तबाह हो गया। कहते हैं धनुष्कोटी स्टेशन पर एक ट्रेन तभी तभी आकर रुकने ही वाली थी जब वह तबाही शुरू हुई। उस पैसेंजर ट्रेन में यात्री और रेलवे कर्मचारियों को मिलाकर कुल 115 लोग सवार थे। तूफ़ान के कारण सिग्नल प्रणाली ख़राब हो चुकी थी। अँधेरे में कुछ दिख नहीं रहा था। लोग यह भी कहते हैं कि, उस समय ड्राइवर ने जोखिम उठाते हुए लम्बी सीटी बजाते हुए ट्रेन को आगे बढ़ाने की कोशिश की। तभी एक भयानक और लहर आई और पूरी ट्रेन को अपने साथ समुद्र में बहा ले गयी। सभी लोग मारे गए। उस दुख की कल्पना से ही रूह सिहर उठती है क्योंकि कहीं कोई बचाव या राहत कार्य समय पर नहीं हो पाया। राहत कार्य तो तब होते जब किसी को इस आपदा का पता चलता। ट्रेन के समुद्र में बह जाने की ख़बर 48 घंटे बाद पता चली। उस तूफ़ान ने सब कुछ ख़त्म कर दिया। ऊँची लहरों ने ज़मीन को अपने क़ब्जे में ले लिया। बहुत से लोग मारे गए और वह कस्बा लोगों के रहने के लिए अनुपयुक्त घोषित कर दिया गया। जो लोग किसी तरह बच गए उनसे वह स्थान ख़ाली करवा लिया गया और वे आस-पास के स्थानों में रहने भेज दिए गए।

उस तबाही की रात से पहले धनुष्कोटी एक भरा पूरा कस्बा था। जहाँ आम दिनों की तरह ही मछली पकड़ी जाती होगी और आसपास के बाज़ारों, मसलन रामेश्वरम, रामनाड आदि में बेचा जाता होगा। उन दिनों वहाँ तक एक्का-दुक्का गाड़ियाँ ही पहुँचती थी सो सड़क और गलियाँ मछलियों को सुखाने के काम आती

होंगी। मौसम भी ख़राब होते होंगे। हाँ समुद्र से उसकी कुछ ज़्यादा ही निकटता थी सो उसके परिणाम से भी कस्बा अवगत होगा ही लेकिन इतने बुरे परिणाम की किसी ने कल्पना भी नहीं की थी। उसी भयानक परिणाम का डर है कि आज भी लोग वहाँ से रात को निकल जाते हैं। आज भी वहाँ स्थायी बसावट नहीं है। नारियल की चटाई और बाँस के खूँटों के सहारे खड़ी की गयी झोपड़ियाँ हैं जिनमें मछली पकड़ने वाले दिन की तेज़ धूप से बचने के लिए कुछ देर आकर ठहर जाते हैं और उसी तरह की झोपड़ियों में दो-तीन दुकानें हैं जिनमें डाभ, नमक और मिर्च लगे कच्चे आम, अन्नानास, खीरे के टुकड़े और नींबू पानी मिल जाते हैं। ये दुकानें पर्यटकों की बड़ी मदद करते हैं। रेत पर तेज़ धूप में दूर तक फैले उन खंडहरों के बीच चलते-चलते शरीर का पानी बहुत जल्दी सूखता है। पानी सूखने की दर में उस एहसास का योगदान भी ज़रूर होगा जो उन ध्वस्त इमारतों को देखकर होता है।

धनुष्कोटी राष्ट्रीय राजमार्ग संख्या-49 का अन्तिम बिन्दु है उसके बाद समुद्र फिर श्रीलंका। वहाँ तक जाने के लिए रामेश्वरम जाना ही पड़ता है जहाँ से आगे 20 किलोमीटर की यात्रा करनी पड़ती है। अब तो सरकारी बसें उस ना-आबाद गाँव से 6 किलोमीटर पहले तक जाती हैं फिर आपको या तो मेटाडोर या फिर जीप मिलेगी। पास में ही कथित राम सेतु और वह बिन्दु भी है जहाँ बंगाल की खाड़ी और हिन्दी महासागर मिलते हैं। मैं अकेला था इसलिए जीप की सवारी मुझे मिल नहीं पायी। मेटाडोर जब राष्ट्रीय राजमार्ग से नीचे उतरी तो उसके लिए कोई सड़क नहीं थी। शुरुआती रास्ता ही दलदली था इसलिए मन आगे के मुश्किल रास्ते का अन्दाज़ा लगाने लगा। कुछ मिनटों के बाद हमारी सवारी दलदल को छोड़ समुद्र के छिछले किनारे तक पहुँच गयी थी। किनारा ऊबड़-खाबड़ और उसके ठीक पास में ही बबूल जैसी झाड़ियाँ। इस वजह से मेटाडोर ज़्यादातर समय छिछले पानी में ही चल रही थी जहाँ हल्की-हल्की लहरें बार बार आकर पहियों से टकरा रही थी। जब कोई बड़ी लहर आती तो एक साथ सभी चीख़ पड़ते। एक विशेष बात उन बबूल जैसी झाड़ियों में देखी। वे झाड़ियाँ बहुत सी चिड़ियों से आबाद थी। राष्ट्रीय पक्षी का इतना बड़ा कुनबा एक साथ नहीं देखा था। देश के अन्तिम हिस्से तक में उनकी पहुँच उनके राष्ट्रीय पक्षी के तमगे को सही ठहराता है। बड़े से लेकर छोटे आकार तक के मोर यहाँ से वहाँ दौड़ फुदक रहे थे कुछ छाया में सुस्ता रहे थे पर कोई भी वायुयान की भाँति नहीं उड़ रहा था।

धनुष्कोटी तक पहुँच जाना मेरी उपलब्धि थी। पुरानी साध का पूरा हो जाना बहुत जल्दी जज़्ब नहीं होनेवाला था पर ज़्यादा समय भी नहीं था। बहुत इसरार के बाद ही उस मेटडोरवाले ने डेढ़ घंटे तक का घूमने का समय दिया था। वहाँ पहुँचा तो उस स्थान को उसी तरह स्थिर और मूक पाया जैसी मैंने कल्पना की थी। उन

इमारतों के हिस्से अब भी खड़े थे जिन्हें देख कर अन्दाज़ा लगाया जा सकता था कि कभी इनमें लोग रहते होंगे, कभी यहाँ भी चहल-पहल रही होगी। वे खंडहर गुमसुम से खड़े थे लेकिन उनके भीतर इतिहास में ठहरी हुई हलचल का शोर था, ज़ान बचाने को भागती हुई चीख़ें थी। किसी भी संरचना में छत नहीं थी ऐसा लगता था जैसे उन आर्त और ज़ोर की चीख़ों ने छतों को उड़ा दिया हो, दीवारें ढहा दी हों।

सड़क की ईंटें समुद्री लहरों से उखड़कर बाहर आ गयी हैं लेकिन भरपूर अन्दाज़ा देती हैं कि कभी वह कितनी काम की रही होगी। रेलवे स्टेशन के अवशेष ख़ड़े हैं उसकी पानी की टंकी कि पूरी की पूरी संरचना खड़ी है। रेलवे स्टेशन के आसपास से पटरियाँ ग़ायब हैं लेकिन धनुष्कोटी पहुँचने से पहले राष्ट्रीय राजमार्ग के दायीं ओर रेल की पटरियाँ मुड़ी हुई अवस्था में मिली। उन मुड़ी हुई पटरियाँ को देख कर अन्दाज़ा लगाया जा सकता है कि इतनी भयावह त्रासदी के लिए ज़िम्मेदार लहरें कितनी मज़बूत रही होंगी।

स्कूल की दीवार के हिस्से बचे हैं। और बीच में खड़ा एक स्तम्भ। स्कूल देखने के ठीक बाद मैं चर्च की ओर गया। चर्च के मुहाने पर एक 8-10 साल का लड़का बैठा था। शरीर पर ख़ास दक्षिण भारतीय कालेपन वाले उस लड़के ने बस एक लाल चड्डी पहन रखी थी। सम्पूर्ण शरीर का रंग उस लाल चड्डी से और स्पष्ट हो रहा था। उसके हाथ में छोटे शंख थे जिन्हें वह बेचने की कोशिश में बैठा था। उसे देखते ही मुझे उस ध्वस्त स्कूल के बच्चों का ध्यान आया। वे बच्चे भी रंग रूप में इस बच्चे से अलग नहीं रहे होंगे। हो सकता है ख़ुशी-ख़ुशी स्कूल भी जाते रहे हों। उन बच्चों में से जो बच गए उनकी उम्र आज बहुत हो गयी होगी। यह बच्चा हो सकता है उनकी चौथी पीढ़ी से आता हो। इसने वह नहीं देखा जो इसके पूर्वजों ने देखा होगा लेकिन इसका इसी उम्र में चर्च के दरवाज़े पर बैठकर शंख बेचना बहुत से इशारे एक साथ करता है।

अस्पताल के कमरों के ऊपर छत नहीं हैं, दरवाज़े नहीं हैं लेकिन उसके कमरों की निजता अभी भी सुरक्षित है। हाँ उन कमरों में लहरों द्वारा भर दी गयी रेत का साम्राज्य है। बाहर रेत और अस्पताल के कमरों के भीतर भी रेत। यह बात कल्पना से भी परे है कि इस रेत से ओतप्रोत वातावरण से बहुत पहले वहाँ लोगों का इलाज़ होता होगा। कहीं कोई कमरा नए जीवन के आगमन के लिए तय रहा होगा तो कहीं किसी कमरे से आसन्न मौत का सन्नाटा भी सुनाई देता होगा। बीच के कमरों में कराह और उदासी भी बसती होगी। यही बात डाकघर, मन्दिर और सबसे ऊँचे सिर उठाए खड़े चर्च के बारे में कही जा सकती है। जिनमें कभी लोगो की ठीक-ठाक आवाजाही रही होगी आज क्षत विक्षत खड़े हैं, ख़ामोश।

स्टेशन, डाकघर, अस्पताल, मन्दिर, चर्च आदि संस्थान बताते हैं कि यह उस

1964 में बड़े महत्त्व का स्थान रहा होगा। इसका महत्त्व इसलिए भी बढ़ जाता है कि यह श्रीलंका से बस 18 मील दूर है। वहाँ से कुछ दिखता तो नहीं था पर वोडाफ़ोन मोबाइल पर श्रीलंका का सन्देश ज़रूर आ गया। श्रीलंका के जाफ़ना प्रायद्वीप से उसकी यह नज़दीकी बताती है कि अकारण ही श्रीलंका का तमिल-सिंहली संघर्ष भारत के उस हिस्से को आजतक प्रभावित नहीं करता आ रहा है। बहुत सम्भव है कि लोग चोरी छिपे आपसी सम्पर्क रखते हों।

इन संस्थानों से अलग लोगों की बात करें तो उनके घर भी उसी तरह ध्वस्त हो गए जैसे उनके प्राण। जो बचे वे घर छोड़ कर चले गए भविष्य की किसी आपदा से बचने के लिए। यहाँ रह गए उनके घर जो समय के साथ ख़ाली और नष्ट होते चले गए। मकानों की बनावट से पता चलता है कि धनुष्कोटी काफ़ी पहले से आबाद रहा होगा। लम्बे समय से वहाँ रहते हुए जब उन्होंने उस स्थान को सुरक्षित महसूस किया होगा तब जाकर ही लोगों ने स्थायी घर बनाए होंगे। पर उस तबाही के उस मंजर ने बचे हुए लोगों को यह मानने पर बाध्य कर दिया होगा कि यह स्थान जीवन के अनुकूल नहीं है। समुद्र से इतनी नज़दीकी रखकर सुरक्षित रह जाना विरले ही सम्भव है। रहीम के एक दोहे में कभी पढ़ा था कि समुद्र के पड़ोस में रावण के बस जाने से समुद्र की महिमा घट गयी, उस पर लोगों ने वानरों की सहायता से पुल बना डाला। पर यहाँ उन्हीं मनुष्यों को समुद्र के इतने क़रीब बसे होने का ख़ामियाज़ा भुगतना पड़ा। उस हादसे के लिए मनुष्य ज़िम्मेदार न हो लेकिन उसे झेलना मनुष्यों को ही पड़ा।

इन खंडहरों और समुद्र को मिलाकर एक पूरे लैंडस्केप को देखें तो वह स्थान बहुत ही सुन्दर और भव्य लगता है। हल्की स्वर्णिम रेत पर खड़े धूसर रंग के खंडहर और इन सब की पृष्ठभूमि में जहाँ तक नज़र ले जाइए नीला समन्दर। उस कस्बे में जहाँ कोई नहीं रहता, जहाँ समुद्र ने इतनी बड़ी तबाही मचाई उसका समुद्र तट इतना सुन्दर, आकर्षक और शान्त है। साफ़, नीले पानी की लहरों का मचलते हुए स्वर्णाभ रेत की सतह पर टकराने का सम्मिलित सौन्दर्य, खंडहरों में घुट रहे अवसाद के लिए कितना विरोधाभासी है! किसी दीवार की छाया में उसी दीवार पर पीठ टिकाये सामने के सौन्दर्य को देखना उस विरोधाभास को ठीक ठीक महसूस करा सकता है।

नीले समन्दर पर रुई जैसे सफ़ेद बादलोंवाला आकाश। वहाँ किसी दीवार के साये में खड़े होकर या फिर टूटे हुए मन्दिर में धूप से बचने के लिए बैठे हुए कुत्ते को देखकर कई बार यह ख़याल आता है कि यहाँ भी ठीक वही दुनिया रही होगी जहाँ से हम आते हैं। उतनी ही हँसी और आँसू रहे होंगे। किसी ओर से मछलियाँ पकड़ी जा रही होंगी और किसी घर से मछलियों के पकने की महक आ रही होगी। पर अभी तो बस अन्दाज़े हैं।

सूरज की तेज़ चमकवाली रोशनी में बहुत से लोग हैं। वहाँ पर घूम-फिर रहे ये लोग उस स्थान के अपने नहीं हैं। ये पर्यटक हैं जो शाम के आने से पहले निकल जाएँगे या नहीं तो सरकारी कर्मचारियों द्वारा निकाल दिए जाएँगे। ऐसा शायद तब तक होता रहेगा जब तक कि ये खंडहर खड़े रहेंगे। जिस दिन धनुष्कोटी की अन्तिम दीवार अपने पुराने साथी दीवारों की तरह ढह जाएगी उस दिन से वह हादसा बस क़िस्सों में रह जाएगा। हो सकता है तेज़ी से बड़ा होता समुद्री दायरा, वर्षों से अपनेपन को तरसती ज़मीन को अपने आगोश में भर ले। तब पर्यटक राष्ट्रीय राजमार्ग सं-49 पर खड़े हो कर किसी दिशा में देखेंगे और कोई गाइड या जानकार कहेगा कि उस ओर कभी एक बस्ती थी जहाँ एक हादसा हुआ था जगह का नाम था— धनुष्कोटी!

भारत सरकार बहुत तेज़ी से वहाँ तक का राष्ट्रीय राजमार्ग ठीक कर रही है जो तब तबाह हो गया था। यह काम कई सालों से चल रहा है। सड़क को दोनों तरफ़ से पत्थरों से घेरा जा रहा है ताकि कठिन से कठिन अवस्था में भी सड़क सुरक्षित रहे। पत्थरों को लोहे के तारों की जाली में भरकर सड़क के दोनों ओर दीवार की तरह खड़ा किया जा रहा। यह काम बहुत आसान नहीं है। इसलिए समय लग रहा है और बहुत मुमकिन है कि एक दो साल और लगे। इस बीच वहाँ हो आना ज़्यादा अच्छा है क्योंकि जो रोमांच मेटाडोर से पानी के बीच में चलने में है वह राष्ट्रीय राजमार्ग से कतई नहीं मिलने वाला। वहाँ चहलकदमी करते हुए एक अपराधबोध लगातार मेरे साथ बना रहा कि, जाने अनजाने मैं उन यादों के ऊपर से गुज़र रहा हूँ जो कभी एक भरा-पूरा वर्तमान था। उस वर्तमान को बस इसलिए याद करते हैं कि हम बचे हुए लोग अपने को और सुरक्षित कर सकें। इस तरह से देखें तो हमारी सुरक्षा की सीख के लिए वह हादसा एक बलिदान है और वे उदास खड़े खंडहर उस बलिदान के स्मारक!

मुतुवान के बीच

तेरा गाँव केरल के उस क्षेत्र में पड़ता है जिसके बारे में यदि कहा जाये तो केरल वाले भी नहीं मानेंगे कि ऐसा गाँव उनके राज्य में है। वहाँ भी लोग रहते हैं, पहाड़, नदी और जंगल सब हैं लेकिन नहीं है तो बस केरल की सामान्य आबादी से उस गाँव का सम्पर्क। यह गाँव केरल सरकार के उस दावे के ख़िलाफ़ दिखता है जिसमें कहा जाता है कि राज्य के सभी गाँवों तक बिजली पहुँचा दी गयी है। मुतुवान आदिवासियों

का गाँव है तेरा! असली जंगल के बीच बसा हुआ गाँव। वहाँ जाने के लिए राज्य सरकार से विशेष आज्ञा लेनी पड़ती है। इधर केरल घूमते-घामते कई ऐसे संयोग और सम्पर्क बने जो काम के थे उनमें से एक सम्पर्क था सुगू! तेरा गाँव का एक बाईस साल का लड़का। गहरे काले रंग और मज़बूत शरीर वाले इस लड़के ने जब अपने गाँव चलने का न्योता दिया तो मन झूम उठा। मुतुवान समुदाय के बीच कुछ दिन बिताने और उनको जानने का ऐसा अवसर हर बार और हर किसी को नहीं मिल जाता। सरकार से अनुमति लेकर जानेवालों को भी जल्द ही लौट आना पड़ता है।

हमारी यात्रा मोटरसाइकिल से आरम्भ हुई थी। मुख्य सड़क से जब हम नीचे उतरे तो टायरों के नीचे से सड़क के बजाय सड़कनुमा कोई चीज़ गुज़र रही थी। मुझे चलाते हुए दिक्कत हो रही थी तो सुगु को पीछे बैठे हुए भी दिक्कत हो ही रही होगी। ऊबड़-खाबड़ रास्ते की वज़ह से मैं धीमी गति से चला रहा था। इस पर उस लड़के ने जो कहा उसके बाद रास्ते की खस्ता हालत पर ध्यान दिए बिना तेज़ गति से चलाना ही पड़ा! उसका कहना था कि उसके भाई ने दिन-दिन में ही जंगल पार कर लेने की हिदायत दी है। अँधेरा हो जाने पर रास्ता भटकने और जानवरों के हत्थे चढ़ जाने का ख़तरा है। मोटरसाइकिल की यात्रा उस लम्बे, अनजान और ख़तरनाक रास्ते का बस एक तिहाई हिस्सा ही थी। सुगु ने अपने एक परिचित के यहाँ मोटरसाइकिल रखने की व्यवस्था की थी। उस स्थान से नदी पार कर आगे की यात्रा के कुछ किलोमीटर जीप से और बाक़ी की यात्रा पैदल तय करनी थी। ऊपर से यह हिदायत कि दिन रहते जंगल पार कर जाना है! बाइक की गति को तेज़ बनाए रखने के लिए यह सब काफ़ी थे।

यात्रा का पहला हिस्सा पूरा होते ही हम अगले हिस्से की ओर बढ़ गए जैसे किसी गेम शो की चुनौती को पूरा कर रहे हों। आगे एक नदी थी। नदी को पार करने के लिए ज़ंगार का सहारा लेना था। ज़ंगार दो बड़ी-बड़ी नावों को एकसाथ जोड़कर बनाया गया था जिस पर लकड़ी के मज़बूत तख्ते डालकर एक समतल बनाया गया था। ज़ंगार के सहारे जीप, बाँस से लदी गाड़ी लोग आदि पार कराये जा सकते थे। ज़ंगार को खेने के लिए चप्पू के बजाय मोटी रस्सी का उपयोग किया जाता था। वह रस्सी नदी के आर पार बन्धी थी उसे ही पकड़ पकड़ कर ज़ंगार को इस किनारे से उस किनारे तक लाया ले जाया जाता था। पचास पचास रुपये देकर हमने नदी पार की। उस पार एक जीप खड़ी थी तो थी लेकिन कब चलती इसका कोई अन्दाज़ा नहीं लग रहा था। ऊपर से सुगु के भाई की बात! बस बेचैन हुआ जा सकता था क्योंकि कोई और रास्ता भी तो नहीं था। सुगु के लिए यह कोई नयी बात नहीं थी। वह आराम से मुस्कराता हुआ इधर-उधर टहल रहा था। उसके टहलने से मेरी बेचैनी और बढ़ रही थी। आख़िरकार जीप हम दोनों को लेकर चल ही पड़ी।

ड्राइवर ने लम्बे इन्तज़ार के बाद समझ लिया था कि और सवारी नहीं आनी।

जीप चल रही थी चल क्या खिसक रही थी। वह रास्ता कहने भर को रास्ता था जिस पर इधर-उधर से भटककर गिरे पत्थर बिखरे पड़े थे। सड़क की वह एक शक्ल भर थी। जिसके ऊपर से गाड़ी कभी पत्थर से बच के कभी पत्थरों की बग़ल से गुज़र रही थी। बीच-बीच में ड्राइवर और सुगु बात करते और सुगु उसका सार मुझे समझाता जाता। उनकी पहली बात जो मुझे बताई गयी वह कम डरावनी नहीं थी। ड्राइवर ने सवारी के चक्कर में देर नहीं की थी बल्कि ताड़ी पीने के चक्कर में देर हो गयी थी। मतलब वह ताड़ी पीकर गाड़ी चला रहा था। एक जंगल से आप गुज़र रहे हों, उस जंगल में रास्ते के नाम पर पत्थर हटाकर तैयार की गयी एक लीक हो और आपका ड्राइवर नशे में हो। मेरी स्थिति का अन्दाज़ा सुगु को हो गया था। ताज़्जुब की बात यह थी कि नशे में होने के बावजूद उसके चलाने में कोई त्रुटि नहीं थी। बस एक आशंका थी जो बार-बार आ रही थी कि यदि इसने नशे में स्टीयरिंग ज़्यादा मोड़ दी तो जीप सहित हम तीनों नीचे घाटी में होंगे। इतनी ऊँचाई से गिरने पर भी यदि बच गए तो जानवरों का ग्रास बनेंगे।

सुगु लम्बे समय बाद अपने गाँव लौट रहा था क्योंकि जिस तरह का रास्ता उसके गाँव जाता है उसमें जल्दी-जल्दी गाँव लौटना संभव नहीं है। कई बार तो लोग आधे रास्ते से लौट जाते हैं। उस लौट जाने का कारण कुछ भी हो सकता है मसलन, अँधेरा, हाथी या फिर दूसरे हिंसक जानवर। ड्राइवर और सुगु की बातें चल रही थी और उसका जो हिस्सा सुगु के हिसाब से मेरे लिए ज़रूरी होता था वह बताता चलता था। ड्राइवर ने एक जगह इशारा करते हुए बताया कि पिछले दिनों ठीक इसी जगह हाथियों का एक झुंड आकर खड़ा हो गया। हाथी बहुत देर तक रास्ते से हटे ही नहीं। उस दिन जीप भर सवारी थी। बड़ी आमदनी से हाथ धोना पड़ा क्योंकि आगे बढ़ने की कोई सूरत ही नहीं थी। ये क़िस्से बताते हुए ड्राइवर ने सुगु से और सुगु ने मुझसे पूछ लिया कि मुझे डर तो नहीं लगता! मैं बस मुस्कुराकर रह गया। हाथी जैसे जीव से सामना न हो वही बेहतर। जब से उन लोगों ने हाथी के झुंड का जिक्र किया तब से मैं सड़क के दोनों ओर देख रहा था कि कहीं से कोई हाथी तो नहीं आ रहा।

जीप उस अजीबोग़रीब रास्ते पर चल रही थी और पूरे जंगल में केवल उसी की आवाज़ घरघरा रही थी। कहीं-कहीं जहाँ पत्थर नहीं होते, सड़क आसान भी हो जाती थी। सड़क के दोनों ओर सघन जंगल। ऊँचे-ऊँचे पेड़, उनपर फैली मोटी-मोटी लताएँ फिर जंगल को अगम्य बनाती हुई घनी झाड़ियाँ! हाथी और दूसरे जानवर कैसे इन झाड़ियों के आवरण को आसानी से पार कर मुख्य रास्ते पर आ जाते होंगे! सड़क पहाड़ी तरीक़े से घूम रही थी और जीप उस सड़क के हिसाब से। आगे

एक पानी का सोता था जो सड़क पर ही बह रहा था या फिर यह कहा जा सकता है कि सड़क ही सोते को पार करते हुए जाती थी। या फिर दोनों बातें एक साथ हो रही थी। जो भी हो लेकिन जंगल में वह हमारा पहला पड़ाव था। हम उतर गए। सुगु और ड्राइवर उतरकर उस सोते में हाथ मुँह धोने लगे। फिर उन्होंने मुझे जो दिखाया वह देखकर रोंगटे खड़े हो गए। वहाँ हाथी के पैरों के निशान थे और हाथी की ताज़ा ताज़ा लीद भी! मतलब हाथी थोड़ी देर पहले ही वहाँ से गुज़रे और उस समय आसपास ही थे। इस निष्कर्ष पर पहुँचते ही ड्राइवर फटाफट गाड़ी में बैठ गया और अगले कुछ सेकेंड में हम दोनों भी गाड़ी में थे। उस सड़क पर जीप जितनी तेज़ भगाई जा सकती थी भगाई जा रही थी क्योंकि हाथी की सनक का कोई भरोसा नहीं। दिमाग़ घूम गया तो वे जीप का पीछा करने से भी नहीं हिचकते हैं। हम अनजान ख़तरे को समझ कर भागे जा रहे थे। सबकुछ नियत करके जंगल सफ़ारी करने वाले इस रोमांच को शायद ही समझ पाएँ जहाँ हाथी एक दर्शनीय जीव के अलावा एक बड़ा ख़तरा भी है। हम सबके चेहरे पर डर था।

जीप अब अपनी यात्रा के आख़िरी हिस्से में प्रवेश करनेवाली थी। मतलब ऊपर की चढ़ाई में। ड्राइवर ने चढ़ाई से पहले जीप रोक दी। उसने जहाँ जीप रोकी उसके बायीं ओर से एक झरना बह रहा था। वहाँ से ऊपर और नीचे देखा जा सकता था। दूर-दूर तक मनुष्य के होने का कोई प्रमाण नहीं, बस जंगल और जंगल। मोटे-मोटे पेड़ों के बीच से निकलता झरना उन्हीं पेड़ों के बीच से होकर नीचे नदी में समा रहा था। सुगु ने अपने झोले से बिस्किट निकाली। हम तीनों झरने के पानी में बिस्किट भिगोकर खाने लगे। वह स्थान जैसी बनावट का था उसमें हाथी के आने का ख़तरा नहीं था सो वहाँ देर तक बैठा जा सकता था। लेकिन बैठे रहने से दिन भी चलना बन्द कर दे ऐसा कहाँ होता है। शाम से पहले गंतव्य तक पहुँचना ही होगा।

उसके बाद जीप की हालत ख़राब होने लगी थी। सीधी चढ़ाई में जीप का दम निकलने लगता था। उन क्षणों में जीप का हाँफना और ड्राइवर की मशक्कत एक साथ महसूस की जा सकती थी। एक बार तो जीप ढलान से फिसलने लगी। उस क्षण ड्राइवर को छोड़कर हम दोनों की हालत ख़राब हो रही थी। क्या पता ड्राइवर भी डर गया हो। फिर किसी तरह उसने गाड़ी को सँभालते हुए जीप को उस ढलान पर चढ़ा ही दिया। उस ढलान से आगे का रास्ता हमें पैदल तय करना था। जीप वहाँ से लौट जाती क्योंकि उसके बाद जीप खड़ी हो सके उतना चौड़ा रास्ता भी नहीं बचता है। नीचे नदी से उस ऊँचाई तक की दूरी मुश्किल से पन्द्रह किलोमीटर होगी लेकिन उतनी दूर का किराया प्रति व्यक्ति के हिसाब से बारह सौ रुपये! हमने पीछे मुड़कर देखा नशे में धुत्त ड्राइवर चौबीस सौ रुपये लेकर हनहनाता हुआ नीचे नदी की ओर बढ़ता जा रहा था। हम भी पैदल बढ़ चले।

हम जिस रास्ते पर चल रहे थे उसे हमारे गाँव में 'एकपैरिया रास्ता' या केवल 'एकपैरिया' भी कहते हैं। मतलब एक पैर का रास्ता। सामने से आनेवाले या फिर पीछे से आगे बढ़ जाने वाले को रास्ते से हट कर जाना पड़ता है। मूँग के खेतों की मेंड़ से चलने के बजाय लोग खेत के बीचोबीच ही एकपैरिया रास्ता बना देते हैं। अब सड़कें बन गयी हैं लेकिन खेतों में एकपैरिया का ही राज है। सुगु आगे-आगे और मैं पीछे-पीछे। उसके हाथ में एक डंडा था जिसे वह बीच-बीच में फटकारते हुए चलता था ताकि आसपास यदि कोई साँप या अन्य छोटे जानवर हों तो वे भाग जाएँ। पहाड़ी में लिपटा वह पतला रास्ता क्रमश: ऊपर की ओर बढ़ता जा रहा था। दायीं ओर पहाड़ी और बायीं ओर खाई। वह खाई पेड़ों से इस तरह आच्छादित थी जैसे कोई हरा गद्दा हो जिस पर हम कूदें तो दस हाथ ऊपर उछल जाएँ। लेकिन उस खाई में गिरने का मतलब था साक्षात मौत। ऊपर झाड़ियाँ ज़्यादा थी इक्का-दुक्का बड़े पेड़! सुगु बार-बार पीछे मुड़कर मेरी टोह लेता हुआ चल रहा था। उसके गाँव का रास्ता इतना कठिन है यह अन्दाज़ा नहीं था मुझे। उस समय ऐसा लग रहा था कि बेकार वह आमंत्रण स्वीकार कर लिया। पीछे हाथी का भय, आस-पास साँप और छोटे जानवर और ग़लती से फिसल गए तो निश्चित मौत! इतनी चुनौतियों के साथ यात्रा करते हुए उस गाँव पहुँचकर क्या हासिल हो जाना था? मैं पहली बार प्रैक्टिकल हो रहा था।

जहाँ से ढलान शुरू हुई वहाँ से हम भी विपरीत दिशा में मुड़ गए। अब सूरज ठीक हमारे सामने था। वह डूबने वाला था। डूबता सूरज, नीचे फैली चोटियों, पेड़-पौधों की समूची हरियाली पर नारंगी रंग बिखेर रहा था। सबसे ऊँची चोटी से यह दृश्य देखना ऐसा था मानो प्रकृति की समस्त ख़ूबसूरती एकसाथ आत्मसात हो रही हो। दूर तक पश्चिमी घाट की पहाड़ियों की शृंखला एक के पीछे एक खड़ी थी जिनके ऊपर दूधिया धुन्ध का साम्राज्य था। उस धुन्ध पर भी गहरा नारंगी रंग उतर रहा था। मैं रुक गया तो सुगु को भी रुकना ही पड़ा। उस उत्तुंग शिखर से प्राकृतिक सौन्दर्य के इस रूप को देखना सौन्दर्य का प्रलय प्रवाह ही तो था। इस प्रवाह के लिए कोई भी ख़तरा उठाया जा सकता था।

हम जब तेरा पहुँचे तब साँझ ढल गयी थी फिर भी दिन के हिस्से का थोड़ा प्रकाश बचा ही था। एक पहाड़ी का पूरा चक्कर काटकर हम नीचे उतरे थे और गाँव के बाहर ऊँचे और मोटे-मोटे पेड़ हमारा स्वागत कर रहे थे। घने जंगल के बीच समतल ज़मीन मिलने से एकपैरिया अचानक काफ़ी चौड़ी हो गयी थी। पेड़ों के नीचे चलते हुए लग रहा था किसी हरी सुरंग में चले जा रहे हों। मोटे-मोटे पेड़ों से

लटकी मोटी-मोटी लताएँ विशाल साँपों सी लग रही थी। सुगु का कहना था कि वह उन लताओं के सहारे पेड़ की फुनगी तक चढ़ सकता है। मैंने कोई जवाब नहीं दिया तो उसे लगा कि मैं उसकी बात को बस गप्प मान रहा हूँ। उसने आव देखा न ताव और लताओं के सहारे पेड़ पर चढ़ने लगा। उसकी गति देखकर मैं जबतक अन्दाज़ा भी लगा पाता तब तक वह काफ़ी ऊपर पहुँच चुका था। अपने गाँव के पेड़ को देखकर उसका हुलस जाना एक विश्वास भर रहा था कि अब रास्ता पूरा हो चुका है और ख़तरों का डर नहीं है!

एक आदिवासी गाँव में मेहमान होना मतलब बाहरी दुनिया के प्रवेश का ऐसा प्रतिनिधि होना जिसे वहाँ के तौर तरीक़े नहीं पता, कौन, कौन है नहीं पता और यह भी नहीं पता कि अगले पल क्या हो सकता है। सुगु कहीं मिला और उसके एक निमंत्रण पर मैं उसके साथ तेरा गाँव आ गया था। यह सहज विश्वास उन कथाओं को साकार भी तो कर सकता था जो इस तरह के अनजान मूल निवासियों के प्रदेशों में घट जाया करती है या जिन्हें प्रतीक बनाकर आदिवासियों की निश्छल क्रूरता का रूपक गढ़ा जाता है! रास्ते के किनारे बाँस के घरों से निकल कर खड़े लोग देखने लगे जैसे मैं कोई अजूबा था। केले के झुरमुट से कोई किशोर जिस प्रकार निकल कर सामने आया वह किसी बड़े जानवर के बाहर आ जाने का आभास दे रहा था। ऊपर चाँद के प्रकाश का प्रभाव दिखने लगा जो अबतक दिन के प्रकाश में निष्क्रिय नज़र आ रहा था। उसी समय एक छोटा बच्चा हाथ में तीर धनुष लिए दौड़ता हुआ आकर सुगु से सट गया। वह सुगु का भाँजा था। छोटे-छोटे बच्चों को गोद में लिए खड़ी स्त्रियाँ और उनके पीछे खड़ी लड़कियाँ दूर काम कर रही बुज़ुर्ग स्त्री के चेहरे पर केवल मुस्कान। उस मुस्कान का अर्थ यह कि 'बेटा भाषा तो नहीं आती पर तुम हमारे मेहमान हुए'। सुगु सबसे परिचय करवा रहा था ज़्यादातर उसके सम्बन्धी ही थे। इस तरह आगे बढ़ते हुए हम उसके आँगन भी पहुँच गए। उनका घर देखकर लगा कि हम अपने रहने के लिए जंगल को साफ़ करते जा रहे हैं और इन्हें देखो जंगल से किस तरह का तालमेल बैठा रखा है। लोग और जंगल साथ रह रहे हैं। उस समय सुगु की माँ पास के झरने पर बर्तन धो रही थी और वहीं पर सुगु का बड़ा भाई एक हमउम्र लड़के के साथ नहाने की तैयारी में था। सुगु के भाई के हाथ पर एक बड़ा घाव था और उसका साथी पान से लाल मसूड़ों के साथ हँस रहा था। हँसी ही भाषा बन रही थी। सुगु ने बताया कि उसके भाई का हाथ गुंड के हाथ में ही फट जाने से घायल हो गया। गुंड? पटाखा! उन सबका स्वनिर्मित पटाखा! एक रात अचानक से हाथी का हमला हुआ हाथी घरों के क़रीब आकर केलों, काली मिर्च और हल्दी की फसल को नुक़सान पहुँचाने लगे थे। सुगु के भाई और अन्य युवक पटाखों की आवाज़ से हाथी भगाने लगे। हाथी तो भाग गए लेकिन उसी क्रम में एक पटाखा

उसके भाई के हाथ में ही फट गया। काफ़ी दिन हो गए लेकिन घाव बहुत धीरे धीरे भर रहा है।

शाम से कई लोग मुझे आकर देख गए थे जैसे मैं पकड़ुआ बियाह (विवाह) के लिए लाया गया लड़का था! अपने गाँव की वे अँधेरी शामें ज़ेहन में तैर गयी जिसमें शादी के लिए जबरन या फुसलाकर लाये गए लड़कों को दालान पर बिठाया जाता था और लोग आने बहाने से उसे देख जाते थे। उसे पता भी नहीं होता था कि पीछे किसी और आँगन में उसकी शादी की तैयारी चल रही है और कई लड़के लाठी लेकर थोड़ी-थोड़ी दूर पर पहरा दे रहे हैं कि वह भागे तो पकड़ लिया जाये। सुगु के दालान पर डिबरी की रोशनी में बाँस की चटाई पर बैठे हुए मुझे यही आभास हो रहा था। दालान और सुगु के घर की रसोई में बाँस की पतली दीवार की ही दूरी थी जहाँ से अजीब सी गन्ध आ रही थी। बाक़ी बर्तन पर बर्तन के टकराने की आवाज़ें वही जो हर रसोई से आती है!

अँधेरा बढ़ा तो लोगों के आने का सिलसिला भी थम गया। तेरा गाँव जहाँ न तो बिजली थी न मोबाइल फ़ोन का नेटवर्क और आसपास वह लड़का भी नहीं था जिसने मुझे अपने गाँव बुलाया था, वहाँ वह शाम बड़े बोझिल तरीक़े से रात में तब्दील हुई थी। किसी जानवर की दूर से आती पुक-पुक की आवाज़ और छोटे-छोटे बरसाती कीड़ों की आवाज़ और आसपास पत्तों पर गिरती बारिश की महीन बूँदों की आवाज़ आदि मिलकर अलग कोरस का निर्माण कर रही थी। उसके बाद सुगु कहीं से प्रकट हुआ और उसी के साथ आया उसका कुत्ता-डोनांगन! उसने आते ही हाथ धो लेने को कहा क्योंकि अब खाना आनेवाला था। हाथ धोकर मैं उसी चटाई पर पुन: बैठ गया। सामने जो थाली आई उसमें चावल, बिना किसी मसाले की आसपास उपलब्ध हरे पत्तों और फलियों की तरकारी, भुनी हुई सुखाई गई मछलियों के साथ नमक रखा हुआ था। साधारण भोजन के असाधारण हो जाने का पहला अनुभव था। तरकारी का स्वाद अजीब सा था एक बार को पीछे से धक्का सा आता लगा लेकिन किसी तरह वह थम गया। मन को समझाया कि जो भी हो खाने के लायक है तभी तो ये लोग भी खा रहे हैं। फिर उस नमक के सहारे सब्जी और चावल उतारने लगा। मछली का टुकड़ा मुँह में लेते ही पता चल गया कि शाम से इसी की गन्ध बाहर आ रही थी। खाने का स्वाद मेरे स्वाद के अनुसार नहीं था लेकिन न तो खाने में कमी थी और न ही खिलाने वालों के भाव में। इसके बाद तो कुछ बचता ही नहीं था। सब खा रहे थे और सुगु की माँ परोस रही थी। अपनी माँ भी याद आ गयी जो इसी तरह सबको खिला कर खाती है। मतलब 3 हज़ार किलोमीटर की दूरी के बावजूद सबसे अन्त में खाने की वही रवायत!

खाना खाते ही मेरे सोने की जगह तय होनी शुरू हुई। केवल मेरे सोने की ही

क्योंकि बाक़ी लोगों के सोने की अपनी-अपनी जगहें थी और सबको पता थी इसलिए कोई उस पर क्यों बात करता! सुगु ने मेरे सामने दो विकल्प रखें। पहला तो यही कि जहाँ खा रहा था वहीं सो जाऊँ और दूसरा विकल्प गाँव के एक कोने में बने एक 'माड़म' यानि पेड़ पर बने घर में सोने का! मैंने दूसरे विकल्प को हुलसते हुए स्वीकार कर लिया। हल्की-हल्की बूँदा-बाँदी के बीच मैं और सुगु उस माड़म की ओर चल दिए। सुगु आगे-आगे टॉर्च लेकर चल रहा था और मैं पीछे-पीछे। उसकी माँ ने हमें नमक के पानी की एक बोतल दे दी थी ताकि रास्ते में जोंक लगे तो उसे छुड़ाया जा सके। उसके भाई ने तेज़-तेज़ चलने को कहा था इससे जोंकों को पैरों पर चढ़ने का कम से कम समय मिलता है। हमदोनों काफ़ी तेज़ी से बढ़े जा रहे थे। उस ऊँच-नीच भरे रास्ते पर पड़ने वाले सभी घरों के सामने सुगु किसी न किसी को आवाज़ लगा रहा था। हर आवाज़ पर कोई न कोई प्रतिक्रिया लेते देते वह आगे बढ़ जाता। कुछ देर चलने पर हम ऐसी जगह आ गए जो थोड़ी ऊँचाई पर थी। वह हल्दी का एक खेत था जिसे बाँस के घेरे से घेर दिया गया था। एक फाटक को हटाकर हम भीतर घुस गए। अँधेरे में छाती तक पहुँचने वाले हल्दी के पत्तों के बीच से गुज़रते हुए हम उस खेत के सबसे ऊँचे स्थान पर आ गए। वहाँ हल्दी नहीं लगी थी। बस एक पेड़ था और पेड़ से बाँस की बल्लियों की एक सीढ़ी बँधी थी। सीढ़ी के छोर पर एक झोपड़ी बनी हुई थी और उसके ऊपर पेड़ के पत्ते। उस अँधेरी बरसाती रात में वह सब एक रहस्यमय वातावरण रच रहा था। सुगु ने आवाज़ लगाई— चंगा!! ऊपर से चंगा ने जवाबी आवाज़ दी और हम ऊपर चढ़ने लगे।

ऊपर माड़म का दृश्य ही अलग! तिमंज़िले जितनी ऊँचाई और वहाँ जतन से बनाया मचान और उसके ऊपर फूस और नारियल के पत्तों की छत! उसके एक हिस्से में आग जला रखी शी और आग से बिस्तर को बचाने के लिए आग और लकड़ी के घेरे बीच राख़ भर दी गयी थी मतलब आग आसानी से बिस्तर तक नहीं आ सकती। आग दो कारणों से रखी जाती थी। एक तो हाथियों के संभावित हमले के समय उनको आग से डराने के लिए दूसरे जब ठंड बढ़ जाये तो गर्माहट पाने के लिए। मैं उस पेड़ पर बनी झोपड़ी का मुआयना करने लगा। ठीक उसी समय सुगु ने चप्पल उतार कर उँगलियों बीच छिपे हुए जोकों को तलाश लेने को कहा। टॉर्च की रोशनी में देखने लगा तो दोनों पैरों में दस से ज़्यादा जोंक लटके हुए थे जो आराम से मेरा ख़ून पी रहे थे। मैं घबराता इससे पहले ही चंगा और सुगु नमक का घोल डाल-डाल कर जोकों को हटाने लगे। अजीब तो लग रहा था लेकिन एक नए अनुभव की आड़ में उस पर मन बहुत ज़्यादा ध्यान देने की स्थिति में नहीं था। अब सोने की बारी थी। उस झोपड़ी में आग जल रही थी इसलिए धुआँ तो था ही उस धुएँ से बचने के लिए मैं दूसरे छोर पर लेट गया। वहाँ से ठंडी हवा आ रही थी। यही

वह समय था जब मैं अपने दिन का हिसाब करने लगा। केरल के एक दूरस्थ गाँव में जहाँ न तो बिजली है न सामान्य सुविधाएँ वहाँ एक पेड़ पर बने घर में मैं लेटा था। उस ऊँचाई से दिखती चीज़ों का अन्दाज़ा लगाने के लिए सुबह होने का इन्तज़ार था।

सुबह नींद जल्दी खुल गयी। नींद ने तो अपना ही समय लिया था बस बात यह थी कि आसपास से चिड़ियों का शोर आ रहा था। अचानक से मुझे ध्यान आया कि कई चिड़ियों का घोंसला तो हमारे ऊपर ही बना होगा। माड़म के ठीक ऊपर ही तो पेड़ का पत्तों वाला हिस्सा है। मैंने बाईं ओर देखा तो आकाश में लाली छा गयी थी। वह दृश्य बहुत सुन्दर था लेकिन उससे भी अलग बात यह थी कि उसे मैं पेड़ पर बने घर से देख रहा था। पेड़ पर बने घर केरल के सुपरिचित पर्यटक स्थलों के बड़े होटलों में बड़ी आसानी से मिल जाएँगे लेकिन वहाँ सब कुछ बनावटी है। तेरा गाँव की उस सुबह को मैं हमेशा याद रखूँगा। वहाँ से पूरा गाँव दिख रहा था। मैं उठकर गाँव को जागते हुए देख रहा था उसी के समानान्तर प्रकृति भी जाग रही थी। चंगा और सुगु भी जाग कर आग सेंकने लगे। दोनों ने आग पर एक देगची भी चढ़ा रखी थी चाय के लिए। थोड़ी देर में चाय मिली। चाय क्या थी काली चाय। चाय की पत्ती डालकर उबला हुआ बिना चीनी का पानी! उसे चाय के कसैले स्वाद वाला गरम पानी कह सकते हैं। दो चार घूँट के बाद मैंने बाक़ी बची 'चाय' फेंक दी। जितनी देर उस तथाकथित चाय को नीचे हल्दी के पत्तों पर गिरने में लगा होगा उतनी ही देर उसे फेंक देने का अपराधबोध मेरे मन पर रहा क्योंकि एक-एक कर उन दोनों ने भी अपने-अपने गिलास की चाय फेंक दी थी।

जहाँ से पूरा गाँव दिखता था उस ऊँचाई से नीचे उतरते हुए सुगु ने बताया कि माड़म फसल और गाँव की रखवाली के लिए ज़रूरी है। शुरू-शुरू में लोग माड़म में ही रहते थे। फिर जानवरों से बचने के अलग तरीक़े आ गए तो माड़म के बजाय सामान्य प्रकार की झोपड़ियाँ भी डाली जाने लगी। हम जिस रास्ते से सोने गए थे उसी रास्ते से लौट रहे थे और हर कोई हमें अपने यहाँ बुला रहा था। और हर कोई वही चाय दे रहा था जिसे मैं ऊपर से फेंक चुका था। वहाँ मैंने देखा कि सब वैसा ही कर रहे हैं दो-चार घूँट लेकर बाक़ी का पानी फेंक रहे हैं। सुगु के घर लौटते-लौटते वे दो-चार घूँट मिलकर भी सात आठ गिलास हो ही गए होंगे लिहाज़ा उसके यहाँ चाय की बात उठते ही मैंने मना कर दिया। सुगु ने अपने घर भी चाय पी। उसका कहना था कि इसी बहाने शरीर में पानी की कमी नहीं होगी!

एक जीवन जिसके हम आदी होते हैं और एक जीवन जिसके हम आदी नहीं होते हैं दोनों जब एक दूसरे के ख़िलाफ़ खड़े हो जाएँ तो अजीब उबाऊ समय खड़ा हो जाता है। सुबह से दिन चढ़ते वक़्त नहीं लगा और उसी तरह ऊब भी दौड़ी चली आयी। सामान्य जीवन में फ़ोन और इन्टरनेट ने जो जगह बना ली थी वह तेरा गाँव

में ख़ाली हो गयी थी। हर बात को फेसबुक और व्हाट्सएप पर डालनेवाला मन तेरा के बारे में बहुत कुछ अपने दोस्तों को बताना चाह रहा था, दिखाना चाह रहा था लेकिन माध्यम ही साथ नहीं दे रहे थे। सुबह भी देख ली, लोगों से फिर से मिल लिए उस 'चाय' के साथ केलों का नाश्ता भी हो चुका था और अब वहाँ करने को कुछ नहीं था। मैंने सुगु से बात की तो एक आस जागी। वह मुझे जंगल के उस भीतरी हिस्से में ले जाने के लिए राजी हो गया जहाँ से वे लोग शहद इकट्ठा करते हैं। वहाँ जाने से पहले मुझे वह सम्भावित ख़तरों से आगाह कराने लगा। पहला तो वही हाथी, फिर साँप, सबसे आसन्न और नज़दीकी ख़तरा–जोंक, पहाड़ को पार करने की मुश्किलें। एक बार तो मन हुआ कि मना कर दूँ और फिर उसी माड़म में जाकर सो जाऊँ लेकिन अगले ही पल यह बात कौंध गयी कि जिन ख़तरों से डरकर मैं नहीं जाने का सोच रहा हूँ उनसे ये लोग रोज़ बावस्ता होते हैं। फिर अपनी सीमा भी तो परखनी चाहिए! कुछ ही देर में हम पहाड़ को पार कर दूसरी ओर जाने के लिए तैयार थे। सुगु ने काटने वाला एक हथियार खुद लिया और एक मुझे पकड़ाया अपनी तरह की एक लुंगी मुझे भी उसी तरह बाँध दी।

दस मीटर बढ़ते ही जंगल इतना घना हो गया कि आगे बढ़ने के लिए आगे की रुकावटों पर दबिया चलाने की ज़रूरत पड़ने लगी। ऊपर धूप थी लेकिन नीचे उसकी निशानी तक नहीं आ पा रही थी। बाँस की भीगी पत्तियाँ फिसला देती थी। पुराने गिरे पेड़ सड़ रहे थे। रास्ते मे आती रुकावटों को हटाने के लिए जो दबिया चलता था उसकी आवाज़ से कोई चिड़िया या खरगोश इधर से उधर भाग रहे थे। उन सबके बीच से ऊपर चढ़ना टेढ़ी खीर लग रहा था। इस बीच सुगु ने रुकने का संकेत किया। उसकी हरकतों से लग रहा था कि उसने कुछ महसूस किया। शुरू में तो मुझे वह बस एक नाटक लगा लेकिन जब थोड़ी दूर से लकड़ी तोड़ने की तेज़ आवाज़ आई तो डर से ज़्यादा जंगल के बारे में उसकी समझ पर आश्चर्य हो रहा था। उसके हिसाब से थोड़ी दूर पर हाथी था। मेरा मन हाथी को जंगल में देखने को मचल उठा। सुगु मुझे लगभग खींचते हुए दूर ले जा रहा था फिर उसने मुझे थोड़ी ऊँचाई पर ले जाकर खड़ा कर दिया और उस आवाज़ की दिशा में देखने को कहा। आश्चर्य ये कि वहाँ तीन हाथी मज़े से पत्ते निपटा रहे थे। सुगु के अनुसार मुझे वहाँ से चलना चाहिए था नहीं तो हाथी को हमारी भनक लगते ही कुछ भी हो सकता था। हम तेज़ी से आगे निकल गए। थोड़ी देर तेज़ चलने के बाद सुगु रुक गया और पहली बार उसने जोर से बोला। हम वहाँ एक गिरे हुए पेड़ पर बैठ गए। सुगु के हिसाब से वहाँ ख़तरा नहीं था। मेरे मन में एक सवाल अभी भी घूम रहा था कि उस लड़के ने हाथी के बारे में इतना पक्का अनुमान कैसे लगा लिया। उसका जवाब था— सूँघकर। सूँघकर? हाँ, हाथी की एक गन्ध होती है! उसे दिखाये बिना मैंने भी

हवा को सूँघने की कोशिश की पर ज़रा भी अन्तर नहीं भाँप पाया। उस पड़ाव पर हमने पानी पिया और अब हम नीचे उतरकर उस स्थान पर जाने वाले थे जहाँ से वे लोग शहद इकट्ठा करते हैं। बारिश के मौसम में शहद बहुत कम मिलता है इसलिए उन दिनों काम लगभग ठप ही था। ऊँचाई पर खड़े होकर उसने इशारा किया कि कहाँ तक जाना है। जहाँ जाना था वहाँ तक पहुँचने के लिए खड़ी ढलान से उतरना था। मुझे लग गया कि यह काम आसान नहीं रहने वाला है। इधर-उधर देखकर वह रास्ता बनाने लगा। कुछ झाड़ियों के कटते ही एक मोटी लता दिख गयी। उसे पकड़ कर उसने उसकी क्षमता का अन्दाज़ा ले लिया। फिर चुपचाप कमर में दबिया खोंसकर वह लता के सहारे नीचे उतरने लगा। मेरे लिए कोई विकल्प ही नहीं था। मैं भी उसी तरह नीचे उतरने लगा। हम थोड़ी-थोड़ी देर के बाद रुक-रुक कर नयी लता खोजते और उनके सहारे नीचे चले जा रहे थे। आख़िर उस स्थान पर पहुँच ही गए जहाँ जाना था। नीचे झील की तरह पानी जमा हुआ था जो पहाड़ से झरने की शक्ल में बहकर आता होगा। वहाँ ऊँचे-ऊँचे पेड़ थे सुगु के अनुसार उन पेड़ों पर मधुमक्खियाँ छत्ता लगाती हैं। एक एक पेड़ में दस-दस छत्ते भी हो सकते हैं। उसके गाँव के लोग शहद इकट्ठा कर अपनी रोज़ी चलाते हैं। और शहद निकलते वक़्त ही नीचे के पानी मे मछलियाँ पकड़ते हैं। फिर उन मछलियों को सुखाकर उन दिनों के लिए रख लिया जाता है जब अमूमन मधुमक्खियों के छत्ते लगने बन्द हो जाते हैं। मैं उसकी बातें सुनते हुए भी ऊपर पेड़ों में छत्ते ढूँढ़ रहा था। आख़िरकार एक छत्ता दिख ही गया! छत्ता देखते ही सुगु के चेहरे पर मुस्कान आ गयी। उसका आख़िरी प्रस्ताव ऐसा था कि मैं मानने और न मानने के बीच फँस गया। उसने कहा कि अब यहाँ तक आ गए हैं तो मछलियाँ पकड़ लेते हैं! उसने फटाफट एक बाँस काटकर गिरा लिया, उससे भी तेज़ी से उसे फाड़कर एक फट्ठी निकाल ली और नुकीले तीर भी बना डाले। धनुष बनाने का ज़रूरी समान रस्सी! पास एक लता काटकर उसे बीचो-बीच फाड़ डाला बन गयी रस्सी। अब उसके पास एक धनुष और 6 बाण हो गए थे। मेरे पास हतप्रभ होकर जीवन कौशल के इस सफल उदाहरण को देखने के अलावा कोई विकल्प नहीं था। वह देखकर लगा कि कहाँ हम किताबी ज्ञान में छात्रों को आँकने रोज़गार के लिए परीक्षा लेने और उन परीक्षाओं के आधार पर बच्चों का वर्गीकरण करने में लगे रहते हैं। असल परीक्षा तो वास्तविक ज़िन्दगी लेती है। हो सकता है सुगु वैसा छात्र न हो जैसा विद्यालय या विश्वविद्यालय तैयार करते हैं लेकिन सुगु को जीने के लिए ज़रूरी कौशल आते हैं। उसकी सहजबुद्धि और आसपास उपलब्ध चीज़ों को बरतने की समझ शिक्षित लोगों की परिभाषा पर ही प्रश्नचिह्न लगा देती है।

अन्दाज़ा लगा-लगा कर सुगु ने तीर छोड़े और 4 बड़ी-बड़ी मछलियाँ मार

ली! उस झील का पानी देखते ही मेरा मन तैरने को हो आया। मछलियों और कपड़ों को किनारे रखकर हम उस झील में तैर रहे थे। मेरे लिए यह बात कल्पना से भी परे थी। पहाड़ों के बीच उस झील में तैरना। प्रकृति के साथ इससे ज़्यादा नज़दीकी क्या हो सकती थी।

हमारी वापसी उसी रास्ते से हुई हो यह कहना कठिन है हाँ वापस आते हुए भी हम वही तरीक़े अपनाते हुए चल रहे थे जिनको बरतते हुए नीचे गए थे। रास्ते में दो साँप एक दूसरे से लिपटे हुए मिले। एक जगह इलायची का पौधा मिला। उसमें बहुत सी हरी-हरी इलायची लगी थी जिनका आकार सामान्य इलायचियों से बड़ा था। सुगु ने भी यह बात मानी! वापस हम हरी इलायचियाँ चबाते हुए आ रहे थे। नीचे लोग हमारी प्रतीक्षा कर रहे थे। सुगु के लिए तो नहीं पर मेरे लिए लोग चिन्तित भी थे। लोगों को यह जानकर आश्चर्य हुआ कि भले ही सुगु के पीछे-पीछे लेकिन मैंने पहाड़ को उसी तरह पार किया जिस तरह वहाँ का कोई निवासी करता। मैं भी मुस्कुरा रहा था। नीचे पहुँचकर देखा तो पैर में एक बड़ा घाव लग चुका था। जिस समय चोट लगी थी उस समय मैं लता के सहारे ऊपर चढ़ रहा था और हल्का खरोंच मानकर आगे बढ़ गया था।

मेरा उत्साह और काम लायक क्षमता देखकर सुगु ने अगले दिन का कार्यक्रम भी घोषित कर दिया। अगले दिन वह दो-तीन और लड़कों को साथ लेकर वहाँ की सबसे ऊँची चोटी तक ले जाने वाला था। लेकिन उससे पहले खेल यानि, चाड़ अम्बम-बिल्ल!

लगभग चार बजे हम जहाँ पहुँचे वह उस गाँव का खेल का मैदान था। बाँस की अपेक्षाकृत पतली वाली प्रजाति से घिरा हुआ एक चौकोर स्थान। वहाँ केवल पुरुष ही थे और अबतक सब मुझे जान गए थे। भाषा तो नहीं समझ पाता था मैं लेकिन उनकी आँखों और मुस्कान में पड़े अपनत्व को सहजता से उठा सकता था। वहाँ एक ऐसा खेल हो रहा था जिसके बारे में सुना भी नहीं था। लगभग क्रिकेट के पिच की लम्बाई और उसी की आकृति की एक पट्टी के दोनों ओर बाँस की बल्लियों की क़रीब दो फीट ऊँची दीवार खड़ी थी। वह दीवार 'तट्ट' कहलाती थी। दोनों दलों के लिए एक-एक तट्ट। अब बात चाड़ की। चाड़ बाँस की पतली कमानियों से बनी एक भारी भरकम चकती थी। एक दल के लोग उस चाड़ को अपने तट्ट के पास से दूसरे तट्ट की ओर फेंकते थे सामने के दल के लोग जो तीर धनुष अर्थात अंबम-बिल्ल लेकर खड़े थे वे उस गतिमान चाड़ पर निशाना लगाते थे यदि निशाना लग जाता और बाण चाड़ में गहरे धँस जाता तो उस स्थिति को 'करी' कहते थे, यदि गहरे नहीं धँसता और केवल बाहर बाहर ही रहता तो उसे 'तोली' कहा जाता। करी वाली दशा में बाण को चाड़ सहित तट्ट में फँसा दिया जाता था

और जिस टोली ने चाड़ को फेंका था उसमें से कोई एक उस पर निशाना साधता। बीस-बाईस फीट से निशाना! यदि बाण चाड़ में लग गया तो विपक्षी दल को 6 बाण और चाड़ फेंकने की एक चाल निशाना लगानेवाले दल को देना पड़ता। और निशाना न लगने की स्थिति में फेंका गया बाण विपक्षी दल का हो जाता था। अर्थात इस पूरी प्रक्रिया में बाण महत्त्वपूर्ण थे इसलिए विजयी दल का निर्णय बाणों की अन्तिम संख्या पर निर्भर करता था।

यह खेल मुझे दो बातों के लिए याद है। पहला तो इसमें प्रयुक्त 'तोली' 'करी' जैसे शब्दों और गतिमान चाड़ की वजह से और दूसरे खेल में सभी उम्र के खिलाड़ियों के एक साथ खेलने की वजह से। इस खेल का थोड़ा विखंडन करें तो गतिमान चाड़ जंगल के किसी भागते जीव का प्रतीक लगता है जिसका शिकार करने के लिए लोग धनुष बाण लेकर दौड़े पड़े हैं। तोली का अर्थ मलयालम में ख़ाल होता है। मतलब तोली वाली अवस्था में तीर केवल जानवर के खाल में ही लगी होती है। उसके बरक्स करी, कटी और पकी हुई सब्जी और मांस दोनों के लिए प्रयोग में आती है। अर्थात यह एक ऐसा खेल है जो शिकार में प्रशिक्षण के साथ साथ उस समुदाय के शिकारी इतिहास की पहचान कराता है। मैं जबतक वहाँ रहा उनलोगों ने किसी जानवर को नहीं मारा। मेरे पूछने पर वे साफ़ मना कर गए लेकिन सुगु का पाँच साल का भांजा जब भी किसी पक्षी को देखता तो बाण चला देता था। उसका कोई निशाना तो नहीं लगता लेकिन यह इस बात की ओर इशारा तो करता ही था कि वे शिकार करते थे।

उस खेल में पचास साल के चुटिअप्पन और पाँच साल के राहुल को एकसाथ खेलते देखकर मुझे शिक्षण की ऐतिहासिक भारतीय पद्धति का सहज ही ध्यान हो आया। उन दिनों यही तो होता था! वहाँ कक्षाओं का कोई विभाजन नहीं था, न ही उम्र की कोई सीमा थी। सब एक साथ सीखते थे। चाड़-अम्बम-बिल्ल में ऐसा भी नहीं था कि राहुल के लिए लक्ष्य छोटा कर दिया गया हो या फिर चाड़ की गति धीमी कर दी गयी हो। मतलब जो सीखना है वास्तविक वातावरण में सीखना है।

उस रात हम दूसरे माड़म में सोने गए। वह पहले वाले के ठीक उल्टी दिशा में गाँव के दूसरे छोर पर था। वहाँ तक जाते हुए एक छोटी पहाड़ी का चक्कर काट कर जाना होता था। पहाड़ी से नीचे उतरते हुए एक झरने की आवाज़ सुनी। झरने के पास से होकर हम उस माड़म में पहुँचे थे। यह झोपड़ी अपेक्षाकृत कम ऊँचाई पर बनी थी। लेकिन यह पहलेवाली झोपड़ी की अपेक्षा ज़्यादा बड़ी थी और इसका एक सिरा एक बड़े चट्टान पर टिका हुआ था। आग यहाँ भी थी। अगली सुबह फिर से नींद जल्दी ही खुल गयी लेकिन वहाँ से नज़ारे दिखने के बजाय आवाज़ों का एक अलग ही संकुल बन रहा था। मैं चट्टान के ऊपर चढ़कर बैठ गया। वहाँ से केवल

झरने की आवाज़ ही नहीं आ रही थी बल्कि वह दिख भी रहा था। आम इंसान की ड्योढ़ी ऊँचाई से गिरता पानी अनजान यात्रा पर बढ़ रहा था। ऊपर पेड़ों पर कई पक्षी अपनी-अपनी तान छेड़ रहे थे। कौन सी आवाज़ किसमें मिल रही थी इसका कोई अन्दाज़ा नहीं लग पा रहा था। वहाँ भी वही चाय मिली। बाहर आने पर लोगों ने पिछली सुबह की तरह ही चाय पर आमन्त्रित किया और उसी तरह दो चार घूँट पीते और बाक़ी फेंकते हुए मैं सुगु के पर पहुँचते पहुँचते फिर से सात-आठ गिलास पानी पी चुका था।

लेकिन वह सुबह दो मायनों में अलग थी। माड़म से लौटते हुए जब हम वह छोटी पहाड़ी पार कर रहे थे तो मेरी नज़र साही पर पड़ी। हमें देखते ही वह जीव हड़बड़ा कर भाग गया। इस अफरातफरी में उसके बहुत से काँटे गिर गए। मैंने वे काँटे समेत लिए। इस दृश्य के बाद सुगु का कहना था कि आज कुछ न कुछ ज़रूर होगा। कोई अघट न घट जाये! उसके तुरन्त बाद वह झरना पड़ता था तो हमने तय किया कि दोपहर में उसी स्थान पर नहाया जाएगा! और हम वहीं नहाये भी!

नहाने से पहले हमें कल के निश्चित कार्यक्रम को पूरा करना था। नाश्ते के बाद तीन और लड़कों के साथ हमलोग उस चोटी की फतह करने को निकल पड़े! इस बार दूसरी दिशा में जा रहे थे जो अधिक गीला था। गीलेपन की वजह से बड़ी मात्रा में जोंक मिल रहे थे। ज़मीन तो ज़मीन ऊपर पेड़ के पत्तों से भी वे गिर रहे थे। जोंक बार बार मेरे पैर पर चढ़ रहे थे। एक बार चढ़ने के बाद उन्हें हटाने में काफ़ी मशक्कत करनी पड़ रही थी। यदि रुककर उन्हें हटाने लगता तो आसपास से और जोंक चढ़ जाते। बड़ी विकट स्थिति हो गयी थी। मेरी ख़राब हालत देखकर सुगु ने एक सलाह दी। उसने कहा कि मैं अपना ध्यान अपनी त्वचा पर केन्द्रित करूँ। जोंक जब हमारी त्वचा से टकराते हैं तो उस समय वे काफ़ी ठंडे होते हैं। उस वक़्त वे त्वचा पर गिरती पानी की ठंडी बूँद का एहसास देते हैं। उस समय यदि उन्हें झटक दिया तो वे गिर जाते हैं क्योंकि तब तक वे अपने दाँत हमारी त्वचा में नहीं गड़ाए होते हैं। एक बार उन्होंने ऐसा कर लिया तो हमारे लिए उन्हें हटाना कठिन हो जाता है क्योंकि वे मज़बूती से हमारी चमड़ी में अपनी पकड़ बना लेते हैं साथ ही हमारे ख़ून की गर्मी से उनका शरीर गरम होकर हमारी तरह ही हो जाता है जिससे उनके होने का आभास भी नहीं होता। सो त्वचा के कोने-कोने में होने वाले ताप परिवर्तन पर ध्यान लगाया जाये। वह लड़का अपनी टूटी-फूटी हिन्दी में जो समझा रहा था वह पीढ़ियों से संचित ज्ञान था। और इसी ज्ञान के सहारे वे जोंक के साथ लगातार रहते हुए भी जी रहे थे। यह बात शायद ही किसी किताब में लिखी मिले लेकिन यह ज्ञान एक साथ भौतिकी और जीव विज्ञान दोनों ही धाराओं में चलता है। जोंक पर मुझ जैसे नौसिखिये के लिए भी यह तरीक़ा काम कर गया। अब मैं भी हल्की ठंडक

का एहसास होते ही हाथ से उस हिस्से को सहला भर देता, जोंक सिमट कर गिर जाते।

दूसरे दिन की चढ़ाई थोड़ी मुश्किल थी लेकिन ऊपर जाने के लिए रास्ते नहीं बनाने पड़ रहे थे। एक बार सुगु और अन्य लड़के रुक गए और हमलोग बीच रास्ते से नीचे उतरकर चलने लगे। मतलब दायीं ओर हाथियों का झुंड था। हम देर तक उसी तरह चलते रहे। चलते-चलते हम थक गए। एक जगह घास विहीन पत्थर देखकर रुक गए। तबतक धूप खिल आई थी और उसकी गर्मी का ताब भी बढ़ गया था। सब वहीं बैठ गए और अपने अपने शरीर की ग़ौर से जाँच करने लगे कि कहीं कोई जोंक चिपककर मज़े तो नहीं ले रहा। हमें पता था कि इस बार की यात्रा लम्बी होने वाली थी इसलिए रास्ते के लिए उपमा बाँध लिया गया था और कुछ बिस्किट भी। वहीं बैठे-बैठे हमने उस अतिरिक्त बोझ को निपटा दिया। थोड़े आराम और खाने के बाद हम फिर से रास्ते पर थे। मंज़िल वही सबसे ऊँची चोटी। उस क्रमशः तेज़ होती धूप में चलना कठिन होता जा रहा था फिर भी मंज़िल पर जाने के इरादे तो बुलन्द थे ही। जब हम चोटी के क़रीब पहुँचने वाले थे तो आँवले का एक पेड़ दिखा। लड़कों ने कुछ आँवले तोड़कर बाँध लिए और फिर आगे।

अन्ततः हम चोटी पर पहुँच ही गए। सबसे ऊपर पहुँचने के लिए थोड़ी मशक्कत करनी पड़ी, एक दूसरे को सहारा देते हुए हम चोटी पर विराजमान हो गए। प्यास लग रही थी, ऊपर से सीधी धूप हमारे सिर को तवे के समान गरम कर रही थी। इन सबके बावजूद चोटी से जो दृश्य दिख रहा था उसका आनन्द अतुल्य था। वह चोटी उस पहाड़ी के ठीक अन्तिम छोर पर थी। इस पहाड़ी और सामने वाली पहाड़ी के बीच लम्बी दूरी थी जो कुछ किलोमीटर तो ज़रूर रही होगी। दोनों पहाड़ियों के बीच का दृश्य अत्यन्त मनोरम! बीच में घाटी बन रही थी जिसमें छोटी बड़ी कई झीलें थी। उन झीलों के बीच से कई छोटी-छोटी पहाड़ियाँ निकल रही थी। वे पहाड़ियाँ हरे-हरे टापू के समान दिख रही थी। उस चोटी पर बैठ कर समूचे भूदृश्य को देखा जाये तो पहाड़ के आँगन में फैली प्रकृति की अनुपम धज रोमांचित कर रही थी। उस रोमांच का संगीत हमारे रोम-रोम मे समा रहा था। उस समय मेरे मुँह से बेसाख्ता निकल गया— काश मेरे पंख होते तो मैं इस पूरे इलाक़े में घंटों उड़ता रहता! देखादेखी सबने अपनी-अपनी बात कही!

हम तेज़ी से वापस लौट रहे थे क्योंकि इस बार रास्ता थोड़ा जाना-पहचाना सा था। रास्ते में आँवले का एक और पेड़ मिला। यह पेड़ पिछले पेड़ के मुक़ाबले बड़ा था और उसमें फल भी ज़्यादा थे। सब पेड़ पर चढ़ गए और लगे आँवले तोड़ने। मुझे लगा कि सब मिलकर इस पेड़ से सारे आँवले तोड़ लेंगे लेकिन उन्होंने बहुत सारे आँवले छोड़ दिए। आँवले पेड़ में छोड़ देने का सबब जानना चाहा तो

जवाब मिला— हम सारे फल नहीं तोड़ते! क्या पता कोई भूखा-प्यासा आए और बाक़ी बचे फल उसकी मदद कर जाये! सामूहिक सोच ही पराकाष्ठा थी यह बात!

हम समय से लौटकर आ गए। शाम में फिर से खेलने की जगह में लोग जमा होने लगे थे। वहाँ जाने पर पता चला कि वे लोग मुझे अपने तरीक़े से विदा देना चाहते हैं। रात को पूरा गाँव इकट्ठा होता और चाय पी जाती। मैंने अपनी तरफ़ से उन्हें मदद की पेशकश की पर उन्होंने मना कर दिया।

रात होने पर गाँव के सभी स्त्री-पुरुष गाँव के बीचोबीच एक खुले से स्थान में एकत्र हुए! लोगों की सहजता का आलम यह था कि ऊँघते बूढ़े तक भी आए थे। युवकों की एक टोली बड़े से बर्तन में चाय बना रही थी। बुजुर्ग एक दूसरे को छेड़ रहे थे। गानेवालों की टोली अपने ताम-झाम फैला रही थी। थोड़ी देर में मामला जमना शुरू हो गया। सबसे पहले स्त्रियों की टोली आई। एक दूसरे की कमर में हाथ फँसा कर वे गाते हुए नाचने लगीं। चाँदनी रात में खुले आसमान के नीचे इस तरह का दृश्य मैंने बचपन में माँ और मौसियों के 'जटा-जटिन' खेलते हुए ही देखा था। उन स्त्रियाँ के गीत में मुझे उन सभी आदिवासी गीतों का प्रतिनिधि स्वर महसूस हुआ जो देश भर में फैले हैं। स्त्रियाँ के बाद बारी आई पुरुषों की वे गाते हुए गोल-गोल घूमकर नाचने लगे। बारी-बारी से स्त्री और पुरुषों की टोली आ आ कर अपना प्रदर्शन कर रही थी। इसके बाद उन्होंने मुझे भी गाने के लिए कहा! अब तक मेरी शर्म भी हवा हो चुकी थी। मैंने मैथिली के दो लोकगीत सुना दिए। उसके बाद पुरुषों ने जो नृत्य किया उसमें मुझे भी शामिल कर लिया। कब चाय और बिस्कुट का वितरण हुआ पता ही नहीं चला। सब झूम और गा रहे थे। मुझे उनका एक गीत याद रह गया—

कंगानीए कंगानीए... करप्प साट्ट कंगानी
उर नाल वेला कूलो, उर रुबा संबलम
संबलम तोरकाबीच, वेलापातुर कंगानी...

वापस लौटने वाली सुबह बहुत ही उदास करनेवाली थी। सबसे विदा लेते लेते मेरी आँखें भी भर आईं। इस बार कोई जीप नहीं मिलनी थी इसलिए गाँव से कई लोग छोड़ने आ गए। मैं इस उम्मीद में था कि रास्ते में कहीं जीप ज़रूर मिल ज़ाएगी। जहाँ जीप मिले वहीं से वे पन्द्रह सोलह लोग वापस हो जाएँगे। वरना बेकार में, उन्हें नदी तक का पैदल सफर करना पड़ जाएगा और नदी से पुनः तेरा गाँव तक का सफर।

जीप नहीं मिलनी थी नहीं ही मिली! सबलोग नदी तक छोड़ने आ गए। तेरा गाँव का सौन्दर्य और वहाँ के लोगों की सहजता वर्षों तक दिल पर राज करती रहेगी!

इतिहास का उत्तर

उत्तरी कर्नाटक की भव्यता लगातार आकर्षित करती रही और उस आकर्षण की परिणति हुई बैंगलोर से होसपेट के लिए रात रात की बस लेने में! हमने दिन भर बैंगलोर घूमकर उत्तरी कर्नाटक का रुख किया था। बैंगलोर का दिन एक भागते शहर में चलता हुआ दिन था जिसमें हम अपने जिन परिचितों से भी मिल रहे थे वे किसी न किसी तरह से व्यस्त थे और उनका हमसे मिलना यदि सम्भव हुआ था तो छुट्टियाँ लेकर! कामकाजी शहर इतना स्पेस भी नहीं देता कि, दोस्त और परिचित चाहकर भी आपके साथ उस शहर में थोड़ी देर साथ रह जाएँ! इन सबके बावजूद प्रणव तो मिल ही गया था। और हम दोनों होसपेट के लिए चल दिए! होसपेट क्या और कैसे है इसकी परवाह हमें थी ही नहीं क्योंकि हमारा लक्ष्य उससे तेरह किलोमीटर दूर एक ऐसा पुराना शहर था जो मुगल साम्राज्य के बाद भारत के सबसे बड़े साम्राज्य की राजधानी के अवशेष के रूप में आज भी उतना ही रोमांचित करता है! राजा कृष्णदेव राय के विजयनगर साम्राज्य का हम्पी!

हमारी बस सुबह के चार बजे होसपेट पहुँची थी। हम हम्पी जानेवाली सड़क पर उतार दिए गए थे। कुछ तो सुबह का असर और कुछ लगातार चलती बस के कारण अन्दर आती तेज़ हवा ने हल्की सर्दी का एहसास करा दिया। बस में नींद आती-जाती रही थी इसलिए नींद का असर भी। हम जल्दी से जल्दी हम्पी पहुँचकर थोड़ी देर ही सही लेकिन सोना चाहते थे। दिन भर नींद से खिन्न-सा मन घूमने में कोई आनन्द क्या देता! ऑटोरिक्शा वाले ने खुद ही होटल की बात छेड़ दी। अपनी बिखरी सी हिन्दी और अजीबोग़रीब अँग्रेज़ी में जो उसने समझाया उससे यह बात फिर से पुख्ता हुई कि भाषा का काम सम्प्रेषण ही है। यही बात मैं प्रणव के साथ भी महसूस करता हूँ। प्रणव को केवल मलयालम भाषा आती है और हिन्दी के नाम पर इतना ही है कि बीच-बीच में बोल पड़े 'हिन्दी हमारा राष्ट्रभाषा है'। वह अँग्रेज़ी समझ लेता है लेकिन जवाब जोड़-तोड़ कर ही सही लेकिन हिन्दी में ही देता है! हम थोड़ी देर बाद हम्पी के दायरे में पहुँच गए थे। दोनों ओर अभी भी अँधेरा बना ही था इसलिए सड़क से दूर तो कुछ दिख नहीं रहा था लेकिन पुरातत्व विभाग के विभिन्न बोर्ड रोमांच भरने के लिए काफ़ी थे कि हम उस शहर में प्रवेश कर चुके हैं जो अब एक खुले संग्रहालय में तब्दील हो चुका है। उस शहर को देखने का रोमांच ही था जिसने प्रणव को आकर्षित किया वरना मैंने उस शहर की यात्रा अकेले ही प्रारम्भ की थी।

हमें होटल पहुँचाने पर ऑटो वाले ने जो प्रस्ताव दिया उसे नींद में होने के बावजूद स्वीकार करने के अलावा कोई अन्य विकल्प नहीं था। वैसे भी मेरा अनुभव तो यह रहा है कि किसी स्थान को घूमना हो तो सुबह से बेहतर कोई समय नहीं होता लेकिन नींद के मारे बात उससे अगली सुबह पर टाली जा सकती थी। ऑटोवाले ने हमें, थोड़े से और पैसे देने पर कुछ दूरस्थ किन्तु महत्त्वपूर्ण स्थान दिखाने का प्रस्ताव दिया। अब बात जल्दी-जल्दी से नहाने और ऑटो में बैठने की थी क्योंकि उसने जो प्रस्ताव दिया था उसमें यह बात रेखांकित थी कि उन स्थानों की ख़ूबसूरती सूर्योदय के समय ख़ूब निखरकर आती है।

हम प्रसिद्ध विरूपाक्ष मन्दिर के सामने एक होटल में रुके थे। वह इलाक़ा दिल्ली के किसी मुहल्ले की तरह ही बसा हुआ था एक दूसरे से सटकर खड़े घर, लगभग हर घर में पर्यटकों के रहने और खाने की व्यवस्था। क्रमशः बढ़ते जा रहे प्रकाश में उभरते जा रहे पत्थरों के उस पुराने शहर में खाने और रहने की व्यवस्था करने वालों को निकाल दें तो केवल पत्थर ही पत्थर दिखाई दे रहे थे। मन्दिर, रथ, तराजू सब पत्थर के। सुबह-सुबह जब ऑटो सूर्योदय के लिए प्रसिद्ध स्थान की ओर सरपट दौड़ रहा तो मन में यूँ ही एक ख़याल आया कि, पता नहीं पत्थरों की सोहबत में लोग कैसे हो रहे होंगे!

हम वहाँ पहुँचे जहाँ से सूर्योदय का अंकुर फूटते देखना था हमें। वैसे तो वह सूर्योदय नीचे से भी देखा जा सकता था लेकिन हमें कहा गया कि चट्टानों के सहारे ऊपर जाने पर एक बड़ी और चौरस चट्टान है वहाँ से अलग ही आनन्द आयेगा। यूँ तो हम समय रहते पहुँच गए थे लेकिन हमसे भी पहले पहुँचे पड़े थे -बन्दर और कई विदेशी पर्यटक। बन्दरों के चेहरों की समझ तो नही लेकिन विदेशियों के चेहरे भी सुबह जल्दी उठ जाने की वजह से हमारी तरह भकुआए हुए ही थे। सूरज जिस ओर से उगने वाला था सब उस ओर ही देख रहे थे। उस स्थान के ऊँचे होने की वजह से जहाँ तक नज़र जा रही थी वहाँ तक देखा जा सकता था। नज़र की अनन्त तक देखने की क्षमता के बावजूद नज़दीकी सौन्दर्य मोहक था। दूर-दूर तक फैले अलग आकार के पत्थर, चट्टान उस इलाक़े में चट्टानों के साम्राज्य को बार बार समझाने की चेष्टा कर रहे थे। उन पत्थरों के बीच उग आई हरियाली गेरुए रंग में हरे से जो भाव पैदा कर रही थी वह पूरब की ओर क्रमशः लाल होते क्षितिज के आलोक में मन को बाँधने के लिए काफ़ी थी।

अब किसी भी दृश्य को उसकी समग्र वास्तविकता में देखने के बजाय, कैमरे की काँट-छाँट के हिसाब से देखने की आदत हो गयी है। मसलन वह पूरा भूदृश्य कैसा

बन रहा था इसे आराम से आत्मसात करने के बजाय कैमरे के लिहाज़ से उगते लाल सूरज के सामने से गुज़रते काले पक्षियों के कांट्रास्ट को सटीक पकड़ने के लिए कैमरे के पुर्जे निश्चित किए जाने लगें तो यही कहा जा सकता है। यदि अपनी आँखों से ही अलग-अलग कोने से देखा जाये तब यह दलील भी दी जा सकती है कि यह तो प्राकृतिक सौन्दर्य को देखने का अपना-अपना नज़रिया है कोई समग्र में देखता है तो कोई ख़ास कोण से! लेकिन तमाम देशी-विदेशी लोग जब कैमरे के हिसाब से ही देखने लगें तो दृश्य के बजाय दृश्य का प्रभाव महत्त्वपूर्ण हो जाता है। सूरज उगा तो कोई ख़ास बदलाव उस भूदृश्य में नहीं आया। हाँ एक बात थी कि प्रकाश बढ़ गया और प्रकाश के साथ साथ बहुत से अन्य क्षेत्र भी चमकने लगे। हर ओर चट्टान ही चट्टान। वहाँ उस चट्टान पर मौजूद लोग अपनी-अपना भंगिमा के साथ उस दृश्य में शामिल हो रहे थे। मैंने भी सूरज को निगले जाने का आभास देते हुए फोटो खिंचवा लिया। बहुत कम लोग थे जो किसी योगी की भाँति उस सौन्दर्य को आत्मसात कर रहे थे। वे उस चट्टान के किनारे वाले हिस्से में बैठे सूरज को निहार रहे थे या फिर अपने को महसूस कर रहे थे। सूर्योदय देखने के लिए प्रसिद्ध स्थानों की यह शिकायत हमेशा रहती होगी कि सूर्य निकलने के अगले ही कुछ क्षणों में लोग वहाँ से यूँ ग़ायब हो जाते हैं जैसे वहाँ कुछ था ही नहीं। हम कुछ तस्वीरें लेने के लिए रुक तो गए लेकिन लोगों के चले जाने से बन्दरों से वह स्थान घिर गया बल्कि हम बन्दरों से घिर गए।

अभी तक हमने इतिहास का कुछ नहीं देखा था। सूरज हमारे वर्तमान का हिस्सा था लेकिन, वह तो उस समय भी यूँ ही निकलता होगा। सुबह को पत्थर के उन बड़े-बड़े टुकड़ों को जोड़कर किसी भव्य महल या छोटे से घर की शक्ल दी जा रही होगी या दी जा चुकी होगी। उन घरों और महलों के लोग वहाँ की स्त्रियाँ और बच्चों ने भी यही सूर्य देखा होगा। काश कि सूर्य से संवाद हो पाता और पता चल पाता कि ये पत्थर आज जो इस कदर बिखरे पड़े हैं इनके भीतर कैसे लोग रहते होंगे!

हम बन्दरों के डर से उतरने लगे और उतरकर जिस पहले भवन में गए वह हनुमान का मन्दिर था। मुझे मन्दिरों से जुड़ी कथाओं पर हँसी आती है। बनाई गयी आकृतियों, चिह्नों और मुद्राओं के माध्यम से जब कहानियों को इतिहास में रखने का प्रयास किया जाता है तो वह बड़ा ही हास्यास्पद हो जाता है क्योंकि वही कहानी दूसरे स्थान पर अलग तरह से बताई जाती है। कहानियों का इतिहास रहा होगा इसकी सम्भावना मानते हुए भी एक ही कहानी के अलग-अलग स्थानों पर मौजूद होने से अविश्वास सबसे पहले घिर जाता है। उस मन्दिर में अभी भी आसपास के लोग आते हैं इसका अन्दाज़ा वहाँ की भीड़ देखकर लग गया। बन्दर उस मन्दिर में

आनेवाले श्रद्धालुओं की दया पर निर्भर थे सो वे मन्दिर के दरवाज़े तक आकर विदेशी पर्यटकों को डराने की हैसियत रखते थे और उसमें किसी भी क्षण एक हास्य पैदा कर देने की क्षमता थी। एक बन्दर लपका तो एक लम्बा चौड़ा विदेशी मन्दिर में आई एक अपने से लगभग आधी ऊँचाई की श्रद्धालु के पीछे खड़ा हो गया जैसे वह बन्दर से उसे बचा ही लेती! सूर्योदय के बाद उस स्थान पर बस इतना ही आनन्द आया कि वहाँ से खाई दिखती थी जहाँ उस अप्रैल में भी नीचे थोड़ा पानी दिख रहा था। उत्तरी कर्नाटक में मार्च से ही पानी की कमी शुरू हो जाती है। अप्रैल आते आते प्रचंड गर्मी और सूखे के हालात बनने लगते हैं।

हम आगे बढ़े तो जंगली खरगोशों की एक पूरी टोली सड़क पर दौड़ रही थी लेकिन वे ऑटो से तेज़ नहीं दौड़ सकते थे हमने ऑटो रुकवा दिया। कुछ खरगोश इधर उधर छिप गए और डरकर ठमक कर खड़े हो गए। आगे क्या करें उन्हें पता ही नहीं चल पा रहा था। आज भी उस तस्वीर को देखता हूँ तो उनकी लाल आँखें ही चमक उठती हैं। लाल आँखों वाले डरे हुए खरगोश। खरगोश की लाल आँखें आलोक धन्वा की कविता पतंग में आए 'खरगोश की आँखों की तरह लाल सवेरा' वाले बिम्ब की याद दिला रहे थे। और यह भी एक इत्तेफ़ाक़ ही था कि हम सवेरा देखकर ही लौट रहे थे। खरगोश आँखों की तरह लाल सवेरा!

अब हमारे सामने जो सूरत-ए-हाल था उसमें नींद के अलावा भूख और ऑटो वाले की दिक्कत और शामिल हो गयी। ऑटो वालों के साथ यह देखा है मैंने कि एक बार जब वे किराया तय कर लें फिर उस यात्रा में ज़रा-ज़रा सा भी फेरबदल हो तो उनकी हालत ख़राब होने लगती है। शुरू में वे कहेंगे कि हम इन्तज़ार करेंगे आप आराम से देखकर आना। लेकिन असल चिख-चिख शुरू होती है यात्रा के आगे के हिस्सों में जहाँ ऑटो वाले की आशा के विपरीत उन्हें ज़्यादा इन्तज़ार करना पड़ता है। हमारे साथ चलने वाले महानुभाव अब खीज रहे थे। उनके लिए अब इन्तज़ार करना भारी पड़ रहा था। हम हम्पी के बाहरी क्षेत्र में स्थित उस प्रसिद्ध रथ की ओर जा रहे थे जो हम्पी, विजयनगर साम्राज्य और कर्नाटक पर्यटन का प्रतीक बन गया है। पत्थर को काटकर बनाया गया रथ। उसी रास्ते पर एक दुकान मिली जहाँ नाश्ता मिल गया।

बिट्ठल मन्दिर के जिस परिसर में वह रथ है वह मन्दिरों का एक विशाल संकुल है। उससे काफ़ी पहले से पुष्करिणी अर्थात तालाब, ख़ज़ाना रखने और उसकी देखभाल करने वाले लोगों के तब के घर, अन्य ऐतिहासिक संरचनाएँ शुरू हो जाती है। परिसर के लगभग पाँच सौ मीटर पहले दायीं ओर एक गलियारा शुरू हो जाता है। इस गलियारे की विशेषता है इसकी संरचना। छः फुट चौड़े रास्ते को दायें बाएँ और ऊपर से आयताकार पत्थरों से इस प्रकार घेरा गया है कि यह एक

गलियारे की शक्ल ले ले। हालाँकि ऊँचाई बहुत नहीं है। बिट्ठल मन्दिर में प्रवेश पूरब की ओर बने गोपुरम से होता है। यहाँ तक तो सब उसी तरह था जैसा कि दूर से देख सकते थे या देखा जा सकता था। परिसर में प्रवेश करते ही सामने आया वह प्रस्तर रथ। हम सीधे उसी के पास पहुँच गए। किसी भी पर्यटन स्थल के प्रसिद्ध प्रतीक तक पहुँच जाएँ तो उसके सामने अन्य महत्त्वपूर्ण संरचना उस समय कम से कम आकर्षित नहीं कर पाती। रथ का आकर्षण बड़ा था। रथ यूँ तो एक ही बड़े चट्टान को काटकर बनाया होगा ऐसा प्रतीत होता है लेकिन ऐसा बस आभास होता है। असल में उस रथ जैसी आकृति को कई अलग-अलग खंडों में तराशकर बनाया गया है। जोड़ों को इस तरह से छिपाया गया कि उस पूरी संरचना का एक ही पत्थर को काटकर बनाए जाने का एहसास मिले। लेकिन यह उस रथ की भव्यता और उसके सौन्दर्य में कोई बढ़ा खड़ी नहीं करता! पत्थर पर पूरा आख्यानों के युद्ध के दृश्य भी नक्काशी के द्वारा उकेरे गए हैं। उस रथ की एक विशेष बात है उस पर की गयी चित्रकारी। उस चित्रकारी में खनिजों का प्रयोग किया गया है और यही विशेष प्रयोग उन चित्रों को समय की मार से बचाए हुए हैं। तेज़ धूप में बिट्ठल मन्दिर के परिसर के बीचोबीच खड़े उस रथ के हाथी ऐसा लगता है मानों तुरन्त चलने लगेंगे और रथ के पहिये जो सदियों से रुके हैं, आवाज़ करते हुए चल पड़ेंगे उस शहर को देखने जो अब एक संग्रहालय बन चुका है। उन हाथियों की आकृति को ग़ौर से देखने पर पता चलता है कि रथ के पहले डिजाइन में हाथी के बजाय घोड़े रहे होंगे। घोड़ो के पिछले पैरों और उनकी पूँछ के प्रमाण आसानी से देखे जा सकते हैं। उतनी ही बारीकी से देखने पर पता चला कि वहाँ भीतरी गर्भगृह में जाने का रास्ता रहा होगा, एक टूटी सीढ़ी इस बात की ओर संकेत करती है। रथ की आकृति बहुत विशाल है उसके बड़े-बड़े पहियों की ऊँचाई ही हमारी छाती की ऊँचाई के आसपास थी। उसके ऊपर बनी थी पूरी संरचना। मैंने और प्रणव ने रथ को धक्का देते हुए अपनी तस्वीरें ली। इतिहास में जब वह रथ बन रहा होगा तब बनाने वालों को ज़रा भी अन्दाज़ा नहीं रहा होगा कि वहाँ तक सबका प्रवेश इतना सुलभ हो जाएगा कि देशी तो देशी विदेशी भी कुछ रूपल्ली का टिकट लेकर रथ को धक्का लगाने आ जाएँगे!

बिट्ठल परिसर में केवल रथ ही एक संरचना नहीं थी इसके बावजूद रथ ने एक बड़ा समय ले लिया। रथ के पीछे उस परिसर की एक महत्त्वपूर्ण संरचना है—महा मंडपम! महा मंडप में 15वीं सदी की संगतराशी का अद्‌भुत रूप देखने को मिलता है। उस मंडप का प्रयोग सम्भवत: नृत्य और संगीत के कार्यक्रमों के लिए किया जाता होगा। उस पर काफ़ी आकर्षक मूर्तियाँ बनी हैं। उस मंडप की ख़ास बात है एकाश्म पत्थरों को तराशकर बनाए गए खम्भे। कहा जाता है कि उन खम्भों के

अपेक्षाकृत पतले हिस्सों को ख़ास तरह से चोट करने से उनसे स्वर लहरियाँ निकलती हैं। ऐसा कहा जाता है और हम वहीं थे सो उसका पता भी लगाना ज़रूरी था। लेकिन दिक्कत यह कि उस महा मंडप वाले हिस्से में चढ़ नहीं सकते। वहाँ जाना प्रतिबन्धित कर दिया गया था। कारण यह कि आने वाले लोग अनायास और अपनी मर्ज़ी के अनुसार पत्थर के खम्भों पर चोट करते थे उसके कारण वे खम्भे क्षतिग्रस्त होने लगे थे। मैंने जानबूझकर चढ़ने की कोशिश की ताकि पता चले कि कौन रोकता है या बस कहने को प्रतिबन्ध लगा दिया गया है। मैं बमुश्किल दो सीढ़ियाँ चढ़ पाया था कि एक गार्ड सीटी बजाते हुए आ पहुँचा। मैं उतरकर उस हिस्से की ओर चल पड़ा जो प्रतिबन्धित नहीं था। वहाँ एक बड़ा सा कमरा और नीचे तलघर में जाने का रास्ता था। वह कमरा भी मंडप का हिस्सा रहा होगा। शायद आजकल के ग्रीन रूम की तरह भी उसका उपयोग होता हो। वहाँ नृत्य की मुद्रा में पत्थर की आकृतियाँ बनी हुई थी। उस अपेक्षाकृत अँधेरे कमरे में वही गार्ड आया। उसने कहा कि यदि हमलोग उसे पचास रुपये दें तो वह हमें महामंडप में चढ़ने दे सकता है और हम खम्भों को बजाकर भी देख सकते हैं। इस अनुभव के लिए पचास रुपये कोई बड़ी रकम नहीं थी। साथ ही प्रतिबन्धित हिस्से में जाने का रोमांच अलग से। हमने रुपये दिए और वह हमें ले गया। हमने एक एक खम्भे को बजाकर देखा। अलग-अलग तरह से चोट करने पर अलग-अलग तरह की आवाज़ें निकल रही थी। मैं उस काल में खो गया जब सचमुच इन खम्भों से निकले संगीत का आनन्द लिया जाता होगा। पत्थर पर पड़ी चोट की स्वर लहरियाँ भी उतनी सुहानी हो सकती थी इसका अन्दाज़ा कम से कम मुझे नहीं था। हम वहाँ और रुककर उन खम्भों से निकले सुरों का आनन्द लेना चाहते थे लेकिन पर्यटकों के एक झुंड को आता देख गार्ड हमसे उतर जाने का अनुरोध करने लगा। उस समय उसकी दशा बड़ी दयनीय थी और वह केवल अनुरोध कर सकता था। हम उतर आए।

उसके बाद हम उस परिसर में अलग-अलग दिशाओं में घूमने लगे। हर ओर कोई न कोई संरचना बनी थी। एक-एक से गुज़रते हुए हम वहाँ पहुँचे जो उस परिसर का उत्तरी हिस्सा रहा होगा। वहाँ हम उस परिसर की दीवार पर चढ़कर बैठ गए। वहाँ पास के गोपुरम की छाया पड़ रही थी और पास ही बहती तुंगा नदी की ओर से ठंडी-ठंडी हवा भी आ रही थी। उस तेज़ धूप और गर्मी वाले दिन में वह एक चमत्कार की तरह ही था। उस दीवार की मोटाई इतनी थी कि हम उस पर आराम से पैर फैलाकर बैठ सकते थे।

थोड़ी देर बैठने के बाद हम नीचे उतर आए और उस परिसर के बाहर की संरचनाओं को देखने चल पड़े। हर पचास मीटर पर कोई न कोई संरचना हमारा इन्तज़ार कर रही थी। उन संरचनाओं के बाद एक नदी थी। उस नदी पर बना पुराने

समय का पुल भी वहाँ से देखा जा सकता था। नदी के पास एक बड़े बोर्ड पर लिखा था— घड़ियालों से सावधान! कर्नाटक में अप्रैल की गर्मी से घट चुके पानी से निकले बड़े-बड़े पत्थर हमारी ओर ताक रहे थे। वहाँ कोई घड़ियाल नज़र तो नहीं आ रहा था इसके बावजूद डर तो था ही कि यदि वे आ गए तो क्या होगा। डरते-डरते ही सही लेकिन हम नदी के बीच में पड़े पत्थरों तक पहुँच गए। बगुलों और सारसों के झुंड जो आराम से मछली पकड़ने में तल्लीन थे हमारे पहुँचते ही उड़ गए। जितनी देर हम उन पत्थरों पर रहे उतनी देर डरे हुए रहे कि कोई घड़ियाल आ जाए तो क्या होगा। लेकिन घड़ियाल थे कि नहीं ही आए। ख़तरे के उतने पास खड़े होकर ख़तरे के आने की प्रतीक्षा कहीं से बुद्धिमानी तो नहीं ही है लेकिन जितनी देर डर रहता है उतनी देर रोमांच भी रहता है और उतनी ही देर आप वह सब भूलकर उस ख़ास क्षण में जी रहे होते हैं। इसलिए रोमांचकारी क्षण तो चाहिए ही।
हम पर नींद का असर था कि चारों ओर खड़े पत्थरों के साम्राज्य से ऊब का हमें नहीं पता लेकिन हम अब उस जगह से ऊबने लगे थे। हम देख रहे थे कि तमाम देशी विदेशी लोग इस खंडहर से उस खंडहर या फिर इस मन्दिर से उस मन्दिर अभी भी जा रहे थे लेकिन हमारा उत्साह क्षीण हो रहा था। वापस होटल तक आने के क्रम में फिर से वही सब गुज़रा। पन्द्रहवीं सदी से लेकर बाद तक बने भवन उनके अवशेष, मन्दिर। जो केवल केवल भवन के अवशेष हैं वहाँ उनकी वह रौनक नहीं है जो मन्दिरों की है या फिर पत्थर काट कर बनाए गए देवताओं की मूर्तियों की है। धर्म का योग हो जाने से उन स्थलों पर रौनक रहती है। उस दिन भी आसपास के लोग उन मन्दिरों में पूजा अर्चना करने के लिए आ रहे थे, देवताओं के चरणों में फूल चढ़ा रहे थे। दो चार साल पुराने पूजा स्थल में भी यदि प्राचीन जोड़ दिया जाये वहाँ भीड़ लग जाती है फिर हम्पी के मन्दिर तो पाँच सौ साल पुराने हैं और उनका इतिहास भी है। हमारा होटल विरूपाक्ष मन्दिर के बायीं ओर था और हमारे कमरों की खिड़की से उस मन्दिर के ऊँचे गोपुरम की समूची ऊँचाई को देखा जा सकता था। मैं नहाकर निकला तो प्रणव उस गोपुरम को अपने कागज़ पर उतार रहा था। हम सामने की छत पर बने रूफ़टॉप कैफे में खाना खाने गए। वहाँ इस तरह के कैफे का चलन है। बढ़िया हवादार वातावरण में खाना। प्रणव ने कहा कि उसे अगले दिन वापस जाना पड़ेगा इसलिए वह भालू अभयारण्य उसी दिन जाना चाहेगा। कहाँ तो मैं खाने के बाद बढ़िया नींद लेने के फ़िराक़ में था और कहाँ उस गर्मी में 60 किलोमीटर की साइकिल की सवारी का मसला ले आया वह लड़का!

हमारे सहकर्मी हैं ज़ेवियर जी, उनके सामने जब भी मैं हम्पी जाने की बात करता वे अपने उस दोस्त को याद करने लगते जो अब कहीं बहुत बड़े अधिकारी बन गए हैं। वे दोनों हम्पी घूमने गए। मित्र ज़ेवियर जी को कहने लगे— दिस इज़

टेम्पल एरिया। देट इज़ क्रोकोडायल एरिया एँड यू सी देयर देट इज़ फकिंग एरिया। हर बार इतना कहकर ज़ेवियर जी ज़ोर-ज़ोर से हँसने लगते।

भालुओं का अभयारण्य वहाँ से लगभग तीस किलोमीटर दूर था। वहाँ तक जाने के लिए कोई सीधी बस हम्पी से नहीं थी। इसलिए वहाँ जाने का मतलब ही था अपनी सवारी से जाना। हमने पहले ही तय कर लिया था कि हम साइकिल से चलेंगे। होटल से ही सौ-सौ रुपये के किराए पर साइकिल उठाकर चलना था। होटल मालिक ने साइकिल तो दे दी लेकिन वह हमारे इस पागलपन पर ख़ूब हँसा भी। उसके हिसाब से उस धूप में साठ किलोमीटर की आवक जावक हमारे लिए ठीक नहीं रहने वाली थी। हम भी यह समझ रहे थे लेकिन हमारी खब्त तो अलग ही थी। हम तो अपनी जाँच ही करना चाहते थे। यदि पहुँच गए वहाँ तक तो ठीक वरना जहाँ से दिक्कत होने लगेगी वहीं से वापसी।

हम जब चले थे तब थोड़े बादल हम्पी के आकाश को भरते हुए उसके विस्तार को छाया दे रहे थे। हमें भी रास्ते भर छाया चाहिए थी। हम्पी की सड़क भी पहाड़ी है और उस सड़क का एक हिस्सा ऊँचाई पर है तो दूसरा नीचे। थोड़ी-थोड़ी देर पर यह क्रम बदलता रहता है। इस बात का एहसास आधे दिन तक ऑटोरिक्शा की सवारी में नहीं हुआ लेकिन पहले टीले पर साइकिल चढ़ाने में ही जब पसीने छूटने लगे तो अचानक उस प्राचीन वातावरण की भौगोलिक संरचना के रूप रंग सामने आने लगे। अगले ही पल जब हमारी साइकिलें टीले से नीचे उतर रही थी हमारे आनन्द का क्षण वापस आ गया। साइकिल पर चलते हुए लगा कि ऑटो कितनी आरामदायक सवारी होती है।

साइकिल आपकी अपनी शक्ति और इच्छा के अनुरूप चलती है मन किया तो धीमे-धीमे नहीं तो तेज़। हम्पी को छोड़ने के बाद एक छोटा कस्बा आया। उस कस्बे को देखकर लगा कि भारत के कस्बे कितने समरूप होते हैं। वही धूल उड़ाती सड़कें, शहर की गन्दगी को झेलने वाली नालियाँ, खुले में बिक रहे खानों पर भिनभिनाती मक्खियाँ किसी तेज़ दौड़ती मोटरसाइकिल के पीछे भागते कुत्ते सब तो दिख ही रहे थे। उस कस्बे के बाद एक पुल था। पुल को पार करने से पहले लगा कि कोई नदी होगी लेकिन पुल पर चढ़कर उस एहसास ने दम तोड़ दिया। वह काले और गंदे पानी की नहर थी और उससे भयानक बदबू आ रही थी। हमें लोगों ने बताया कि उसी नाले के सहारे दो तीन किलोमीटर चलते जाने के बाद उस अभयारण्य को जानेवाली सड़क आएगी। तब तक उसी नाले के सहारे चलते जाना था वही गन्ध नाक में भरे-भरे...! क्रमश: बढ़ते हुए हमने देखा कि पानी का गाढ़ा काला रंग बदल रहा था। शायद कहीं से कोई साफ़ पानी का स्रोत उसमें मिल रहा हो। जहाँ पानी बहुत साफ़ दिख रहा था वहाँ लगभग बीसियों बच्चे नहा रहे थे। मैं

साइकिल रोककर उनकी तस्वीर लेने लगा। वे बच्चे उस वक़्त जिस आनन्द में थे वह किसी भी तरह के आनन्द से अलग रहा होगा। आस-पास खड़े बड़े-बड़े पत्थर बहते पानी को एक कुंड का रूप दे रहे थे। बच्चे चट्टान से उस कुंड में कूद रहे थे। उनके कूदने से पानी का एक बड़ा हिस्सा ऊपर उछल जाता था। पानी की उस उछाल में उन बच्चों की किलकारियाँ स्वर भर रही थी। आनन्द का मनोहारी दृश्य श्रव्य रूप बन रहा था। उस आनन्द को आसानी से नहीं समझा जा सकता। उसके लिए उस परिस्थिति की कल्पना करनी होगी जब चारों ओर बहुत गर्मी पड़ रही थी। आसमान का सूरज ताप ही बरसा रहा था। थोड़ी सी नमी भी सूखकर हवा हो रही थी। उस माहौल में उतना पानी और उस पानी में कूदते बच्चों की किलकारियाँ अतुलनीय भाव भर रही थी। हमें आगे जाना था।

एक बार जो नाले का साथ छूटा तो पानी का साथ भी छूट गया। दोनों ओर सूखते खेत जिसकी काली मिट्टी के बीच अलकतरे वाली सड़क एक सर्पिल काली पट्टी के समान लग रही थी। वह पट्टी ज़मीन की उठान के हिसाब से ऊँची-नीची होती हुई आगे जा रही थी। हम उस पट्टी पर अपनी साइकिलें दौड़ा रहे थे। तेज़ धूप में गला बहुत तेज़ सूख रहा था। गनीमत यह कि हमने अपनी साइकिलों में पानी की बोतलें बाँध रखी थी अन्यथा पानी के अभाव में सड़क पर ही गिर जाते। वह सड़क जहाँ से जा रही थी उस इलाक़े में आबादी के बजाय खेत थे और खेतों में न तो दुकानें होती हैं न ही घर। उस दोपहर की चौंधियाती धूप और तपते इलाक़े के बीच हम भालू के अभयारण्य की ओर बढ़ रहे थे। आगे चलकर सड़क सीधी हो गयी और ठीक उसी जगह दिखा सैकड़ों भेड़ों का एक झुंड जिसे कई गड़रिये सँभाल रहे थे। हम वहाँ उतर गए। रास्ते पर बबूल और इमली के एक दो पेड़ खड़े थे जो पेड़ की मूलभूत ज़रूरत को साकार कर रहे थे। पेड़ के नीचे बैठे गड़रिये अपनी भेड़ों को चरते हुए देख रहे थे उनके हिस्से की रखवाली उनके बड़े-बड़े कुत्तों के ज़िम्मे थी। कुत्ते हाँफ हाँफ कर अपने मालिक के हुक़्म की तामील में मगन और भेंड़ें चरने में। बस पेड़ के नीचे बैठे गड़रिये और उनके सरों पर बैठी मोटी-मोटी पगड़ियाँ ही बता रही थी कि बाहर बहुत गर्मी थी। भेंड़ें सुकून के साथ खेतों की अन्तिम हरियाली तक चबा रही थी। हम रुककर उन चरवाहों से बातें करने लगे। बातों के बहाने हम भी उस इमली के पेड़ की छाया का उपयोग कर रहे थे। उन गड़रियों को भी यह अजीब लग रहा था कि दुनिया भर के पर्यटक हम्पी आते हैं और हम उस धूप में हम्पी से बाहर भालू देखने भालुओं के घर जा रहे थे।

उस रास्ते पर चलते हुए हमें कई बार यह लगा कि परिवहन विभाग को सड़क की लम्बाई मापने में ज़रूर भूल हुई है। हम चले जा रहे थे फिर भी लम्बाई

थी कि घटती ही नहीं थी। कई किलोमीटर बीत गए थे पहिये घुमाते हुए लेकिन रास्ते की लम्बाई वही 30 किलोमीटर दिखाई जा रही थी। लेकिन चलते रहे तो मंज़िल को आना ही होता है। फिर वह समय भी आया जब हम आख़िरी 5 किलोमीटर के दायरे में पहुँच गए। वह हिस्सा बहुत अलग था। सड़क के आसपास खेत तो थे लेकिन उसके बाद पहाड़ी शुरू हो जा रही थी। उन पहाड़ियों की घाटी में हरियाली दिख रही थी। जह वातावरण इतना खुला था कि किसी भी ओर से जंगली जानवरों के आने का ख़तरा हो सकता था। लेकिन दोपहर की उस धूप में कहाँ कौन सा जानवर निकलता है। वह तो प्रसिद्ध कवि बिहारी के उस दोहे के समान बात थी जिसमें वे दोपहर की गर्मी में साँप और मोर, सिंह और हिरण के एक साथ बैठे रहने की बात करते हैं क्योंकि गर्मी के कारण कोई बाहर निकल नहीं सकता इसलिए वह तपोवन हो जाता है।

कहलाने एकत बसत, अहि-मयूर, मृग-बाग़
जगत तपोवन सों कियो दीरघ दाघ निदाघ।

उस दिन के ढलते हिस्से में हम भालू के अभयारण्य के पास पहुँच ही गए। दिन का एक बड़ा हिस्सा बीत गया था उसके बावजूद सूरज की चमक में और उसकी गर्मी में कोई कमी नहीं थी। अभयारण्य के द्वार के पास ही उसकी टिकट खिड़की थी लेकिन भालू जंगल के भीतर थे। वहाँ जाने के बाद एहसास हुआ कि वह अभयारण्य काफ़ी बड़ा था और उस घने जंगल में साइकिल की सवारी प्रतिबन्धित थी। कोई भी जानवर हमला कर दे उस लिहाज़ से साइकिल सुरक्षित सवारी नहीं थी। सोचिए आप भयानक गर्मी और धूप में तीस पैंतीस किलोमीटर साइकिल घसीटते हुए पहुँचे और वहाँ आपको भीतर जाने ही न दिया जाये तो कितनी कोफ़्त होगी। धूप में ग़ुस्सा वैसे ही बहुत आता है। उस समय हम अपने जीवन का जोखिम भी उठा सकते थे मतलब वह व्यक्ति जिद पर न अड़ जाता तो हम साइकिल से भी जंगल के भीतर बने बुर्ज़ तक जा सकते थे। तभी उस आदमी की स्कूटी दिखी। वह आदमी पहले तो उस पर बात करने के लिए राजी ही नही हुआ लेकिन जब बात पैसे की आई तो वह कुछ नरम पड़ गया। तीन सौ रुपये में बात तय हुई। अगले ही क्षण हम दोनों उस स्कूटी से भालू देखने वाले बुर्ज़ की ओर जा रहे थे। हमने सोचा भी नहीं था कि जो कर्मचारी हमें साइकिल से जाने नहीं दे रहा था हम उसी की स्कूटी माँगकर अपनी यात्रा पूरी करेंगे!

वह बुर्ज़ जंगल के भीतर ऊँचे-ऊँचे चट्टानों के ऊपर बना था जहाँ तक पहुँचने के लिए सीढ़ियाँ बनाई गयी थी। ऊपर पहुँचने पर दूर-दूर तक जंगल ही दिखाई दे रहा था उस जंगल में भालुओं को खोज पाना अँधेरे में सुई ढूँढने जैसा था। कहाँ तो हमने सोचा था कि अभयारण्य में भालू जहाँ-तहाँ चिंघाड़ते और अपनी छाती पर

दोनों हाथों से मारते दिखेंगे और कहाँ एक भालू देखने के लिए मशक्क़त करनी थी। गनीमत थी कि बीच में पानीवाला एक स्थान था जहाँ जानवर पानी पीने आते थे। थोड़ी देर में हिरणों के झुंड के बग़ल से दो काली-काली आकृतियाँ उस अनगढ़ तालाब की ओर बढ़ी। उस ऊँचाई से वे दोनों ऐसे लग रह थे जैसे काले-काले टेबल चल रहे हों। जहाँ से पेड़ तक बौने दिख रहे थे वहाँ से भालू तो छोटे दिखने ही थे। कैमरे के बड़े वाले लेंस को पूरा आगे बढ़ाकर देखने के बाद भी उन भालुओं के नाक मुँह का अन्दाज़ा नहीं हो पा रहा था। मतलब जिस जोश और उम्मीद के साथ हम वहाँ गए थे वह पूरी तरह से सफल नहीं रही लेकिन अपने को आज़माने का बढ़िया मौक़ा ज़रूर मिल गया। हम वहाँ ज़्यादा देर रुकना नहीं चाह रहे थे। ज़्यादा देर रुकने पर हो सकता है कुछ भालू और दिखते लेकिन हमें वापस हम्पी लौटना था। हम जल्दी से वह जंगलवाला रास्ता पार करना चाह रहे थे। अँधेरा होने के बाद यदि कोई जानवर सड़क पर आ जाता तो बहुत दिक्कत होती।

हमारी वापसी शुरू होने तक सूरज नारंगी होने लगा था। हमारी पानी की बोतलें खाली हो चुकी थी और उन्हें भरने के लिए कोई स्रोत नहीं दिख रहा था। हम कोई ऐसी दुकान खोज रहे थे जहाँ खाना न सही कम से कम पानी भी मिल जाये। लेकिन वह भी तब ही मिल पाया जब हमने हम्पी की ओर जाने वाली सड़क छोड़कर एक अपेक्षाकृत पतली सड़क पकड़ी। वहाँ एक गाँव था। गाँव की एक दुकान में पानी तो नहीं लेकिन ठंडे की बोतलें थी। सूरज डूब चुका था और उसके जाने के बाद का बचा-खुचा प्रकाश हमें रास्ता दिखा रहा था। गड़रियों के मिलने वाले स्थान तक आते-आते प्रणव की हालत ख़राब होने लगी। उससे साइकिल चलाई ही नहीं जा रही थी। उसके घुटने दुख रहे थे। उस अजीब सीट वाली साइकिल के कारण दिक्कत तो मुझे भी हो रही थी लेकिन मैं साइकिल चला सकने की स्थिति में था। प्रणव पैदल चलने लगा। अब मेरे पास भी कोई विकल्प नहीं रह गया। लगभग दसेक किलोमीटर की यात्रा बची ही थी और इतनी लम्बी यात्रा पैदल वह भी अँधेरे में!! हमने फिर यह तय किया कि तेज़ी से चलते हुए हम ऊँचाई तक पहुँचेंगे और वहाँ से ढलान का उपयोग करते हुए जितनी तेज़ साइकिल चला सकते हैं उतनी तेज़ चलाएँगे। हमारी यह युक्ति काम कर रही थी। पैदल चलते हुए प्रणव बार-बार दुहराता जा रहा था— यह दिक्कत केवल खाने और पड़े रहने के कारण हो रही है। उसने तय कर लिया था कि लौटकर कसरत करेगा।

हमारे लौटते-लौटते रात के 9 बज गए। हम्पी का बाज़ार सोने की तैयारी में था। दुकानों के दरवाज़े बन्द होने लगे थे और खाने की दुकानों में खाना ख़त्म होता जा रहा था। लेकिन उस समय हम बिलकुल खाने की स्थिति में नहीं थे। हम उन साइकिलों से निजात पाना चाह रहे थे। तय हुआ कि नहा धो लेने के बाद देखा

जाएगा कि क्या सब मिल रहा है। और जिस तरह की थकावट है उस हिसाब से नींद को रोक पाना भूख के वश की बात तो है ही नहीं।

अगली सुबह हमारी देर से हुई थी। तबतक दिन चढ़ आया था वह भी इतना कि उठते ही गर्मी लगने लगी थी। प्रणव को जाना था लेकिन उससे पहले वह साइकिल से हम्पी का एक चक्कर ज़रूर लगाना चाहता था। नाश्ते के बाद हम फिर से निकले अपनी-अपनी साइकिलों के साथ। पर साइकिल चलाने से ज़्यादा लुढ़काई जा रही थी। होटल वाले मुहल्ले के बाहर विरूपाक्ष मन्दिर का विशाल प्रांगण पसरा हुआ था। उस प्रांगण के बायीं ओर लम्बा गलियारा बना हुआ था जो सीधे नन्दी के मंदिर तक जाता था। वह गलियारा पुराने समय में बाज़ार की तरह या फिर सराय की तरह प्रयोग में लाया जाता होगा। आज भी लोगों ने कुछ दुकानें खोल रखी थी। उस दिन कोई पूजा थी सो बड़ी संख्या में लोग मन्दिर में प्रवेश कर रहे थे। बाहर ऊँचा सा एक रथ रखा था। लोग रथ की भी परिक्रमा कर रहे थे। वहीं एक बुढ़िया बैठकर जामुन बेच रही थी।

एक दिन पहले की लम्बी साइकिल यात्रा आपको उस लायक नहीं रहने देती कि आप अगले दिन भी उसी उत्साह में साइकिल पर बैठे-बैठे पैडल मारते जाएँ। सो नन्दी मन्दिर से आगे वाले मन्दिर में जाने के लिए साइकिल से एक बड़ा चक्कर काटकर जाने के बजाय हम पहाड़ी उतरने लगे। पहाड़ी ने दो किलोमीटर के रास्ते कुछ सौ मीटर की उतराई में बदल दिया। वहाँ से एक भवन से दूसरे भवन और दूसरे से तीसरे और तीसरे से चौथे भवन में। चारों ओर वही पत्थरों के घर, उनके अवशेष। पत्थरों पर नक्काशी का वही नायाब नमूना। लेकिन अबतक हमलोगों को वे सब एक से ही लगने लगे थे। यात्राओं में ऐसी स्थिति बड़ी ख़तरनाक होती है वह महान से महान पर्यटक स्थल की रोचकता ख़त्म कर देती है। फिर आते जा रहे दृश्यों की ओर बड़े सूखे भाव से देखा जाता है। मन अपने भीतर वह आश्चर्य पाता ही नहीं है। ऊपर से प्रणव को जाना था। हमने एक चक्कर लगाकर देख लिया कि कहीं कोई ऐसी चीज़ या ऐसे दृश्य तो नहीं छूट गए जिनके बारे मे सोचकर बाद में अफ़सोस होता रहे। फिर वापसी।

हम बस से होसपेट गए। वहाँ से प्रणव को बैंगलोर जाना था और मैं जाता हम्पी से बादामी! प्रणव को विदा करने के बाद मुझे बस लेनी थी।

जगहों के मामले में मैं तकनीक से ज़्यादा लोगों पर विश्वास करता हूँ। लोग जो सड़क पर चलते हैं, लोग जो बस चलाते हैं या जो बसों के साथ चलते हैं, जगहों को पहचानने की उनकी समझ किसी भी मैप और एप से बेहतर होती है। वे केवल जगह ही नहीं बताते बल्कि जगहों से जुड़े समाज को सामने रख देते हैं। प्रणव को छोड़ने के बाद मैं होसपेट बस अड्डे पर उस ओर बढ़ गया जहाँ से

बादामी की बस मिलनी थी। मुझे बादामी और उसके बाद बीजापुर जाना था। उत्तरी कर्नाटक की कोई भी यात्रा इन दो जिलों के बिना पूरी नहीं हो सकती। एक बस के चालक ने बताया कि होसपेट से बादामी के सीधी बस भी है लेकिन उसके छूटने में काफ़ी समय है वह अपनी बस लेकर बागलकोट लेकर जा रहा है तो मैं भी उसके साथ वहाँ तक चल लूँ फिर बागलकोट से बादामी की बहुतेरी बसें मिल जाएँगी। जो लोग मुझसे बातचीत में रुचि लेते हैं और एक सवाल के जवाब में ज़्यादा तथ्य देने या फिर जुड़ने की कोशिश करते हैं उनसे सहज ही मेरा जुड़ाव हो जाता है। उस बस के छूटने में जितना वक़्त बचा था उतने वक़्त में पानी आदि ख़रीदा ही जा सकता था। अप्रैल की गर्मी के दिनों में जब सूखा अपने चरम पर था तब थोड़े पानी से काम चल ही नहीं सकता था। मैं जब बस के पास वापस आया तो पानी की दो बड़ी-बड़ी बोतलों से लैस था। अन्दाज़ा यह था कि बस तो चलती रहेगी और यदि कहीं-कहीं थोड़ी देर के लिए रुकी भी तो मैं कहाँ-कहाँ पानी ख़रीदने के लिए मारा-मारा फिरूँगा और कब तक बस मेरा इन्तज़ार करेगी। सार्वजनिक परिवहन से घूमने वाले लोग इस समस्या से ज़रूर जूझते हैं। बस थोड़ी देर में छूटनेवाली थी लेकिन अभी भी खाली! खाली बसों के भरने का इन्तज़ार करते निजी और सरकारी दोनों तरह के बस चालकों को ख़ूब देखा है और इस मामले में देश का कोई भी राज्य अपवाद नहीं है। यही एक बात थी जिसकी वजह से मैं उस बस के चलने तक बाहर खड़ा रहना चाहता था। यही वह क्षण था जब कुछ नयी दोस्ती की शुरुआत होनी थी। वह भी खालिस विदेशी दोस्तों की दोस्ती!

मैं बस के बाहर खड़ा था और वहीं तीन विदेशी आए। वे भी बादामी जाना चाह रहे थे लेकिन बस वाले न तो उनकी बात समझ पा रहे थे न ही वे कुछ समझा पा रहे थे। मैं उस बातचीत में कूद पड़ा। मैं कितना भी आनामन्त्रित था लेकिन दोनों ही पक्षों ने इसे काफ़ी ख़ुशी से स्वीकार किया था। विदेशी सीधी बस चाहते थे। उसके लिए 3 घंटे का इन्तज़ार उनके चेहरे पर शिकन लाने के लिए काफ़ी था। मैंने भी बस वालों की शैली में ही कहा दिया कि बागलकोट से कई बसे हैं ऊपर से मैं भी बादामी जा रहा हूँ और वहाँ से बीजापुर। मुझे पानी की बोतलें से लैस देख वे भी पानी ख़रीदने चले गए। उसके बाद हम सभी बस के भीतर।

बस किसी भी सरकारी बस की तरह ही थी और उस बस में हम चार लोग अलग से ही सुने जा सकते थे। देखने में अलग तो वे तीन ही थे और चौथा मैं था जो बस के अन्य यात्रियों की तरह ही दिख रहा था और जिसके कर्नाटकी होने की ज़्यादा सम्भावना थी। लोग कौतूहल से हमें देख रह थे। दो सीटों पर हम चार लोग। मैं लोगों से मिलते हुए शुरुआत में नाम जानने को उत्सुक नहीं रहता हूँ। यदि बातचीत ज़्यादा चली तो नाम अपने आप आने ही हैं और नहीं चली तो फिर नाम

जानना एक रस्म भर रह जाता है। हम्पी से भालू अभयारण्य तक जाने वाली सड़क और होसपेट से बागलकोट जाने वाली सड़क के बीच बड़ा अन्तर केवल इसमें नहीं था कि वह सड़क चौड़ी थी बल्कि इसमें सड़क की ऊँचाई और नीचाई नहीं थी। सड़क एक सीधी काली रेखा के समान खींची हुई जो उस समूचे भूगोल को दो भागों में बाँट रही थी। उन दोनों भागों में कोई अन्तर नहीं। दोनों ही ओर जुते हुए सूखे खेत और उनके बीच मौजूद थोड़ी हरियाली। उस हरियाली की शक्ल कभी अँगूर की लतर के रूप में तो कभी मूँगफली के रूप में तो कभी जानवरों को खिलाने वाले के रूप में तो कभी घास के रूप में। यह सब हम तब देख पा रहे थे जब बात करते हुए एक दूसरे की ओर नहीं देख रहे थे। वैसे भी उस धूप में बाहर देखने से आँखें चौंधियाती ही थी। थोड़ी ही देर में हम यह जान गए थे कि हमलोगों की यात्रा का प्लान एक ही है और लगभग बराबर का समय निकाल कर चले हैं। हम एक ही मंज़िल के यात्री थे और यात्रा का उद्देश्य भी वही मध्यकालीन दक्षिण भारतीय इतिहास के स्थलों को क़रीब से देखना। ऐहोल जिसे स्थानीय लोग 'आयवोल्ले' कहते हैं, पट्टाद्कल और ख़ास बादामी भी हम देशी-विदेशी की पहले दिन की योजना में थे। उससे अगला दिन बीजापुर को समर्पित होना था। थोड़ी ही देर की बातचीत में यह सब पता चल गया था और उसके बाद यह भी तय कर लिया गया कि यात्रा कैसे होगी और हम कहाँ-कहाँ रुक सकते हैं कहाँ समय ज़्यादा दे सकते हैं और क्या-क्या किया जा सकता है। मतलब यात्रा के पहले घंटे के बाद हमारे पास यात्रा सम्बन्धी भविष्य की योजना के बारे में बात करने को कुछ रह ही नहीं गया था। अब जो थी सब उन सबकी बातें थी जो भारत के बारे में उनकी राय थी और वे इस पर स्पष्टीकरण चाहते थे। वे तीन और मैं एक। इसलिए मेरी हालत चलते खेल में दौड़ रही फुटबाल सी हो गयी थी। इसके प्रश्न का जवाब देने के बात उसकी शंका और फिर से वही क्रम!

सबसे पहला सवाल : यहाँ गाय को लेकर इतना हँगामा क्यों है? मतलब गाय का माँस खा लेने पर ही लोगों को मार दिया जाता है...!

इयान का यह सवाल इसलिए आया था क्योंकि भारत आने से पहले उन सबको ठीक-ठीक हिदायतें मिली थी कि गाय के मांस खाने का सोचे भी मत और जहाँ तक हो सके गाय के प्रसंग से बचें। गाय के प्रसंग ने जिस तरह देश और देश के बाहर तक भारत की सहिष्णु छवि को प्रभावित किया उस पर बात करनी ज़रूरी थी। मैंने कुछ भी छिपाए बिना कह दिया कि यह सब राजनीतिक नाटक है जो गाय की आड़ लेकर चल रहा है। सबकी अपनी-अपनी दुकान है और रूढ़िवादियों की दुकान का सबसे बड़ा और आज़माया हुआ माल है गाय! इसके सहारे राजनीतिक ध्रुवीकरण किया जाता है। यह ध्रुवीकरण भी अवसर के अनुकूल ही होता है। जहाँ

चुनाव आते हैं वहाँ यह आजमाया जाता है और जिन स्थानों पर ज़्यादातर लोग गाय का मांस खाने वाले होते हैं वहाँ रूढ़िवादी दल भी इस पर रोक नहीं लगाते बल्कि सत्ता में आने पर गोवंश के मांस की बिक्री सुनिश्चित करने का वादा करते हैं। यदि गोहत्या ही मुद्दा होता और यह विशुद्ध धार्मिक बात होती तो भारत बीफ के निर्यात में अव्वल नहीं आ जाता!

यह तो दोहरापन है! इयान बस इस इतना ही कह पाया। उसमें साइमन ने एक टुकड़ा और जोड़ा

— यह तो ताज्जुब की बात है कि एक पशु की जान की क़ीमत इंसानी जान से ज़्यादा है। क्या यह स्थिति सभी जानवरों के लिए है?

— नहीं, यह विशेष सुविधा केवल गायों को ही हासिल है। गाय का पुल्लिंग बैल तक इस सुविधा से वंचित है।

इस बात पर आयलिस ने ज़ोर से कहा 'होली फ़क'! उसके इस संवाद को सब सुन चुके थे और उसे जब इसका एहसास हुआ तो वह शरमा के मुस्कुरा उठी। लेकिन इससे उसके तंज़ का प्रभाव कम नहीं हो सकता था जो उसने उस दोहरी मानसिकता पर किया था जो धार्मिक और अधार्मिक दोनों ही तरीक़ों से देश के भीतर वैमनस्य फैलाने पर आमादा है। क्योंकि उस वैमनस्य में ही उनका फ़ायदा है !

बस चल रही थी और उसके साथ-साथ वे दृश्य भी पीछे छूट रहे थे जो कभी सामने होते थे। लेकिन उन दृश्यों में कोई बदलाव नज़र नहीं आ रहा था। वही सूखे के लक्षण। वही हरियाली को तरसते खेत! जहाँ-जहाँ थोड़ी भी हरियाली दिखती थी, उसके आसपास पानी के स्रोत अवश्य थे। गाड़ी एक टोल प्लाज़ा पर रुकी। उसके रुकते ही तीन चार लड़के बस की खिड़कियों के पास आ गए। वे नमकीन लस्सी बेच रहे थे बीस के चार। मैंने चार ख़रीद लिए। सोचा चार लोग हैं चारों पिएँगे एक-एक। बस चली और मैंने उनसे आग्रह किया पीने का लेकिन तीनों ने मना कर दिया। मैंने सोचा चलो कोई नहीं अभी तो बस में चलना ही है तो पी लिया जाएगा सब बैठे-बैठे। मैं आराम से पीने लगा। उस लस्सी का स्वाद अलग ही था। अदरक, मिर्च, जीरे और नमक के स्वाद में दही का अपना खट्टापन स्वाद ग्रंथियों को झकझोरकर जगा रहा था। मुझे लगा उनसे एक और बार पूछना चाहिए क्या पता वे पीना चाहते हों और उन्होंने संकोचवश न कहा हो। दूसरी बार पूछने पर इयान ने ले लिया, साइमन और आयलिस ने कहा कि वे बस चखेंगे वह भी इयान वाले पाउच से! एक एक घूँट चखते ही बाक़ी बचे लस्सी के पाउच भी उठ गए। लस्सी का वह स्वाद अब तक पी गयी सभी लस्सियों के स्वाद को मात दे रहा था। उन विदेशियों के ऊपर भी उस स्वाद का जादू चढ़ा। वे पुनः पीना चाहते थे।

आगे लस्सी जब मिलती तब मिलती उस समय एक तात्कालिक समस्या आ

खड़ी हुई वे लस्सी के खाली पाउच फेंकने के लिए बस में कूड़ादान खोजने लगे। साइमन तो बाक़ायदा खड़ा हो गया। बस की छत को छूता हुआ लम्बा सा विदेशी लड़का सबको दिखा होगा और उसके बाद सबने आयलिस को भी देखा होगा जो उसे अपना पाउच पकड़ा रही थी। तीनों की नज़रें कूड़ेदान खोज रही थी। भारत की बसों में कूड़ादान! उन्हें इस बात पर आश्चर्य हुआ कि भारत की बसों में कूड़ादान नहीं होते। जितनी देर वे इस बात पर आश्चर्य व्यक्त करते उतनी देर मैं अपनी उन तमाम यात्राओं में घूम गया जो बस से तय की थी। ज़ेहन में जो भी बस आई उनमें से किसी में भी कूड़ादान नहीं था। अव्वल तो सारा कूड़ा खिड़की के रास्ते सड़क के हवाले हो जाता है और नहीं तो बस की फर्श पर फैला दिया जाता है, फिर ज़्यादा बढ़िया बस हुई तो अगली सीट के पीछे बने कपड़े की जेब में डाल दिया जाता है। ऐसे देश की बसों में कूड़ेदान की कल्पना एक मज़ाक है। शायद इसलिए कंडक्टर भी हँसा था उन पर। इस पर साइमन ने अजीब से उच्चारण में 'स्वच्छ भारत' कहा था। ज़ाहिर है यह भी तंज़ ही था मैं भी समझ नहीं पाता यदि बात कूड़ा फेंकने की नहीं होती। मैं अपने पाउच को फेंकने का मन बना चुका था लेकिन कूड़े को लेकर उनकी संवेदनशीलता को देखते हुए मेरा निर्णय सहम कर चुप बैठ गया और पाउच मेरी बैग के जेब में ठुँस गया।

उस घटना के बाद हमारे आसपास शान्ति रही थोड़ी देर और हमलोग बारी बारी से ऊँघने भी लगे थे। उस शान्ति को एक स्त्री ने तोड़ा। वह दायीं ओर बैठी थी। उन्होंने हिन्दी में पूछा कि हम कहाँ जा रहे हैं? वे किस देश के लोग हैं और मैं किस तरह उनसे जुड़ा हुआ हूँ? वे जर्मनी के थे, हम बादामी जानेवाले थे साथ ही यह भी बता दिया कि मैं उनसे होसपेट में मिला और जितनी लम्बी वह यात्रा थी उतनी ही देर का परिचय बस! वे पास के एक कस्बे से आ रही थी। उनकी देखा देखी कई और स्त्रियों ने बातें शुरू कर दीं एकाध पुरुषों ने कुछ नाम आदि पूछा फिर वे मुँह खोलकर ऊँघने लगे। इस बीच एक स्त्री ने मुझसे पानी माँगा। मैंने बोतल दे दी। फिर वह बोतल तबतक दायीं ओर की सीटों पर सफर करती रही जबतक कि उसमें पानी बचा रहा। उसके ख़त्म होते ही दूसरी बोतल भी बढ़ा दी मैंने। उस धूप में पानी पीने पर उनके चेहरों पर जो सन्तोष था उसके लिए मैं विदेशियों के पानी की बोतलें भी माँग कर उन्हें दे देता। उसके बाद कन्नड़, कन्नड़ मिश्रित हिन्दी और मेरी अपनी हिन्दी में जो बातों का सिलसिला शुरू हुआ वह गज़ब था। वे आसपास के दर्शनीय स्थलों का जिक्र करने लगी जो धार्मिक ही थे। फिर उन मन्दिरों के क़िस्से कि फलां मदिर इसलिए प्रसिद्ध है कि वहाँ जाते ही सबकी मनोकामना पूर्ण हो जाती है और फलां इसलिए क्योंकि वहाँ पर एक अँधे व्यक्ति के आँख की रोशनी लौट आई थी। मैं देख रहा था कि पूरे भारत में यह सब कितना मिलता-जुलता सा है।

अलग-अलग राज्य हैं, भूगोल तो बिलकुल ही अलग, भाषा और खानपान भी जुदा लेकिन धर्म और उसके प्रतीकों में आस्था एक समान। गज़ब देश है भारत भी देश धर्मनिरपेक्ष और जनता धार्मिक। संविधान से चलने वाला देश धर्म के नाम पर रुक जाता है!

इस बीच उनके उतरने की जगह आ गयी। बस रुकी तो एक साथ आठ दस स्त्रियाँ हरो हरो कर उतरने लगी। उस धूप में उनके खिलते चेहरे बड़े अच्छे लग रहे थे। बस वहाँ थोड़ी देर रुकने वाली थी और हमारा जर्मन दल अपनी ऊँघ के बाद फिर से चौकन्ना हो गया था। इस बीच उन उतरने वाली स्त्रियों में से एक स्त्री पन्नी में बँधा हुआ अँगूर ले आई और मेरी गोद में रख दिया। उन्हें आभास था कि मैं अँगूर नहीं लूँगा इसीलिए वह मुझे कोई मौक़ा दिए बिना उतर गयी और खिड़की के पास आकार कहा

— इसे खाते हुए जाना। हमारे बागलकोट जिले का है 'लोकल'!

आयलिस ने उनके पानी पीने की फोटो ली थी अपने कैमरे में इस बार उसकी टिप्पणी थी

— दिस वाज सो स्वीट! तुमलोग आपस में अनजान होते हुए खाना, पानी साझा कर लेते हो। तुमने उन्हें पानी पिलाया, वे अँगूर दे गयी!

मैं सोच रहा था कि आयलिस और थोड़ी देर बोले। बोलते हुए उसके होंठ जिस तरह से गोल हो रहे थे वह एक नशा सा भर रहा था! मैं चाह तो रहा था कि कहूँ यही 'ग़रीबा मौज' है लड़की, तुम विदेशी इस भाव को नहीं समझ सकोगी। लेकिन ग़रीबा मौज का अनुवाद मैं नहीं कर पाता। फिर ध्यान आया कि मुक्तिबोध वाली 'गरबीली ग़रीबी' कह दूँ लेकिन अनुवाद का पेंच यहाँ भी था। मैं बस मुस्कुरा कर रह गया। भाषा कैसे असल बात को पहुँचने से रोकती है!

हमारे बागलकोट पहुँचने तक तीन बज चुके थे। भूख तो लग रही थी लेकिन उससे ज़्यादा असर प्यास का था। लेकिन उस बस अड्डे पर खाने के नाम पर कुछ पकौड़े और बिस्कुट मिल रहे थे। एक दुकान सरकारी डेयरी की दिखी वहाँ पर पेड़े बिक रहे थे। पेड़े ख़रीदते हुए मैंने यह हिसाब भी लगाया था कि हम चार लोग हैं। पेड़े उनके साम़ने बढ़ाए तो उनका वही पहले वाला 'आई एम गुड' की शक्ल में न ही आया। मैंने फिर से इसरार किया तो उन्होंने एक-एक उठा लिया और फिर से वही हुआ, पैकेट झट से खाली हो गया! बागलकोट से बादामी वाली बस में ज़्यादा

लोग थे। और यात्रा की अपनी थकान होती है लिहाज़ा इस बार चुप्पी ज़्यादा थी।

बादामी एक छोटा सा कस्बा है वहाँ की सबसे पहले नुमाया होनेवाली चीज़ थी धूल भरी सड़कें। वहाँ बसें भी थी और बड़े-बड़े सींगों वाले बैलों द्वारा खींची जा रही बैलगाड़ी भी। सड़क किनारे बह रही नालियों को देखकर दिल्ली की किसी झुग्गी बस्ती की नाली का भरपूर अन्दाज़ा मिल रहा था। कस्बे की मुख्य सड़क उसे चीरते हुए आगे बढ़ रही थी और उसी सड़क पर थे एक दो सरकारी कार्यालय, बस स्टेंड और बार जहाँ से शोर न सिर्फ़ उभर रहा था बल्कि बार-बार हो हल्ले के रूप में बाहर भी आ रहा था। जिस वक़्त हम पहुँचे उस वक़्त हमारे पास सड़क का मुआइना करने से ज़्यादा ज़रूरी था होटल की तलाश करके नहाना। होसपेट से वहाँ तक की यात्रा न सिर्फ़ लम्बी हो गयी थी बल्कि हम थक भी गए थे। एक होटल में गए और पहली ही नज़र में कमरे भा गए। सस्ते-सस्ते दो कमरे। एक मेरा और एक मे वे तीनों। उनलोगों की यह बात मुझे बहुत अच्छी लगी कि वे यात्रा में विलासिता को शामिल नहीं होने देते। वैसे भी तीन लोग एक साथ एक कमरे में रुकते तो कमरे का कितना भी किराया हो एक के हिस्से एक तिहाई ही आना था। हम जब अपने अपने कमरों में जा रहे थे तभी होटल वाले ने कहा कि यदि आप बादामी के गुफा मन्दिरों को देखना चाहते हैं तो अभी निकल जाएँ फिर आपका अगला दिन बच जाएगा। दस मिनट में हम फिर से सड़क पर थे।

हम जब बादामी के गुफा मन्दिर पहुँचे तो शाम ढलने वाली थी। वहाँ ऊँची-ऊँची चट्टानें सिर उठाए खड़ी थी। बाहर से देखने पर ऐसा लगता था कि किसी ने पहाड़ की शक्ल में कुछ ऊँचे-ऊँचे बुर्जु खड़े कर दिए हैं। बलुआ पत्थर की उन चट्टानों को भीतर से काट-काटकर वाकई मन्दिर की शक्ल दी गयी है। छठी-सातवीं सदी के बादामी और अब के बादामी में यही अन्तर है कि तब इसका नाम वतापी हुआ करता था। मन्दिर के भीतर देखने केलिए ऊपर एक चबूतरे तक पहुँचना पड़ा। वहाँ तक जाने के लिए सीढ़ियाँ बनाई गयी है। वहाँ चबूतरे से दिखने लगी छठी सातवीं सदी के भारत की कलाकारी। संगतराशी से लेकर चित्रकारी, निर्माण कला सब। बाहर से वे गुफा मन्दिर भले ही सामान्य लगें लेकिन उनकी आंतरिक सज्जा बेहतरीन है। मन्दिरों के भीतर प्रवेश खम्भों वाले प्रांगण से होता है जिसे मुख मंगपम कहा गया। उसके बाद महा मंडपम और फिर मन्दिरों का आन्तरिक भाग गर्भगृह। निश्चतरूपेण, उन मन्दिरों में बेहतरीन चित्रकारी भी रही होगी क्योंकि समय के साथ धुँधले होते जाने के बावजूद उन चित्रकारियों की झलक आज भी देखी जा सकती है।

उन गुफा मन्दिरों में पहला मन्दिर अर्थात पहली गुफा शिव को समर्पित है जिसमें शिव की नटराज की कई छवियाँ हैं और एक युगल का चित्र लगभग चौदह

सौ वर्षों के बाद भी सुरक्षित है। शिव पार्वती और साँप की छवि, शिव के गण आदि की आकृति को जिस ख़ूबसूरती और कौशल के साथ वहाँ तराशा गया है वह बहुत प्रभावी है। दूसरी गुफ़ा विष्णु को समर्पित है। उसमें विष्णु के त्रिविक्रम (वामन) अवतार, वराह और कृष्ण अवतार के रूप को मुख्यतः दिखाया गया है। वहाँ ढेर सारे द्वारपालों के चित्र भी हैं जिनमें अपेक्षाकृत छोटे आकार की स्त्रियाँ भी शामिल हैं। उन गुफा मन्दिरों में सबसे बड़ा और सबसे प्रसिद्ध तीसरा गुफा मन्दिर है। यहाँ कई चालुक्य वंशीय राजाओं के अभिलेख हैं, ब्रह्मा की समाधि मे लीन मूर्ति है, विष्णु के कई रूपों का चित्रण है। उन सभी की ऊँचाई चार मीटर के क़रीब है। उस गुफा के इतिहास पर ग़ौर किया जाये तो वह तत्कालीन संस्कृति की झलक प्रस्तुत करता हुआ दिखता है। वहाँ का चौथा गुफा मन्दिर उस परिसर के एकमात्र जैन मन्दिर के रूप में अवस्थित है। यह सबसे अधिक ऊँचाई पर अवश्य है लेकिन यह सबसे कम विस्तार लिए हुए है। इसमें तीर्थंकर पार्श्वनाथ और महावीर की समाधि की मुद्रा वाली मूर्ति है।

इन गुफा मन्दिरों को देखने पर एक बात बहुत गहरे से समझ में आती है कि उस काल के कलाकार कितने कुशल थे जिन्होंने इतने जटिल और बारीक काम को इस ख़ूबसूरती से अंजाम दिया कि आज भी वे अपने इतिहास के गौरवशाली प्रमाण के रूप में खड़े हैं। वे मन्दिर शाम होते ही बन्दरों चमगादड़ों के हवाले हो जाते होंगे। जगह जगह चमगादड़ों की गन्ध मौजूद थी और बन्दर तो इस चट्टान से उस चट्टान तक कूद ही रहे थे। बीच बीच में वे जब रास्ता रोक कर बैठ जाते तो चौकीदार अपने डंडे फटकारते हुए उन्हें भागते थे। उन गुफा मन्दिरों तक पहुँचने के बाद हम सब अपनी अपनी मर्ज़ी से घूम रहे थे कोई अभी तक पहली ही गुफा मे था तो कोई चौथी गुफ़ा के ठीक सामने के भूदृश्य को एकटक निहार रहा था। उन गुफा मन्दिरों के ठीक नीचे एक बड़ी झील थी जिसमें भूतनाथ मन्दिर है। यह शिव को समर्पित मन्दिर है। उसके पार गेरुआ बलुआ पत्थर का उभरा हुआ हिस्सा है जो दूर से देखने पर एक लम्बोतरा किन्तु कम ऊँचाई का पहाड़ लगता है लेकिन यह एक दुर्ग है जिसे बादामी किले के नाम से जानते हैं। उस दुर्ग के पास से गुफा मन्दिरों को या मन्दिरों के पास से उस दुर्ग को देखें तो प्रकृति और मानव के समन्वय से बने कलारूप को देखने का अद्भुत आनन्द मिलेगा। दोनों ही ओर के भू-दृश्य मोहक हैं। दुर्ग में बादामी संग्रहालय है जहाँ उस भूगोल के रेशे-रेशे के इतिहास की झलक दिख जाती है।

हम जब अपने होटल लौट रहे थे उस समय हल्का अँधेरा छाने लगा था। ठीक उसी तरह हम पर हल्की-हल्की नींद का असर भी। लेकिन उससे पहले कुछ खाना था। अगले दिन के कार्यक्रम हम खाते-खाते तय कर चुके थे। आगे हमारे मुख्य रूप से

दो पड़ाव पट्टाद्कल और ऐहोल थे जहाँ जाना ही था उसके बाद समय बचा तो आगे का मामला तय होता। होटल वाले ने एक गाड़ी करवा दी और जिस तरह हमने कहा था कि सुबह सात बजे वहाँ निकल जाएँगे हम निकल भी पड़े। हम जिस बादामी में शाम के होते-होते पहुँचे थे उसी से सुबह-सुबह निकल रहे थे। शाम में जहाँ धूल उड़ रही थी वहीं सुबह में ओस के कारण धूल नहीं थी। वह सुबह बहुत जीवन्त सी लग रही थी। इसका कारण था रास्ता और रास्ते के क़रीब लोगों के घर, खेत आदि। स्त्रियाँ प्लास्टिक के घड़ेनुमा बर्तन उठाकर टोली में पानी लाने जा रही थी। तो लोग खेत में काम करने निकल रहे थे। कहीं खेत में काम हो भी रहे थे। उस ओर मूँगफली की खेती ज़्यादा थी और लोग फसल निकाल भी रहे थे। इसी बीच सूर्य भी लाल से नारंगी होते हुए पीला हो रहा था। ऐसा लगा हमें जितनी जल्दी पट्टादकल देखने की थी उतनी ही जल्दी हमारे ड्राइवर को भी रही हो। वह भागा जा रहा था।

हम कर्नाटक के उस छोटे से शहर में थे जो युनेस्को के विश्व धरोहर की सूची में शामिल अपने मन्दिरों के लिए प्रसिद्ध है। वह स्थान चालुक्यों की राजधानी के रूप में प्रसिद्ध था। सातवीं और आठवीं सदी में वहाँ भारतीय वास्तुकला के अद्भुत नमूने को तैयार किया गया। वास्तुकला की यह शैली दक्षिण भारतीय द्रविड़ शैली और उत्तर भारतीय नागर शैली के विलक्षण मेल से बनी शैली है जिसने उन मन्दिरों को वह अपूर्व सौन्दर्य प्रदान किया। सुबह के समय का वह वातावरण उस धरोहर स्मारक के बीच बड़ा ही मोहक लग रहा था। प्राचीन भारतीय वास्तुकला की बारीकी को देखने समझने के लिए वह एक स्कूल की भाँति है। वह स्मारक इतिहास के बदलते रूप को भी दिखा रहा था। उस परिसर के मन्दिरों में से चार मन्दिर द्रविड़ शैली के हैं और चार नागर शैली के एक मन्दिर पापनाथ मन्दिर में दोनों ही शैलियों का कुशल मिश्रण है। पट्टादकल के मन्दिरों के एक-एक हिस्से को देखने पर लगता है कि वह बारीक काम और कठिन परिश्रम का परिणाम बनकर सामने आया है। इतिहास से लेकर अब तक खड़े वहाँ के भवन कला की उस परम्परा को बख़ूबी व्यक्त करते हैं जो मन्दिरों के बहाने ही सही हमारे सामने आज भी उपस्थित हैं। उन अनगिनत और अनाम कलाकारों, वास्तुकारों और उसकी संकल्पना तैयार करने वालों के बारे में बरबस ख़याल आ जाता है। आज वे मन्दिर पर्यटकों की तफ़रीह के माध्यम के रूप में खड़े हैं लेकिन कभी वे राजाओं के व्यक्तिगत पूजास्थल थे। जिन तक आम जन की पहुँच नहीं थी। हम जब अगले पड़ाव की ओर बढ़ रहे थे तब भी हम सब मन में उन मन्दिरों को ही बसाये हुए थे जिन्हें पट्टाद्कल में देखा था। हम ऐहोल के रास्ते पर थे।

ऐहोल भारत के एक सामान्य गाँव की तरह ही था। ऐसा गाँव जहाँ गर्मी बहुत

पड़ती हो। लेकिन वह गाँव देश के अन्य गाँवों से सर्वथा भिन्न हो। उस भिन्नता का कारण— गाँव में 125 प्राचीन कालीन मन्दिर। उन मन्दिरों के निर्माण की तारीख पाँचवीं सदी तक जाती है। गाँव का हर कोना मन्दिरों से आच्छादित है। जहाँ मन्दिरों की संख्या 125 हो वहाँ तो जो भी पुरानी संरचना दिख जाये वह इतिहास ही होता है। उस गाँव की विशेषता यह है कि वह इतिहास और वर्तमान में एक साथ जी रहा है। उन चालुक्य और पूर्व चालुक्य प्रस्तर भवनों के इर्दगिर्द पूरा का पूरा वर्तमान ऐहोल गाँव बसा हुआ है। उस स्थान को मन्दिरों के पालने के रूप में जाना जाता है। मन्दिरों के इतिहास में उस स्थान की प्रसिद्धि इसलिए है क्योंकि चालुक्यों ने जो कार्य पट्टाद्कल में किया उसका प्रथम रूप या कहें कि पूर्वरूप वहीं मिलता है। यह कहा जा सकता है कि कारीगरों ने ऐहोल को पट्टाद्कल की प्रयोगशाला के रूप में प्रयोग किया। वहाँ सत्तर अलग-अलग प्रकार के मन्दिरों के प्रारूप हैं।

ऐहोल में मन्दिर और गाँव जिस तरह एक दूसरे में गुम्फित हैं उस अवस्था में किसी घर का मन्दिर में मिल जाना और मन्दिर की दीवार का घर की दीवार हो जाना बहुत ही सहज है। यह तो बस एक उदाहरण है बाक़ी कई ऐसी बातें थी जो उस ऐतिहासिक स्थान के घनी आबादी के बीच बसे होने के कारण सामने आ रही थी। सबसे प्रमुख और प्रभावी थी गन्दगी। गाँव का नाला स्मारकों के पास बहता है, खुले में शौचालय के आदि लोग सड़क से थोड़ी दूर और कम आवागमन वाले मन्दिरों के परिसरों के पास शौच करते हैं। यही कारण रहा कि कुछ मन्दिरों को देखने के बाद विदेशियों ने नाक भौं सिकोड़ने शुरू कर दिए। और जहाँ-जहाँ मैं उन्हें ज़िद से ले गया वहाँ-वहाँ शौच वाली दिक्कत ज़्यादा पेश आई। इतिहास के विरूपण का यह एक जीवित उदाहरण रहा जिसने इतिहास तक पैठ बनाने की प्रक्रिया को गम्भीर बाधा पहुँचाई थी।

हम भरी दोपहरी में वहाँ से चले थे। उस समय सूरज हमारे ऊपर ही रहा होगा। रास्ते में ड्राइवर ने एक पुराना मन्दिर दिखाया। उस मन्दिर की दो बातें मुझे भीतर तक छू गयी। वहाँ एक मुसलमान व्यक्ति था जो फूल बेच रहा था और हिन्दू मन्दिर के श्रद्धालु ख़रीद रहे थे। वैसा दृश्य मैंने कभी नहीं देखा था। दूसरी बात थी उस मन्दिर में भरे पूजा करने वालों से संबन्धित। उनमें से ज़्यादातर के चेहरे उदास थे। पुराने और ख्यातिप्राप्त मन्दिरों के पास ऐसा होना सम्भव है क्योंकि लोग वहाँ अपनी मुश्किलों से पार पाने आते हैं।

हमने ड्राइवर से कहा था कि बादामी में बढ़िया खाना खिलानेवाले किसी होटल में ले चले ताकि भरपेट खाया जा सके। सुबह से कुछ न कुछ खाया तो लेकिन उन सबमें खाने जैसा भाव नहीं था। ड्राइवर ने जिस जगह हमें छोड़ा वह एक बार था लेकिन वहाँ का खाना प्रसिद्ध था। दूसरी बात कि वह हमारे रहने के स्थान से

कुछ कदमों की दूरी पर था। अब एक दृश्य की कल्पना कीजिये। एक कस्बे का बार जहाँ आसपास के गाँव से आए लोग पी रहे हों। उनमें से अस्सी फीसदी अधेड़ हों। उस बार में तीन विदेशी प्रवेश करते हैं जिनमें से एक लड़की है जो ख़ूबसूरती के मानकों के हिसाब से अपूर्व सुन्दरी कही जा सकती है। मैं दावे के साथ कह सकता हूँ कि लोगों ने मेरी ओर तो जाने दीजिये इयान और साइमन की ओर भी ध्यान नहीं दिया होगा। भूख और खाने की प्रशंसा थी इसलिए वरना वह स्थान देखने से ही सुरक्षित नहीं लग रहा था। ऐसा लग रहा था कि दक्षिण भारत की किसी फ़िल्म के किसी गुंडे के अड्डे का सेट हो।

वेटर ने हमारे पहुँचते ही एक टेबल खाली करा दिया। वहाँ मीनू नहीं था जो था बस वेटर की जुबानी था। हमने चार पाँच सब्जियाँ और तंदूरी रोटियाँ मंगा ली। पता नहीं आयलिस को क्या सूझी उसने कुछ पीने की बात शुरू कर दी। फिर साइमन और इयान भी उसकी हाँ में हाँ मिलाने लगे। मैं लाख मना करता रहा वे नहीं माने। मैं शराब नहीं पीता फिर भी मुझे शराब या शराब पीने वालों से घृणा नहीं है लेकिन मैं उस माहौल में उनके पीने के ख़िलाफ़ था। वे उसी माहौल को जीना चाहते थे।

खाना और पीने के सामान लगभग साथ आ गए। वे पीने लगे। इस बीच लोग हमारे टेबल से संवाद स्थापित करने की होड़ करने लगे। चूँकि मैं भी इन तीनों से अँग्रेज़ी में बात कर रहा था इसलिए वे मुझसे संवाद करने में भी वे टटोल टटोलकर एक दो शब्द अँग्रेज़ी के ला रहे थे जैसे 'नेम व्हाट'! शराबियों की अँग्रेज़ी का जवाब देने के लिए उनकी भाषा चाहिए। बावजूद इसके मैंने अपना नाम बता दिया। फिर उनमें से एक अधेड़ ने 'नेम व्हाट' बोलकर उन तीनों की ओर इशारा किया। मैंने उन तीनों के नाम भी बता दिए। मैंने कहा मैं बिहार का हूँ। फिर वे बिहार को अपने दिमाग़ में खोजने लगे। मिला तो कहा ओके ओके! फिर उसके बाद शुरू हुई हिन्दी टटोलने की प्रक्रिया। उन सभी हिन्दी अँग्रेज़ी का निचोड़ यह था कि वे हमसे बात करने लगे और आयलिस को यूँ देखने लगे जैसे उसे भी घोलकर पी जाएँगे। आयलिस को भी शायद यह अच्छा लग रहा था— 'रस्टिक इंडियन इल्डर्ली'। मैंने मन ही मन तंज़िया तर्जुमा किया— रसिक भारतीय बुड्ढे! वहाँ से निकलने के बाद ऐसा लग रहा था कि पी उन तीनों ने और चढ़ी मुझे हो। उन बुड्ढों को एक दूरी तक रखने में गले पर ख़ासा जोर देना पड़ा था। लेकिन हम सो नहीं सकते थे। हमारी थोड़ी देर बाद ट्रेन थी जो बीजापुर ले जाती।

बीजापुर की गाड़ी देर से आई उतनी देर में हमने भारत और जर्मनी की रेल व्यवस्थाओं पर काफ़ी जानकारी साझा कर ली। उनके यहाँ ट्रेन घंटों लेट नहीं हो

सकती। मैंने कहा कि यहाँ तो एक दो घंटे की देरी कोई देरी नहीं है। वे लोग इस बात से आश्चर्यचकित थे कि भारत में सारी ट्रेनें सरकारी हैं। उनके यहाँ प्राइवेट ट्रेन भी हो सकती हैं। कोई एक ट्रेन कोई एक व्यक्ति भी किसी रूट पर चला सकता है। अजीब लग रहा था सुनकर कि ऐसा भी हो सकता है। मतलब बस की तरह। वहाँ सरकार टेंडर निकालती है कि अमुक रास्ते पर अमुक समय में ट्रेन की ज़रूरत है इच्छित लोग आवेदन करें और इस प्रकार बोली लगाने से ट्रेन तय होती है। इसके साथ ही मैंने बताया कि भारत में भी ट्रेनों को निजी हाथों में सौंपने की प्रक्रिया शुरू हो ही चुकी है निकट भविष्य में जर्मनी की तरह यहाँ भी व्यक्तिगत रेलें चला करेंगी। उसी दौरान पता चला कि उनके देश में अकुशल श्रमिकों की न्यूनतम मज़दूरी भारतीय रुपयों के हिसाब से प्रति घंटे नौ सौ रुपये है। मेरा मुँह खुला का खुला रह गया। मतलब इतना पैसा!!

उस बीजापुर जाने वाली ट्रेन में दो बच्चे विदेशियों की कौतूहल में मेरे पास आए थे। वे उनका नाम जानना चाह रहे थे मैंने उन्हें कहा कि खुद ही पूछो मैं बस मदद करूँगा। फिर बच्चों ने जोड़-जोड़कर हिन्दी में मुझसे सवाल किया और मैंने उसका अनुवाद कर अपने जर्मन दोस्तों को बताया। फिर उनके उत्तरों का अनुवाद बच्चों को बताया। बच्चे मराठी भाषी थे और वे कन्नड़ भी बोलते थे लेकिन हिन्दी में जुबान साफ़ नहीं थी। उन बच्चों के एक सवाल पर मैं ठगा सा रह गया। उनमें से एक ने पूछा कि

—आयलिस इनमें से किसकी पत्नी है?

इस प्रश्न की ज़रूरत मैंने महसूस नहीं की थी इसलिए मैंने नहीं पूछा था और इसी वजह से मुझे भी नहीं पता था कि वह किसकी पत्नी है। उत्तर मिला

—किसी की नहीं। सब दोस्त हैं।

इस बात पर उन तीनों के सम्मिलित ठहाके गूँजे जिसका अर्थ बच्चों ने तो कुछ नहीं समझा।

जब हम बीजापुर में उतरे तो अँधेरा हो चुका था। हमारा सबसे पहला काम था ठिकाना तलाश करना। स्टेशन से निकलते हुए मैंने उनसे पूछा

—यात्रा कैसी रही?

उस पर आयलिस का कहना था

—ट्रेन में आज जो हुआ वह अकल्पनीय था। भारत में लोग एक दूसरे पर कितना विश्वास करते हैं।

मैं उसका इशारा समझ रहा था। वह दरअसल उन बच्चों की ओर इशारा कर रही थी जो ट्रेन में मेरे साथ खेलने लगे थे। वे मेरे पीछे से होकर आगे कूद रहे थे। उस कम्पार्टमेंट को उन्होंने खेल का मैदान बना रखा था। मुझे यह कोई बड़ी बात

नहीं लगी शायद किसी भी भारतीय को नहीं लगेगी। लेकिन विदेशियों को यह अलग लगा इसका कारण है कि उनके अपने यहाँ ऐसा नहीं होता। कारण?

—हमारे यहाँ माता-पिता अपने बच्चों को इस तरह नहीं छोड़ सकते। इसकी दो वजहें हैं। एक तो लोग बच्चों की इन हरकतों को अच्छा नहीं मानते दूसरे माँ-बाप भी दूसरों पर विश्वास नहीं करते।

इयान ने लगभग रागझाने के अन्दाज़ में कहा। इसके बाद मेरा सवाल था।

—तुम्हारे देश में जहाँ अपराध की दर भारत के मुक़ाबले इनती कम है वहाँ लोग अपने ही लोगों पर विश्वास क्यों नहीं करते? जबकि हम बच्चों के प्रति बढ़ती हिंसा के बावजूद एक दूसरे पर सामान्यतया विश्वास करते हैं।

इस पर एक लम्बी चुप्पी छा गयी।

बीजापुर और बादामी में अन्तर इस बात का था कि बीजापुर एक बड़ा शहर है और धूल अपेक्षाकृत कम थी। पिछले कुछ दिनों में पहली बार हुआ था कि हम देर से उठे। हम सबसे पहले बीजापुर का गोल गुंबज देखना चाहते थे। मैं चाहता था कि गुंबज देखने के बाद शहर में मौजूद अन्य स्मारकों को तांगे की सवारी करते हुए देखा जाये। आयलिस और साइमन भी यही चाहते थे। लेकिन इयान ने भांजी मार दी। उसके हिसाब से घोड़े के प्रति क्रूरता थी। मैंने यह कहते हुए उसे समझाने की कोशिश की कि, उसके मालिक के बारे में सोचो उसे भी पैसे की ज़रूरत है। लेकिन इयान को नहीं समझना सो उसने नहीं समझा। हमने ऑटो से घूमना तय किया।

'बीजापुर का गोल गुंबज' यह वाक्यांश मेरे ज़ेहन में बचपन की स्मृतियों की निशानी के रूप में बसा है। हम जब उस परिसर में घुसे तभी से वह वाक्यांश मेरे मन में घूमने लगा। बचपन के उस हिस्से को सामने देखकर मैं अभिभूत-सा हो गया। रोंगटे खड़े हो गए। ऐसा लगा मैं अपने इतिहास की कोई फाँस छुड़ा रहा हूँ और शायद इतिहास से साक्षात्कार भी। पिछले दिनों जितने भी ऐतिहासिक स्थान देखे उन सब के पास जाने के बावजूद मुझे वैसा रोमाँच महसूस नहीं हुआ था। हम क्रमश: नज़दीक जा रहे थे और उसी अनुपात में गोल गुंबज भी बड़ा हो रहा था। थोड़ी देर में हम जूते उतारकर आदिलशाह के उस मकबरे में प्रवेश कर चुके थे। वहाँ ऊपर जाने के लिए सीढ़ियाँ बनी हुई थी। हम ऊपर चढ़ने लगे। सँकरी और खड़ी ढाल वाली सीढ़ियाँ चढ़ते हुए हम सब हाँफ रहे थे। और जब ऊपर पहुँचे तो उस विराट गुंबज का घेरा हमारे सामने थे। हम उसकी गोलाई को छू सकते थे। उस समय साइमन की एक बात बहुत महत्त्वपूर्ण लगी। उसके हिसाब से सीढ़ियाँ इसलिए सँकरी और खड़ी ढाल वाली बनाई गयी ताकि सीढ़ियों से बाहर आते ही भव्यता का भाव जागे। यह बात हो भी सकती थी और नहीं भी। उस ऊँचाई पर मुझे फिर से मेरा बचपन याद आया। उस समय मैं अपने आप को कटिहार जिले के काढ़ागोला रेलवे स्टेशन पर

अपने नानी-नाना के साथ देख रहा था। प्लेटफॉर्म पर रात के 11 बजे बहुत कम यात्री थे। स्टेशन मास्टर ने अपनी बोरियत दूर करने के लिए हमलोगों को अपने कमरे में ही बुला लिया था। मेरे नाना ने मुझे उस समय की कोई सामान्य ज्ञान की किताब लगभग पूरी रटा दी थी। वे लगभग हर किसी के सामने मुझसे सवाल करते और मैं फटाक से उत्तर दे देता। इस पर लोग मेरी प्रशंसा करते और मेरे नाना ख़ुश होते। उस रात मैं नींद में जा रहा था इसलिए जब मुझसे पूछा गया 'सबसे बड़ा गुंबज' तो मैंने चुप्पी मार ली! उसके बाद नाना ने मुझे कई दिनों तक फिर से रटवाया 'सबसे बड़ा गुंबज', 'बीजापुर का गोल गुंबज'। उन दिनों न तो मैं गुंबज का अर्थ समझता था और न ही मुझे यह पता था कि बीजापुर कहाँ है। उस दिन बीजापुर के उस गोल गुंबज पर खड़े होकर मुझे नाना याद आए। मैंने पूरा क़िस्सा उन जर्मन दोस्तों को बताया। अन्त में यह भी कहा कि नाना तो नहीं देख पाये लेकिन मैं बीजापुर आ गया! उस गुंबज के ऊपर से बीजापुर की हद तक दिख रही थी। इतिहास में वह गुंबज सबसे ऊँचा रहा होगा लेकिन वर्तमान शहर में उससे ऊँचे कुछ मकान खड़े हो गए हैं और मोबाइल के टावर तो ख़ैर जगह-जगह उग कर मुँह चिढ़ा ही रहे हैं।

दिन चढ़ रहा था और हम बाक़ी के स्मारक शाम में देखने का मन बनाकर वापस होटल लौट गए। साइमन की चमड़ी ज़्यादा धूप में जलने लगती थी। उसकी वजह से हम धूप में ज़्यादा देर नहीं घूम सकते थे। लौटते हुए एक बैलगाड़ी दिखी जिसे एक लम्बी और नुकीली सींगों वाला बैल खींचे जा रहा था। उसे देखते ही इयान ने कहा— होली काऊ। सब हँस पड़े। मैं झेंप गया।

वह हम सबकी एकसाथ अन्तिम दोपहर थी। क्योंकि अगली सुबह मैं निकलने वाला था और उसके थोड़ी देर बाद वे लोग मुम्बई चले जाते। मैं भी उनके कमरे में ही था। बातों-बातों में ही आयलिस ने एक सवाल कर दिया

—तुम इतनी देर से साथ हो लेकिन तुमने हमसे हिटलर के बारे में नहीं पूछा? जबकि, भारत में लोगों को जहाँ भी पता चला कि हम जर्मन हैं उन्होंने हमसे हिटलर के बारे में ज़रूर पूछा...!

—क्योंकि मुझे पता है कि हिटलर कौन था। हिटलर के बारे में पूछने से तुमलोगों के वही घाव हरे हो जाते जो तुम्हें दूसरे विश्वयुद्ध में जीते हुए राष्ट्रों ने हिटलर के कारण दिए।

—हाँ हिटलर ने जो भी किया उसके कारण हम जर्मनों को आज भी बहुत शर्म झेलनी पड़ती है! ...फिर भी एक बात समझ नहीं आई कि, भारत में लोग

हिटलर में इतनी दिलचस्पी क्यों लेते हैं? आयलिस ने अपने नाखून कुतरते हुए सवालों का सिलसिला जारी रखा।

—वह इसलिए कि वह हमारे दुश्मन का दुश्मन था। दुश्मन का दुश्मन दोस्त। हमारे स्वतन्त्रता आन्दोलन के एक नेता सुभाषचंद्र बोस जर्मनी से मदद माँग चुके थे और हिटलर ने मदद का वादा भी किया था। बोस की आज़ाद हिन्द फौज का गठन ही जर्मनी में हुआ था। इसलिए भारतीय हिटलर को एक मददगार के रूप में देखते थे। आज भी भारत में हिटलर की आत्मकथा बहुत पढ़ी जाती है। लोग जिन अँग्रेज़ों से त्रस्त और डरे हुए थे हिटलर ने उन अँग्रेज़ों के ख़िलाफ़ युद्ध छेड़ दिया था। इसलिए उसकी छवि एक बहादुर की थी। वही परम्परा अब तक चली आ रही है।

—तो अब तो भारतीयों को समझना चाहिए न कि हिटलर ने मानवता को कितना नुक़सान पहुँचाया...!

—मैडम, भारत ऐसा देश है जहाँ आजकल गाँधी को स्थापित करने की ज़रूरत पड़ रही है। रूढ़िवादी शक्तियाँ राजनीति और इतिहास को अलग तरह से परिभाषित कर रही है इसमें हिटलर और गाँधी की हत्या करने वाला नाथूराम सम्मानित किए जा रहे हैं। नाथूराम का तो बाक़ायदा मन्दिर बनाने का प्रयास किया गया।

—वॉट नॉनसेन्स! इयान उत्तेजित हो गया।

—हाँ अपने देश में भी तो रूढ़िवादियों की संख्या बढ़ रही है। 'जर्मनी जर्मनों का' नारा आजकल वहाँ भी ज़ोर पकड़ रहा है। दरअसल विश्वभर में रूढ़िवादी ताक़तें सिर उठा रही हैं। हमारे देश में एक राज्य है बवारिया वह अपनी रूढ़िवादी मानसिकता के लिए प्रसिद्ध है। वहाँ का अपना पहनावा है, खान पान है और वे ऐसा लगता है पुराने ज़माने में ही जी रहे हैं। वे नए को स्वीकार नहीं करते... पिछले दिनों हमारी सरकार ने बहुमत के लिए वहाँ के राजनीतिक दल से हाथ मिला लिया इसलिए सरकारी नीतियों में उनका हस्तक्षेप बढ़ गया है... आगे पता नहीं क्या होगा...!

आयलिस की बात उदास करने वाली थी। बोलते-बोलते वह खुद भी उदास हो गयी। हम ऐसी दोपहर नहीं चाहते थे। इससे अच्छा तो हम बाहर ही थे। ये बातें उन क्षणों को और बोझिल कर रही थी।

लगभग तीन बजे हम निकले और दोपहर का हमारा पहला पड़ाव था 'इब्राहिम रौज़ा'। इब्राहिम आदिलशाह द्वितीय का मकबरा! बाहर से एक शानदार भवन दिख रहा था। उसके आगे लगी घास की हरियाली चौंधिया रही थी। वहाँ का टिकट

भारतीयों के लिए दस रुपये और विदेशियों के लिए पाँच सौ रुपये। उनलोगों ने इसे लूट कहते हुए न जाने का फैंसला किया। वे नहीं जाते तो मैं कैसे जाता। तीनों कहते रह गए लेकिन मैं नहीं गया। वे पिछले कुछ दिनों में ऐसे ही बहुत से पैसे केवल टिकट में ख़र्च कर चुके थे। हमारा इब्राहिम रौज़ा रह गया। उसी रास्ते पर पड़ी ताज बावड़ी। नाम उसका कितना ही जबर क्यों न हो वह थी बहुत गन्दी। कहा जाता है कि किसी ज़माने में उस बावड़ी का पानी पूरा बीजापुर पीता था। लेकिन अब हालत बहुत ख़राब है। पानी बिलकुल हरा हो चुका है जो धोबियों के कपड़े धोने के काम आता है। उसके बुलन्द दरवाज़े की छाँव में लड़के ताश खेल रहे थे और बकरी के छौने कूद फाँद रहे थे।

जोड़ गुंबज में हममें से किसी को प्रवेश नहीं दिया गया। हम सभी ने गर्मी की वजह से बरमूडा पहन रखी थी और आयलिस को तो स्त्री होने की वजह से वैसे भी प्रवेश नहीं मिलता। जोड़ गुंबज परिसर में दो अनोखी बातें हुई। वहाँ गुंबज की छाँव में ढेर सारे छात्र पढ़ रहे थे। ऐतिहासिक स्मारक का इतना सुन्दर उपयोग देखकर सबको बहुत ख़ुशी हुई। वे छात्र आस-पास के घरों से आए हुए थे। उनमें से एक ने साइमन और आयलिस के साथ फोटो खिंचवाने की गुज़ारिश की। फिर एक-एक कर सब आ गए। मैं और इयान दूर खड़े होकर देखने लगे। लड़कों ने इयान के साथ फ़ोटो नहीं खिंचवायी। सौन्दर्य के मानकों के हिसाब से आयलिस बेहद सुन्दर और साइमन लम्बा तगड़ा। इयान की लम्बाई मुझसे भी कम थी और उसे देखकर किसी भारतीय गोरे लड़के का धोखा हो सकता था। आगे कई और जगहें ऐसी आई जहाँ लोगों ने उन दोनों के साथ फोटो खिंचवाने की गुजारिश की। शुरू में तो उन दोनों ने इसे आनन्द की तरह लिया और इयान का मज़ाक उड़ाते रहे लेकिन उप्पली बुरुज़ तक आते-आते वे तंग आ गए। ऊपर से हम दोनों को उनके फ़ारिग होने का इन्तज़ार करना पड़ता था।

उप्पली बुरुज़ पर कई लड़के थे जो उनके साथ फ़ोटो खिंचवाना चाह रहे थे। इन दोनों ने मना कर दिया। लड़के जब बहुत ज़िद करने लगे तो मज़ाक-मज़ाक में ही इन्होंने कह दिया कि एक फ़ोटो के पचास रुपये लगेंगे। पचास रुपये देकर कौन फ़ोटो खिंचवाता। वे अलग-अलग भंगिमा बनाकर सेल्फ़ी लेने की कोशिश करने लगे और ये दोनों भी अपने को उनकी सेल्फ़ी में आने से बचाने लगे। अचानक से माहौल ख़राब हो गया। लड़के गाली-गलौज पर उतर आए। माँ, बहन की गालियों के साथ साथ बन्दर आदि कह दिया। हम तेज़ी से उस बुर्ज से नीचे आ गए। वे लड़के भी हमारे पीछे-पीछे आने लगे। इतना अन्दाज़ा तो था कि वे हमारा कुछ नहीं करते लेकिन अन्दाज़े तो अन्दाज़े हैं न।

घूमते-घामते हमने सूरज डुबा दिया। सूरज के डूबने के बाद भी दिन का

एक बड़ा हिस्सा बचा हुआ था और उसी अनुपात में रोशनी भी। चलते-चलते हम सब्जी मंडी पहुँच गए। मंडी में बड़ी भीड़ थी। हम सामने की एक छत पर चढ़ गए और वहाँ से नीचे देखने लगे। इयान उस दृश्य को देखकर अभिभूत था। उसके लिए यह सब एक सपने जैसा था क्योंकि उसके अपने शहर में इतनी आबादी छुट्टियों के दिन भी नहीं दिखाई देती है। गली में इक्का-दुक्का लोग ही मिलते हैं। सर्दियाँ लम्बी होती हैं। सर्दियाँ अवसाद लाती हैं... वह शिद्दत से सोचता है कि ग्लोबल वार्मिंग बहुत तेज़ी से हो और उसके इलाक़े में भी गर्मी आ जाये ताकि दिन में भी रोशनी की कमी से बचा जाये... ठंड के मौसम के अवसाद से बचा जाये।

उनलोगों ने बैंगन तो देखे थे लेकिन लम्बे वाले बैंगन नहीं देखते थे। वे उसके अलग रंगों को देखकर चकित थे। अलग-अलग कोणों से बैंगन की तस्वीरें ली जाती देख सब्जी बेचनेवालों ने अपनी-अपनी आकर्षक सब्जियों की ओर हमारा ध्यान दिलाना शुरू कर दिया। सब्जी मंडी में घूमते हुए ही मुझे पता चला कि जर्मन आलू बहुत खाते हैं। आलू तो हम भारतीय भी बहुत खाते हैं। इस मामले में हम समान हैं। मेरे दोस्त उस सब्जी मंडी के व्यवस्थित संचालन से अभिभूत थे। मेरे लिए यह कोई नयी बात तो नहीं ही थी। देश भर में इस तरह की सब्जी मंडियाँ लगा करती हैं जहाँ बेचने वाले रोज़ एक नियत समय पर आते हैं और फिर शाम होने पर चले जाते हैं।

मेरी उस यात्रा का अन्त भी आना ही था। यह यात्रा जो शुरू हुई थी बैंगलोर से ख़त्म होते होते बीजापुर पहुँच गयी। सोचा भी नहीं था कि इस तरह विदेशी लोग मिलेंगे और उनके साथ इतिहास का पीछा होगा, इतनी बातें होंगी। जाने का समय आया तो जैसे सभी विदा के क्षणों में भावुक होना होता आया है वैसे ही हम सब भावुक थे। एक दूसरे को अपने सम्पर्क और पता दे रहे थे। मैंने उनसे नहीं पूछा कि मेरा साथ उन्हें कैसा लगा बस अपना पता था मुझे कि उनके साथ मुझे बहुत मज़ा आया। वे मुझे छोड़ने बस अड्डे तक आए। जाने से पहले आयलिस ने दो बातें कही। जो तीसरी कसम के हीरामन का एहसास करा गयी

—जब भी मन करे जर्मनी आने का तो एक ई-मेल कर देना... मैं वीज़ा के लिए ज़रूरी प्रक्रिया तेज़ी से पूरी करवा दूँगी। फिर तुमने हमारे लिए जो किया उसे हमें करने का मौक़ा ज़रूर देना। हम साथ में बवारिया चलेंगे...!

इतिहास को उसकी जगह जाकर देखना इतिहास में अपने को स्थापित करने का प्रयास तो नहीं है लेकिन इतिहास को महसूस करते हुए उन जगहों को देखना अपने लिए बहुत ज़रूरी है।

❑❑❑

चित्रवीथि

बीजापुर का गोल गुंबज

हम्पी के खंडहर

हम्पी के मन्दिर पर उकेरी प्रतिमाएँ

हम्पी का प्रसिद्ध रथवाला मन्दिर

पट्टादकल के मन्दिर

तेरा गाँव के पास के दलदल में साइबेरियाइ बतख

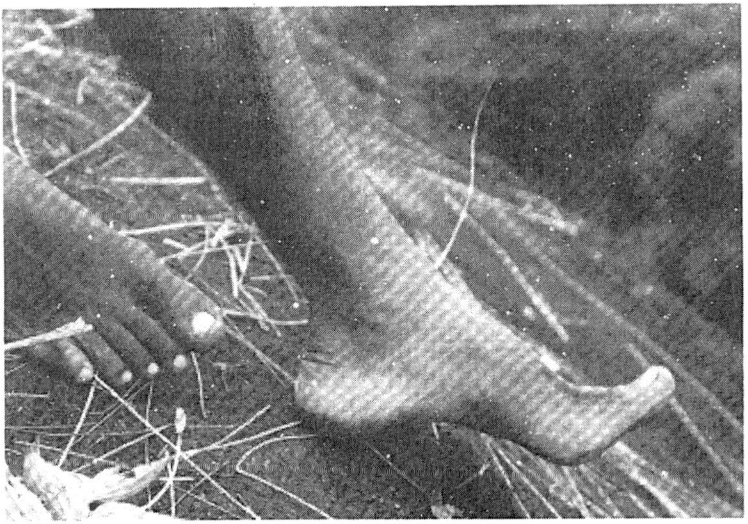

जोंक से घायल पैर

पेरियार नदी

रामक्कलमेड से नीचे दिखते तमिलनाडू के खेत

पहाड़ी के ठीक नीचे की दुनिया, रामक्कलमेड

इडकी बाँध की नींव रखने वाले युगल कुरुती–कुरुवन की प्रतिमा

ऐहोल का विहंगम दृश्य

इयान और साइमन

भूतनाथ मन्दिर बादामी